Python3
ではじめるシステムトレード

環境構築と売買戦略

```
def factorial(x):
    if x == 0:
        return 1
    else:
        return x * factorial(x-1)
```

著 森谷博之
HIROYUKI MORIYA

「最愛の両親と妻章子」へ

◇目次◇

第1章　はじめに　9

1.1　なぜPythonなのか？　9
1.2　本書の構成　10
1.3　Python 2とPython 3について　13

第2章　さあ、IPython Notebookをはじめよう　15

2.1　Python Notebook のインストール　15
2.1.1　Python Notebookの起動
2.2　パッケージ、モジュール　25
2.2.1　パッケージ、モジュールのインストール方法／2.2.1.1　easy_installの設定／2.2.1.2　monthdeltaのインストール／2.2.1.3　pandas_datareaderのインストール／2.2.2　Pandocのインストール
2.3　プログラミングの前にMarkdownの使い方を学ぶ　29
2.3.1　太文字：文字をダブル半角アステリスク（**）で挟む。／2.3.2　斜体文字：文字を半角アステリスク（*）で挟む。／2.3.3　改行：行の最後にダブル半角スペースを挿入。／2.3.4　順序無しリスト：＊＋半角スペース＋テキスト。／2.3.5　順序付リスト：1（数字）.＋半角スペース＋テキスト。／2.3.6　段落：書き込みのない行を段落の前に入れると段落ができる。／2.3.7　見出し：＃レベル1の見出し、＃＃レベル2の見出し。／2.3.8　リンク：[リンクのテキスト]（リンクのアドレス "リンクのタイトル"）／2.3.9　画像：[画像のテキスト]（画像のアドレス "画像のタイトル"）／2.3.10　水平線：一行にハイフン、アステリクス、アンダーバーを続けて3つ挿入／2.3.11　LaTex: $と$の間に数式を書き込む。LaTexの文法を採用。／2.3.12　表組み：
2.4　プログラミングとその実行　34

第3章　まずはPythonから　37

3.1　やりたいことは何だ？　37
3.1.1　まずラストリゾートを知っておこう／3.1.2　必要なモジュールとライブラリーを意識しよう
3.2　Python プログラムをはじめよう　39
3.2.1　プログラムの書き方の様式　40／3.2.2　データモデ

ル／3.2.2.1　シーケンス型／3.2.2.2　数値型／3.2.2.3　マップ型：インデックスをもつ有限のオブジェクトから成る集合／3.2.2.4　呼び出し可能型／3.2.2.5　モジュール／3.2.2.6　クラス／3.2.2.7　ファイル／3.2.3　式／3.2.3.1　算術変換／3.2.3.2　算術演算／3.2.3.3　べき乗演算／3.2.3.4　比較演算／3.2.3.5　ラムダ／3.2.4　単純文／3.2.4.1　del文／3.2.4.2　return文／3.2.4.3　break文／3.2.4.4 import文／3.2.5　複合文／3.2.5.1　if 文：条件分岐を実行する。／3.2.5.2　for 文：for 文ではループカウンターではなく、各要素に対して処理を最後まで繰り返す。

3.3　いよいよPython 標準ライブラリーについて学ぼう　46
3.3.1　組み込み関数／3.3.2　組み込み型／3.3.2.1　数値型／3.3.2.2　シーケンス型／3.3.2.3 マッピング型

3.4　とりあえずの基本モジュールはDatetimeだけ！　53
3.4.1 Datetime

3.5　やっと来た科学分析用、その他のモジュール、ライブラリー　54
3.5.1 IPython／3.5.2 Numpy／3.5.3 pandas／3.5.4 matplotlib／3.5.5 Scipy／3.5.6 Statsmodels

第4章　PandasとMatplotlibを使ってみよう　57
4.1　データのダウンロード　58
4.1.1 1949年の日経平均株価の取得／4.1.2 グラフ表示／4.1.3 米国ヤフーファイナンスから日経平均株価の4本値を取得

4.2　データベースの加工　63
4.2.1　データの結合／4.2.2　データの切り取り (ixプロパティの利用)／4.2.3 再サンプリング、サンプリング期間の変更

4.3　データの加工、分析　68
4.3.1 記述統計／4.3.2　動的な分析

第5章　トレンドを理解する　73
5.1　トレンドとその発生要因　73
5.1.1　バブルと暴落／5.1.2　経済成長と景気循環の仕組み

5.2　日本経済と日経平均株価　75
5.2.1　景気循環期の日経平均株価の年間変化率の算出／5.2.2 グラフを用いた長期トレンドの把握

5.3　トレンド判定に必要なデータの事前処理　80
5.3.1　価格／5.3.2　価格の対数／5.3.3 価格の変化／5.3.3.1

価格差／5.3.3.2　収益率・変化率（リターン）／5.3.3.3　対数収益率：

5.4　日経平均株価の長期トレンドの把握　　83
5.4.1　対数価格表示／5.4.2　日中のリターンとオーバーナイトのリターン

第6章　トレンドをモデル化しよう　　89
6.1　線形回帰モデル　　90
6.2　標本と母数　　90
6.3　標本回帰式　　91
6.3.1　最小二乗法／6.3.2　最小二乗法の仮定／6.3.3　推定の信頼性
6.4 日経平均株価の確定的トレンド　　96
6.4.1　静的分析／6.4.2　景気循環と日経平均株価の確定的トレンド

第7章　確率的トレンドとは何か？　　117
7.1　確率過程　　118
7.2　ランダムウォーク　　119
7.2.1 ドリフト無しランダムウォーク／7.2.2 ドリフト付きモデル
7.3　確率的トレンドとドリフト　　121
7.4　ランダムウォークの判定　　122
7.4.1　単位根／7.4.2　拡張ディッキー・フラー検定
7.5　確定的トレンドと確率的トレンド　　129

第8章　さらにグラフィカルに調べよう　　133
8.1　AR モデル　　135
8.2　自己相関と偏自己相関　　136
8.2.1　statsmodels の plot_acf と plot_pacf の利用／8.2.2　日経平均株価の例／8.2.3 日経平均株価の AR（1）モデル／8.2.3.1　残差の分析／8.2.3.2　景気循環期の標本自己相関と標本偏自己相関／8.2.3.3　自己相関係数の推定

第9章　3Dサーフェスで見える世界　　153
9.1　ヒストグラムの利用　　154

9.1.1　1日間隔の変化率／9.1.2　250日間隔の変化率のヒストグラム／9.1.3　バブル崩壊前と後の変化率のヒストグラムを比較／9.1.4　3Dサーフェスの活用

9.2　散布図の利用　164

9.2.1　1日間隔の変化率／9.2.2　250日間隔の変化率の 散布図／9.2.3　バブル崩壊前後の変化率の散布図比較

9.3　変化率の最大値、最小値の期間構造　169

第10章　モンテカルロで見える世界　175

10.1　モンテカルロ・シミュレーションの利用　176

10.1.1　ランダムウォーク／10.1.2　AR（1）過程の生成／10.1.3　ベルヌーイ試行

第11章　季節性とマクロ変数を加える？　193

11.1　季節性の分析　195

11.2　平均値の検定　196

11.3　季節性の具体例　198

11.4　マクロ変数との関係（単回帰と多変量解析）　201

11.4.1　単回帰分析／11.4.2　ランダムウォークの悪魔／11.4.3　多変量解析

11.5　経済の構造変化　208

11.5.1　バブル崩壊後／11.5.2　経済は生き物／11.5.3　多変量解析の原理

11.6　ついに、スタートラインについた！　215

第12章　取引戦略の第一歩　217

12.1　原点の確認　219

12.2　一定の方式を確立する　220

12.2.1　相手をよく知る（先物取引の方式）／12.1.2　相手のデータを手にいれる（日経225先物データの取得）／12.2.3　目による確認。／12.2.4　記述統計／12.2.5　各種統計量による確認／12.2.6　取引戦略／12.2.7　リスク管理戦略／12.2.8　戦略の改良／12.2.9　戦略の確認

12.3　視点を変える　235

12.3.1　ブレイクアウト戦略／12.3.2　リスク管理戦略／12.3.3　戦略の改良／12.3.4　戦略の確認

12.4	良い制度の利用	239
12.5	残差の正規性	240
12.6	中心への回帰	241
12.7	トレンドを発生させる要因と周期性	241
付録12.A	日経先物ティックデータから日中、夜間立会の4本値を作る	242
付録12.B	URLのデータをダウンロードするプログラムの構築	248

第13章　歩み値の世界へようこそ　253

13.1	拘束された人びとの行動	254
13.2	多様な取引戦略	255

13.2.1　取引のタイミング／13.2.2　利用する情報の種類による分類／13.2.3　情報の所持による分類

13.3	なぜマーケットは動くのか？	258
13.4	取引成立のメカニズム	259
13.5	歩み値の世界をグラフィカルに分析	260

13.5.1　実際の過去データを見る／13.5.2　値動きをともなわない取引／13.5.3　各立会の取引の数／13.5.4　値動きのともなわない取引の連続する数／13.5.5　価格差の大きさと頻度／13.5.6　価格差の大きさと頻度の分布／13.5.7　価格差の大きさと取引枚数の分布／13.5.8　実現ボラティリティ

13.6	フラッシュ・クラッシュとその後の評価	269
付録13.A	プログラムコードの解説	272
付録13.B	最大最小価格差の算出	275
付録13.C	約定価格差の大きさと取引頻度	277
付録13.D	ティックの大きさと取引枚数	279
付録13.E	実現ボラティリティ	281

第14章　歩み値から学べ　283

14.1	価格形成のメカニズムを深く理解する	284

14.1.1　遮断市場のメカニズム（安定化の取り組み）／14.1.2　開放市場のメカニズム／14.1.3　取引の緊急性（確率的トレンドの形成）

14.2 需給のバランスか？ 約定数か？ 290

14.2.1 売り手主導、買い手主導の判定／14.2.2 緊急性取引の売り手、買い手主導の判定／14.2.3 非緊急性取引の売り手、買い手主導の判定／14.2.4 緊急性取引の数と実現ボラティリティ／14.2.5 緊急性取引の数と各立会中の値動きの大きさ

付録14 プログラムコード 299

第15章 歩み値にありて飛べ 309

15.1 ダイナミック戦略と取引の継続性 310

15.1.1 ストップロス戦略／15.1.2 損失限定戦略（ペイオフ複製戦略）／15.1.3 リバランス戦略

15.2 シナリオとダイナミック戦略 312

15.2.1 シナリオによるダイナミック戦略の評価／15.2.2 分析の精度と情報／15.2.3 戦略の多様性とシナリオ

15.3 マーケットメイカーのトイモデル 316

15.3.1 保守的なシミュレーション／15.3.2 損切戦略の利用（継続型）

15.4 マーケットメイカーの順番待ちモデル 321

付録15 プログラムコード 323

第16章 ランダムウォークを制覇する 329

16.1 期待値が意味をもつとき 330

16.1.1 期待値が予測値になるとき／16.1.2 定常時系列と非定常時系列の確認／16.1.3 ランダムウォークから定常時系列を生成する／16.1.4 相関の拙速な利用は危険

16.2 サヤ取りに挑戦する 335

16.2.1 単純な戦略／16.2.2 データの準備／16.2.3 限月間スプレッドの特徴／16.2.4 気配値とスプレッド／16.2.5 売買スプレッドの特徴／16.2.6 異なる限月のデータを1つにまとめる／16.2.7 期先物の売買スプレッド／16.2.8 気配値を用いた限月間スプレッド／16.2.9 まとめ

16.3 本書のむすびとして 350

付録16 プログラムコード 353

参考文献 367

第1章　はじめに

　ネットワーク上にあるデータベースから金融経済関連のデータをダウンロードし、そのデータの特徴を理解する。そして投資・取引戦略を構築するための知恵を身に着ける。その際にPythonプログラム言語を学び、統計的手法を用いデータ分析の客観性の向上し、安定した収益を実現する取引戦略の構築を試みてみよう。また、学習に用いたプログラムコードを公開することで、だれでも卓上で分析結果を再現できるようにする。これらが本書の特徴であり、目的である。

1.1　なぜPythonなのか？

　時系列データの分析では如何に必要なデータを入手し、それを保存し、簡単に統計的な性質を把握できるかが分析の出発点である。ミリ秒単位で入手可能な取引価格から四半期毎でしか手に入らない金融・経済の時系列データまでを迅速かつ適切に加工し、平均、分散などを求め、そしてそれらを視覚的にとらえ整理することが必要とされている。また、思考の過程を正確に、しかし容易に記述でき、データの分析結果を、柔軟に数値、グラフ、表として残せ、考え方をまとめ、そして振り返るという方法を手探りできる道具が必要とされている。Anacondaを導入すればそのようなプラットフォームが簡単に手に入

る。

本書のデータ分析に用いるプログラミング言語はPythonであるが、その最大の特徴は人びとの思考能力を鍛えるということに尽きる。

1.2　本書の構成

第2章ではJupyter Notebookのインストール方法を説明する。ここではAnacondaを利用する。Anaconda Distributionが無料で提供するパッケージの導入方法を説明する。ほぼ必要な多くのライブラリーが同時にインストールされるので便利である。

第3章ではPythonのイロハについて説明する。すでにプログラミングに経験のある読者を対象としている。インターネットを検索することで、Pythonが使いこなせてしまう人には不要な章である。Visual Basicをふだん使い慣れている人にとっては、少し勝手が違うところがあるだろう。複数の言語のプログラミングに経験のある人にとっては、どのような言語にも癖はあると納得してもらえると思う。

第4章ではデータベースの構築について説明する。時系列解析を速やかに行うには欠かせない知識である。特に、pandasデータベースについて説明する。また、matplotlibの使い方についても学んでいく。経済データ、株式データ、為替データのWEBからのダウンロードの方法を説明する。米国FEDが提供する経済データ、米国Yahoo Financeの提供する日足4本値など、どれも無償で手に入る。Pandasを用いてデータの加工の仕方、データの結合等について説明する。また、Pythonになれることを目的に記述統計についても説明する。

第5章では、トレンドについて説明して行く。戦後の日本経済と日経平均株価を用いてトレンドの発生についての基礎を学習する。時系列分析の前処理についても学ぶ。

第6章では、確定的トレンドをモデル化する。線形回帰モデルを用いて確定的トレンドの意義を掘り下げる。ここで統計的手法の基礎を学習する。

第7章では、確率的トレンドについて学ぶ。statsmodelsを用いてランダムウォークについて理解する。確率的トレンドの理解なくしてトレードに成功することはありえない。

第8章では、自己回帰モデルについて説明する。統計的手法と共にグラフも利用する。トレードにおけるリスク管理、資金管理の必要性を理解する。

第9章はグラフを用いたトレンドの分析をあつかう。頻度図、3Dサーフェイス、散布図の使い方を紹介する。確定的トレンド、確率的トレンド、自己回帰モデルではとらえられない特徴がみえてくる。

第10章は非常に簡単なモンテカルロ手法について説明する。モンテカルロが難しいと思っている人たちにとっては驚きとなるのではないだろうか？　値動きの本質が理解できるはずだ。中心回帰と再帰性の違いをここでつかむ。

第11章では確定的トレンド、確率的トレンド、自己回帰モデルに加えて、季節性とマクロ変数を用いたモデル化の手法を学ぶ。変数の数を増やせばよいモデルができるわけではないことを説明する。

第12章はいままで学んできた知識を総動員してブレイクアウト戦略を構築する。また、取引戦略のシミュレーションを試み、リスク管理についても検討する。試行錯誤をする際にJupyter Notebookが如何に便利であるかを実感してもらえると思う。

12章までは中心極限定理が成り立つ世界でのデータ解析と取引戦略の構築についての説明であった。これ以後の章では必ずしもそうとは限らない歩み値の世界について説明する。

第13章は歩み値の本質を理解する。値動きのともなわない取引と値動きのともなう取引の違いをつかむ。そのために取引戦略を取引のタイミングと情報の利用方法で分類する。そして値動きの本質をグラフから読み解いていく。フラッシュ・クラッシュについて言及し、高頻度取引の役割について理解する。

第14章では歩み値から価格形成のメカニズムを理解する。取引には緊急性をともなう取引、そうでない取引があることを理解し、この2つが価格の動きの特徴とどのように関係しているかをとらえる。

第15章は、シナリオと取引戦略の関係、そしてシナリオと収益機会について学び、マーケットメイクのメカニズムを理解するために、マーケットメイク戦略の構築に挑戦し、シミュレーションを用いてその収益力を理解する。

第16章では、高頻度の世界でのサヤ取りに挑戦する。思考をフル回転させ、ランダムウォークに挑む。

本書ではPythonのプログラミングと各種モジュールの使用方法の

説明に多くのページを割いている。前半ではトレンドの発生を客観的に理解すると同時にその意義をとらえるための道具を自在にあやつれるようになるために、統計的手法を多く用いている。後半は、トレンドが１つ１つの取引からどのように形成されていくのかを実感をもって感じてほしいために、歩み値と参加者の特徴、そして取引の環境の説明に多くのページを割いている。シミュレーションを用いて取引戦略を実験しているが、モデルを学ぶのではなく、その構築の過程を学んでほしいと思う。

　歩み値の話になると統計的手法は登場しなくなる。高頻度取引の世界では、どのような分布から得られる確率変数にも成り立つ中心極限定理が、有効ではない可能性があるからである。この世界には平均、分散が定まらない可能性があるのである。それはちょうどコーシー分布から得られる確率変数に中心極限定理が成り立たない状況に似ている。そして、中心極限定理が成り立つ世界とそうでない世界の境界があいまいであれば、価格データの分析は困難を極める。だから、取引戦略にはリスク管理が必須であり、頑健な資金管理が必要なのだ。

1.3　Python 2とPython 3について

　筆者がPythonを知ったのは2013年の初頭であり、Python 2.7の32ビット版のインストールを友人から勧められた。そしてその魅力に取りつかれるまでに1年を要した。そして友人のアドバイスを無視して64ビット版に乗り換えた。それは演算スピードに魅せられたからである。そしてその当時からPython 2.xか3.xかの議論は活発であった。Python 3.xに後方互換性がないことが繰り返される議論の大きな理由である。そして、今でも同じような議論が繰り返されている。2016年9月の時点でも2.xのダウンロード数が3.xを圧倒しているようである。

しかし、2016年に入ると少し雰囲気が違ってきたように感じる。それにはAIと機械学習のブームが関係しているようだ。この分野でのPythonの活躍は目覚ましい。そして多くの深層学習などのツールは3.xを前提としている。また、2.xの最終版の2.7のサポート期限が近付いていることも影響があるかもしれない。しかし、3.xの導入の積極性は以前よりも格段に増しているように感じられる。

本書ではどうかというと、3.xの導入を前提とし初歩的なプログラムを紹介している。古いPCでは処理速度の面で3.5では非常に厳しく2.7がお勧めである。しかし、最近のPCで、特にCOREi7以降のCPUであれば3.5以上がむしろお勧めである。

本書には膨大なプログラムコードが記載されている。これらのすべてが学習目的で、実際のトレードへの使用は想定されていないので、注意してほしい。

第2章 さあ、IPython Notebookをはじめよう

　Pythonは、1950年に登場したオープンソースのプログラミング言語でインタープリタ上で実行される。ソースコードは、まず中間的な表現に変換され、そして実行される。同じような形式の言語としてはPerl、MATLAB、R、Rubyなどがある。しかし、Pythonを実装するJupyter Notebookは思考を鍛えるという観点からみると、どの競争相手にも負けることはない。

　Pythonのコードは、誰にとっても読みやすく、理解しやすいことが最大の特徴である。 そして、同じ仕事をするプログラムはほぼ同じようなプログラムコードになる構造をもっている。 従って、他人の書いたプログラムは読みやすく、また自分でも書きたいプログラムを素早く書くことができる。 そして、そのようにして書かれたプログラムは変更することなしに、Window, Mac, Linuxなどさまざまなオペレーティングシステム上で動かすことができる。 開発者はオランダ人のグイド・ヴマンロッサムである。

2.1　Python Notebook のインストール

　Pythonはオープンソースライセンスで公開されていて、Python

15

Japanなどの公式サイトからダウンロードできる。本書ではPythonをブラウザー上からインタラクティブに使うことのできるJupyter Notebookを用い、そしてAnacondaを利用する。Anaconda Distributionが無料で提供するパッケージを導入すれば、ほぼ必要なライブラリーが同時にインストールされる。Pythonの良さをまず知るために、AnacondaのホームページからPythonをインストールしてみよう。しかし、その前に忘れてはならないことがある。ブラウザーとしてGoogle Chromeが必要である。

https://www.continuum.io/downloads

Anacondaには科学計算に必要な多くのモジュールがすでに組み込まれていて、自分でインストールする必要がない。 Python 3.5のWindows 64-bit版を選択してほしい。

次の画面が現れたら自分の電子メールアドレスを入力する。

インストールファイルがダウンロードフォルダに保存される。
Anaconda3-4.2.0-Windows-x86_64.exe（2016/10/3現在）
バージョンを確認したらnext（次へ）を選択。

ライセンス条項が表示されるのでI Agree（承諾）を選択。

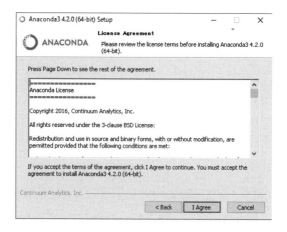

自分専用である場合にはJust Meの選択をそのままに次に進んでほしい。

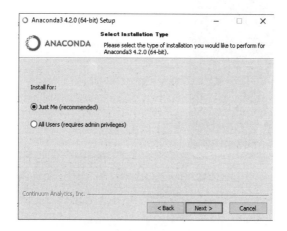

自動でディレクトリーが設定されているが変更可能である。そのままでOKであれば次に進んでほしい。

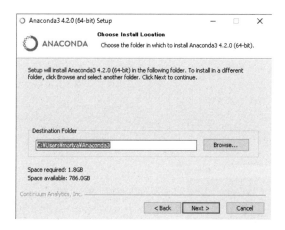

　パスが通っていたほうが便利なので、チェックはそのままでInstallを選択してほしい。

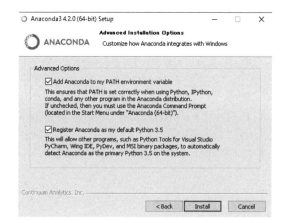

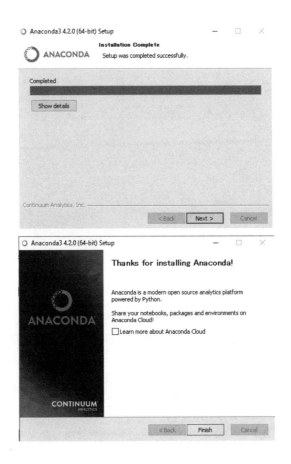

　Windowsのメニューから「スタート」＞「すべてのプログラム」とクリックし、メニューにAnaconda3（64-bit）が表示されていればインストール完了。

2.1.1 Python Notebookの起動

インストールが済んだら、Jupyter Notebookを起動してみよう。2つの方法があり、

1．Windowsのメニュー
2．コマンドプロンプト

から起動できる。

メニューから「スタート」>「すべてのアプリ」>「Anaconda3（64-bit）」>「Jupyter Notebook」を選んでJupyter Notebookを起動。
コマンドプロンプトを用いる場合には、「スタート」>「すべてのアプリ」>「Windowsシステムツール」>「コマンドプロンプト」とクリックする。すると次の画面が現れる。

ここで

| C:¥... ¥Documents¥IPython Notebook¥Jupyter notebook |

と入力してEnterを押すと、Notebookが起動する。これをバッチファイルとして保存しておくと便利である。その際に

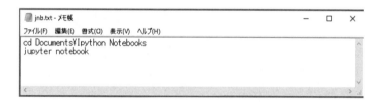

と入力してバッチファイル（jnb.bat）として保存する。Jupyterを立ち上げるときにはjnbとコマンドプンプト上で打ってリターンを押せばよい。Jupyter notebookが起ち上がる。そうすると次のような画面が現れる。ブラウザーはGoogle Chromeである。

Newタブをクリックするとメニューが現れる。

メニューの中の「Python [conda root]」をクリックすると、新しいタブUntitledがHomeの右に現れる。

In[ ]:

の右側にある枠の中にプログラムのコードを書いたり、コメントを入れたりできる。「Jupyter Untitled」の部分をトグルヘッダーと呼ぶ。その下の各種ボタンがならぶ部分をトグルツールバーという。「View」をクリックするとこれらを出し入れするプルダウンメニューが現れて、表示したり、消したりすることができる。

「トグルツールバー」の「Code」と表示されている部分はプルダウンメニューになっている。

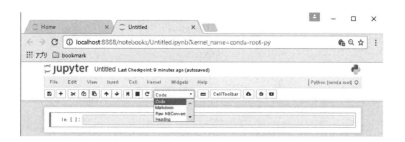

Code, Markdown, RawNBConvert, Headingが選択できる。CodeはPythonのプログラムコードを記述するときに選択する。Markdownは文書を書くときに選択する。この2つが使いこなせればまずは十分だ。 次にFileメニューだ。この部分で頻繁に使うのは「Make a Copy」,「Rename」,「Save and Checkpoint」だ。また、「Print Preview」もよく使う。「Make a Copy」で開いているページのコピーを作ることができる。Jupyter Notebookはメモ書き、分析手法のアイデアのチェックなどに使うことが多いと思うので、ページをコピーして新しいアイデアに発展させ、上手くいけば「Rename」で新しい名前をそのページに付け、上手くいかなければ、そのページを削除すればよい。LaTexの数式が書き込まれているときなどには「Print Preview」が役に立つ。LaTexの美しい数式がそのまま表れる。ただ

し、LaTexを使うには別途LaTexをインストールしておく必要がある。その点に関しては本書では触れないので、ネットなどで調べてほしい。

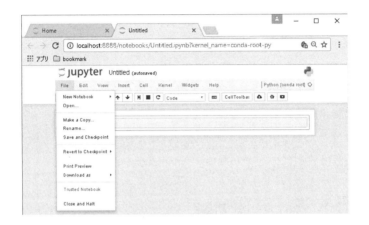

2.2 パッケージ、モジュール

どのようなプログラミング言語でもその言語をパワーアップするためにはパッケージ、モジュール、ライブラリーなどをインストールする必要がある。実行可能なプログラムを仕事で分類してまとめるとモジュール、汎用性の高いプログラムを用途で分類するとライブラリーとなる。ライブラリーはプログラム間で再利用可能なプログラムの集まりなので、モジュールのように必ず仕事として実行可能かどうかは分からないと考えておけばとりあえずはOKだ。

2.2.1 パッケージ、モジュールのインストール方法

既にインストール済みのAnacondaには多くのパッケージが含まれていて、さらに別パッケージをインストールする必要はないのだが、残念ながら本書のPythonコードを動かすためには2つのパッケージ

をインストールする必要がある。 そのパッケージのインストールを
するためにはその下準備をしなければならないのだ。 このワン・ス
テップの多さを、結構煩わしいと思う人は多いのではないだろうか？
パッケージのインストール方法には幾つかの方法があるのだが、本書
ではeasy_installを用いる。 まずはこのeasy_installを使えるようにし
よう。 Pythonの普及を拒む1つの理由は、オープンソースのプログ
ラミング言語ということで幾つも選択肢があることだ。 そして、そ
の選択肢を間違えると多くのパッケージを自分でインストールする必
要がでてきてしまう。それが厄介で途中でPythonの使用を断念して
しまう例は枚挙にいとまがない。Anacondaをお勧めする。

2.2.1.1 easy_installの設定

まずez_setup.pyをダウンロードする。次のページからダウンロー
ド可能である。**http://trac.edgewall.org/wiki/TracPlugins**

ダウンロードしたez_setup.pyを「Documents＞Python Scripts」に
落とす。 コマンドプロンプトを

```
C:¥...¥Documents¥Python Scripts
```

に移す。

```
C:¥Users¥.....¥Python Scripts¥python ez_setup.py
```

と打つと、
Setuptools vertion 0.6c11 or greater has been installed.

と表示される。これで設定完了。もしこの時点で問題があればその後のインストラクションにしたがってほしい。

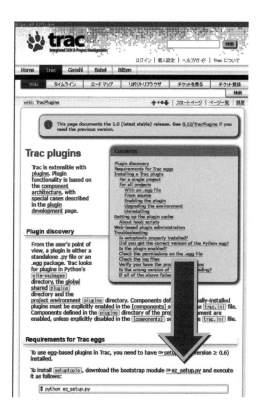

2.2.1.2　monthdeltaのインストール

　monthdeltaは月に関連する計算をするときに便利なモジュールで、時系列解析に必要なので、ここで練習を兼ねてインストールしてみよう。 MonthDelta distributionから配布されている。

```
C:¥Users¥.....¥Python Scripts¥easy_install monthdelta
```

と打ちこむとmonthdeltaをインストールすることができる。

　ここで注意することはJupyter Notebooksをいったん閉じて、再度立ち上げないとmonthdeltaのインストールは反映されない。

2.2.1.3 pandas_datareaderのインストール

ここまで来れば、あとは簡単だ。

```
C:¥Users¥.....¥Python Scripts¥easy_install  pandas-datareader
```

でリターンを押せば、pandas datareaderがインストールできる。ここで注意をすべきはpandas-datareaderのスペルだ！　インストールの際にはアンダーバー"_"ではなくてハイフン"-"であることに注意。

2.2.2 Pandocのインストール

　PandocはMarkdownで書かれた文書やプログラムのコードをHTMLのフォーマットに変換してくれる。詳細は

http://johnmacfarlane.net/pandoc/

から得ることができる。

　インストールは

https://github.com/jgm/pandoc/releases

から可能である。

2.3　プログラミングの前にMarkdownの使い方を学ぶ

Markdown（マークダウン）は、手軽で、読みやすい文書を簡単に書くためのエディターだと考えればよい。

Pythonコード用のセルは

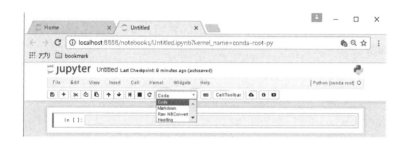

メニューからMarkdownを選択すればエディター用のセルになる。

Markdownでは3つの規則により文書を作成することができる。

1．Markdwon記法
2．Latex
3．HTML

である。

　Markdownでは出来上がったプレーンテキスト形式の文書を簡単に
HTML形式に変換することができる。　Markdownで文書が作成でき
たら、「File]>「Downroad as」>「HTML（.html）」とクリックすれ
ばファイルはHTML形式に変換され、ダウンロード・フォルダーに
保存される。　つぎに保存されたファイルをクリックすればブラウザ
ー上に文書が表示される。

　ここではそれぞれについて使用頻度が高いと思われる段落、改行、
太文字、斜体文字、リスト、見出し、リンク、画像の挿入、水平線、
LaTex、表組みについて説明する。

2.3.1　太文字：文字をダブル半角アステリスク（**）で挟む。

革新的技術

と書くと
　革新的技術
と表示される。

2.3.2　斜体文字：文字を半角アステリスク（*）で挟む。

革新的技術

と書くと
　革新的技術
と表示される。

2.3.3 改行：行の最後にダブル半角スペースを挿入。

```
Innovation(半角スペース2つ)
革新(半角スペース2つ)
```

と書くと

innovation

革新

と改行される。ダブル半角スペースがないと2つの単語は続いてしまう。

2.3.4 順序無しリスト: ＊＋半角スペース＋テキスト。

```
* Innovation
* 革新
```

と記述すると

・innovation

・革新

と表記される。

2.3.5 順序付リスト: 1（数字）.＋半角スペース＋テキスト。

```
1. Innovation
2. 革新
```

と記述すると

1．innovation

2．革新

と表記される。

2.3.6　段落：書き込みのない行を段落の前に入れると段落ができる。

```
Make innovation happen
革新を生む
Make innovation happen
革新を生む
```

と新しい段落が始まるが、文章の前にスペースは無い。

2.3.7　見出し: #レベル1の見出し、##レベル2の見出し。

```
# 革新
## innovation
```

と書くと

革新

Innovation

と表記される。

2.3.8　リンク: [リンクのテキスト]（リンクのアドレス "リンクのタイトル"）

例（略）

2.3.9　画像: [画像のテキスト]（画像のアドレス "画像のタイトル"）

例（略）

2.3.10 水平線：一行にハイフン、アステリクス、アンダーバーを続けて3つ挿入

```
___
```

2.3.11 LaTex: $と$の間に数式を書き込む。LaTexの文法を採用。

```
$x=y+z$
```
と書き込むと

$x = y + z$

と表示される。

2.3.12 表組み：

innovation, 革新、イノベーションを項目として表を組みたい場合に,最初の行で¦を用いて枠組みを確定する。¦¦の間にこれらの項目を記す。次の行で右寄せ、左寄せ、中央寄せを決める。それぞれ

```
|:—|—:|:—:|
```
である。

```
|innovation|革新|イノベーション|
|:—|—:|:—:|
|2|2|3|
|a|b|c|
```
と打つと

innovation	革新	イノベーション
2	2	3
a	b	c

と表示される。

2.4　プログラミングとその実行

Markdownを用いた文書作成は

```
In [ ]:
```

の右側にあるセルを用いた。今度はこの部分にプログラムを書き込むのである。変数innovationに文字列 make innovation happen を代入してみよう。

```
In [1]: innovation="make innovation happen"
```

これだけでは本当に変数innovationに文字列"make innovation happen"が代入されたかどうかわからないので、次の行にinnovationと打つ。これはinnovationの中身を出力しろという命令である。

```
In [2]: innovation="make innovation happen"
        innovation
```

そしてトグルバーの▶をクリックするとプログラムが走る。

```
In [2]: innovation="make innovation happen"
        innovation
Out[2]: 'make innovation happen'
```

第2章　さあ、IPython Notebookをはじめよう

と表示される。これでプログラムは完ぺきだ！　プログラムを走ら
せれば次のセルが現れるので、そこに新しいプログラムを書き込め
ば良い。　そしてそのNotebookはそのまま保存されるので、いちい
ち保存する必要がない。　至って便利だ。プログラムのセルの前後に
Markdownでコメントを書くこともできる。

```
誰にでも革新的技術を開発できる。
```

```
In [4]:  innovation="make innovation happen"
         innovation
```

```
Out[4]:  'make innovation happen'
```

次のように書くと

```
##### 革新する。
#### 革新する。
### 革新する。
## 革新する。
# 革新できた。
```

革新する。

革新する。

革新する。

革新する。

革新できた。

と表示される。

35

第3章　まずはPythonから

Pythonで書かれた同じ仕事をするプログラムは誰が書いても似ているので、誰にとっても読みやすく、理解しやすい。そのためにサンプルプログラムの活用がしやすく、その反復効果のためか、自分でも書きたいプログラムをすぐに書けるようになる。

3.1　やりたいことは何だ？

ネットワーク上にあるデータベースから金融経済関連データをダウンロードし、そのデータを分析し、安定した収益を生み出す投資・取引戦略を構築したい！！

3.1.1　まずラストリゾートを知っておこう

どんなに活きよい良く突進していても前に進めなくなってしまう時がある。そのような時に戻るべき場所あると便利である。その場所を紹介しておこう。

Python言語リファレンス

http://docs.python.jp/3.5/reference/index.html#reference-index

とPython標準ライブラリー

http://docs.python.jp/3.5/library/index.html

の２つである。前者はPythonの構文について詳しく説明されていて、後者は標準ライブラリーについての説明である。

　また、十分にプログラミングの経験のある読者ならこの２つの文書をしばらく眺めているだけでPythonのイメージがつかめてしまうかもしれない。そのような場合には随時WEB上で疑問点を検索すれば答えが得られてしまう。　また、もっとサンプルを見ながらPythonを学習したいという読者も多いかもしれない。そのような場合にはPython Japanの公式サイトがお勧めである。

　Python 3.5.x ドキュメント http://docs.python.jp/3.5/index.html

をアクセスすると関連文書の一覧がある。

3.1.2　必要なモジュールとライブラリーを意識しよう

例えば、
1．米国ヤフーからSP500の価格データをダウンロードする。
2．価格の対数収益率を計算する。
3．チャート、ヒストグラムなどの描画機能を用いて、価格の大まかな動きを理解する。
4．統計的処理を施して、確定的トレンド、確率的トレンド、その他の特徴を理解する。
5．以上の分析から戦略を立て、バックテスト、モンテカルロシミュレーションなどを用いて戦略の有効性をチェックする。

第3章　まずはPythonから

　まず、この作業に必要なモジュールは

Pandas（データベースライブラリー）

Numpy/Scipy（演算ライブラリー）

Matplotlib（描画ライブラリー）

Statsmodel（統計ライブラー）

である。これら4つのモジュールを自由に使いこなせるようになろう。

そうすれば自ずと道は開かれる！！

3.2　Python プログラムをはじめよう

　まずPythonで戸惑うのはべき乗演算と配列の作成ではないだろうか？　金融関連のユーザーはこの2つを多用するので、この2つの方法が簡単に手に入らないと、それだけで投げ出してしまう。多くのユーザーはPythonのべき乗演算が半角アステリスク（*）を2つ並べると知ったとたんに「エー」と思って断念してしまう。ほとんどのプログラミング言語ではハットマーク（^）1つで済んでいた演算が2文字になってしまうのだから当然だ。

　配列も問題だ！　WEB上で「Python、配列」と検索すると「データ構造」、「リスト、タプル、辞書」に関するページが多数ヒットされる。しかし、なかなか配列に行き当たらない。そして、「配列」という言葉を発見するとそれは「Nampy配列」であったりする。それでもリスト、タプル、辞書が配列に似ているという記述から、仕方なくこれらを使い始めるが、金融関連のユーザーが多用する2次元配列で壁にぶつかってしまう。これに随分と手間取った挙句にここで断念してしまうユーザーもいるのではないだろうか？

しかし、Pythonを使う理由はこのデータ構造にあるといっても過言ではない。金融関連のユーザーであればこれらの演算スピードを実感してしまうと、もう手放せなくなってしまう。それにデータベースを構築する際の使い勝手も決して悪くはない。

では心の準備ができたので前進！

3.2.1　プログラムの書き方の様式

Pythonのプログラムが、誰にとっても読みやすく、理解しやすいのは、プログラムのブロック構造を『字下げ』により決定するためである。そのために行構造を理解しておくと便利である。

1．行（物理行）は改行によって終わる。
2．複数行（物理行）にわたってプログラムを書くときには行の終わりにバックスラッシュ文字"\"を置く。そうするとそれは論理行になる。
3．論理行の先頭は実行分のグループ化の判断に用いられる。『字下げ』の位置が重要な理由はここにある。
4．コメントが１行の場合には先頭をシャープ（#）で始める。複数行にわたる場合には

```
In [1]: """
        make
        innovation
        happen
        """
Out[1]: '\nmake \ninnovation \nhappen\n'
```

のようにコメントの前後にトリプルダブルクオーテーションを置く。

第3章　まずはPythonから

3.2.2　データモデル

Pythonではすべてのデータがオブジェクトで、プログラム自身もオブジェクトである。オブジェクトは型と値をもつ。複数のオブジェクトを格納するための型をデータ型という。この格納するオブジェクトを要素という。

3.2.2.1　シーケンス型

シーケンス型とは有限な順序をもつ要素の集合である。

変更不能なシーケンス型：文字列、タプル型

1．文字列:順序をもった文字の集合
2．タプル: 数値、文字、文字列はどの要素をカンマ " , " で区切り丸カッコ（）で囲って記述する。タプルはデータ型である。

変更可能なシーケンス型：リスト型

リストは数値、文字、文字列などを角カッコ[ ]で囲って定義する。各要素はカンマで区切る。リストはデータ型である。

3.2.2.2　数値型

整数型、長整数型、浮動小数点型、複素数型がある。

41

3.2.2.3　マップ型：インデックスをもつ有限のオブジェクトから成る集合

　辞書（ディクショナリ）：数値、文字、文字列を用いてインデックスと要素をペアとして構成し、波 ｛｝ で囲んで記述する。辞書はデータ型である。

3.2.2.4　呼び出し可能型

　関数の呼び出しが可能な型である。

１．ユーザー定義関数
２．ユーザー定義メソッド
３．組み込み関数
４．組み込みメソッド

3.2.2.5　モジュール

　モジュールはimport文でインポートして使用する。

3.2.2.6　クラス

　クラスはクラス定義で生成される。インスタントとしてオブジェクトを作ることができる。クラスのもつ関数をメソッドという。これはどこからでも参照可能である。クラスは他のオブジェクト言語と同じように継承することができる。クラスの階層を見ると整数型、長整数型、浮動小数点型、複素数型、文字列型、リスト、タプル、辞書、ファイルが同レベルにあり、その上にオブジェクトがあり階層の頂点に

42

第3章　まずはPythonから

立つ。

3.2.2.7　ファイル

開かれたファイルがファイルオブジェクトである。ファイルオブジェクトはopen（）などで生成される。

3.2.3　式

式の表現の方法について説明する。

3.2.3.1　算術変換

1．1つの引数が複素数型であると、他も複素数型になる。
2．引数に複素数型が無く、1つに浮動小数点があれば他も浮動小数点になる。
3．引数に複素数、浮動小数点が無く、1つが長整数であれば他も長整数である。

3.2.3.2　算術演算

四則演算子は"+"，"-"，"*"，"/"で行う。

3.2.3.3　べき乗演算

べき乗演算はハットマーク"^"ではなくダブル半角アステリスク"**"で行う。

43

3.2.3.4　比較演算

　比較は"<"、">"、"=="、"<>"、"!="で行う。また、比較はいくらで
も連鎖することができる。 a＜b＜c＜dなど。 比較演算の結果は真
（True）、または為（False）である。 その他には"is"、"not is"、"in"、
"not in"がある。
　1．"is"、"not is"はデータの属性をチェックする。
　2．"in"、"not in"はコレクション型の要素のチェックに用いる。

3.2.3.5　ラムダ

ラムダは無名関数を構築する記法である。

3.2.4　単純文

　文が1つの論理行に収まる場合を単純文という。ここでは直感的な
記述にとどめる。

3.2.4.1　del文

オブジェクトを削除する。

3.2.4.2　return文

戻り値を返して、所属する関数呼び出しから抜け出す。

3.2.4.3　break文

最も内側のループを終了させる。

3.2.4.4 import文

モジュールを検索し、必要に応じて初期化を行い、またローカルな名前を定義することもある。

3.2.5 複合文

複合分は複数行にまたがり、他の分の実行に何らかの制御を与える。ここではif文とfor文を説明する。本書ではこれ以外は使わない。

3.2.5.1　if 文 :条件分岐を実行する。

```
In [2]: a=['x','y']
        if 'x' in a:# もし文字xがリストaに含まれればOKと表示する。
            print("OK")
        OK
```

3.2.5.2　for 文 : for 文ではループカウンターではなく、各要素に対して処理を最後まで繰り返す。

```
In [3]: a=[1,2,3]
        for i in a:
            print(i),#print文の最後にカンマ(.)を置くと改行されない。
        1
        2
        3
```

3.3 いよいよPython 標準ライブラリーについて学ぼう

Python標準ライブラリーは、プログラム言語の核となるデータ型と組み込み関数が含まれる。

3.3.1 組み込み関数

Pythonの組み込み関数は何時でも何処でも利用可能である。使用頻度の高いものは

1. abs（x）：絶対値を返す。
2. int（x）：整数に変換する。
3. float（x）：浮動小数点に変換する。
4. len（x）：長さを返す。
5. max（x）：最大値を返す。
6. min（x）：最小値を返す。
7. open（filename, mode）：ファイルを開いて、ファイルオブジェクトを返す。ファイルが開けない場合、IOErrorとなる。filenameは開きたいファイルの名前、modeはr,w,aがあり、それぞれ読み出し、書き込み、追加の書き込みである。標準ではテキストファイルを開く。バイナリーファイルを開くときには末尾に'b'を追加する。
8. print（x）：出力する。
9. range（x）：1からxまでの整数のリストを返す。
10. sorted（x）：順番を並べ替える。
11. sum（x）：合計を返す。
12. tuple（）：変更不可能なシーケンス型の1つ。

13. zip（x）：タプルのリストを返す。

3.3.2　組み込み型

組み込み型は主に、数値型、シーケンス型、マッピング型に分けられる。

3.3.2.1　数値型

Pythonは、変数、引数、戻り値などの型をプログラムの実行前に決める必要のない動的型付言語である。浮動小数点の演算が必要な場合には初期値を設定するときに0.0のように小数点以下を記述しておくと便利である。

3.3.2.2　シーケンス型

len（）を使って要素の数を返すことができる。n個の要素をもつシーケンスは0,1,2,…,n-1から成るインデックスをもつ要素の集合である。

（1）変更不可能なシーケンス型

文字列は単引用符、2重引用符によってくくられる。例えば'innovation'、または"innovation"。本書では日本語表記にunicode文字列を使うことがある。その際には頭にuを付ける。例えば、u'革新'。

文字列連結
文字列の連結は「+」で行う。

47

要素の抽出

a[i]: aのゼロから数えてi番目の要素を選択できる。

スライス

条件を満たすインデックスをもつすべての要素を抽出する。

a[i:j]: aのiからj番目までの要素を選択する。

a[i:j:k]: aのiからj番目までの要素をk毎にスライス。

文字列メソッド：x.split（y）

yを境界として文字、文字列を分離して、分離した文字、文字列のリストを返す。

```
In [4]:  x="a,b,c d e" #文字列xを","で区切る。
         x.split(",")
Out[4]:  ['a', 'b', 'c d e']
```

in 演算子

in演算子は文字列、リスト要素の検索にも用いる。

```
In [5]:  a="vwxyz" # リストaの文字列vwxyzに文字列vwが含まれればTrueを返す。
         'vw' in a
Out[5]:  True

In [6]:  a=["x","y","z"] # 文字xがaの要素に含まれればTrueを返す。
         'x' in a
Out[6]:  True
```

タプル（Tuple）

タプルは複数の要素をカンマ演算子","を使って区切り、丸カッコ（）で囲み記述する。項目の数があらかじめ決まっていれば、メモリの使用効率が高い。 また辞書のキーとして使用することができ、値のコピーができる。 リストと混同しやすいが値の置き換えはできない。

48

第3章　まずはPythonから

（2）変更可能なシーケンス型

リスト

リストは幾つかの変数をグループとして扱うデータ構造をもっている。リストデータ型はPythonの中核をなし多くのメソッドをもつ。リストはカンマにより分離された値、または要素から成り角括弧[]で囲われている。

```
In [7]:  a=[1,2,3,4,5]
         a              # a と書くだけでaに保存されているデータが表示される。

Out[7]:  [1, 2, 3, 4, 5]
```

リストはインデックス化したり、スライスしたり新たな値（要素）を追加したり、ネストを作ることができる。

```
In [8]:  a[1]# 要素の位置の指定は左端から始まり、左端はゼロであるので、
             #1は左端から2番目を表す。

Out[8]:  2
```

```
In [9]:  a[-3]# 数字にマイナスをつけた場合は右端からの位置を表すので、
              #右から三番目の要素の内容が表示される。

Out[9]:  3
```

```
In [10]:  a[-3:]# 右端から3番目から右端までの要素をスライス（切り取って）して表示する。

Out[10]:  [3, 4, 5]
```

```
In [11]:  a+[10,11,12]# これはリストaに10, 11, 12を加えている。

Out[11]:  [1, 2, 3, 4, 5, 10, 11, 12]
```

データベースの作り方は多数考えられる。

```
In [12]:  data1=['2013/1/1',1]#日付、価格
          data2=['2014/1/1',2]
          data3=data1+data2
          data3

Out[12]:  ['2013/1/1', 1, '2014/1/1', 2]
```

49

上述の結果と比較してほしい。

```
In [13]: data4=['2013/1/1',1] #日付、価格
         data5=['2014/1/1',2]
         data6=[data4,data5]
         data6
```

Out[13]: [['2013/1/1', 1], ['2014/1/1', 2]]

さらに別の形でも可能である。

```
In [14]: data7=['2013/1/1','2014/1/1'] #日付
         data8=[1,2] #価格
         data9=[data7,data8]
         data9
```

Out[14]: [['2013/1/1', '2014/1/1'], [1, 2]]

```
In [15]: data10=['2013/1/1',1] #日付、価格
         data11=['2014/1/1',2]
         data12=[data10,data11]
         data13=zip(*data12) #行と列を入れ替える。それぞれ2つのリストはタプルとなる。
         data13
```

Out[15]: <zip at 0x1ef5c541f08>

リストはさらに幾つかのメソッドをもっている。xは要素、項目等であり、値、文字、文字列、リスト（タプル、辞書）でもよい。

1．append（x）：xをリストの最後に加える。

2．count（x）：リストに含まれるxの数を数える。

3．index（x）：値がxである最初のxを返す。

4．insert（i,x）：i番目のポジションにxを挿入する。

5．pop（i）：i番目のポジションのxを削除してその値を返す。

6．remove（x）：xである最初の値を削除する。

7．reverse（x）：リストの中にある値、要素等の順番を逆にする。

第3章 まずはPythonから

```
In [16]: data14=['2011/1/1']
         data14.append('2012/1/1') # 日付の追加。
         data14
```

Out[16]: ['2011/1/1', '2012/1/1']

日付と価格をペアとしてデータを更新。

```
In [17]: data15=['2013/1/1',1]#日付、価格
         data16=['2014/1/1',2]
         data17=['2015/1/1',2]
         data18=[data15,data16]
         data18.append(data17)
         data18
```

Out[17]: [['2013/1/1', 1], ['2014/1/1', 2], ['2015/1/1', 2]]

新たな列（要素）を加えていることに注意。

```
In [18]: data19=['2013/1/1','2014/1/1']#日付
         data20=[1,2]#価格
         data21=[data19,data20]
         data21.append([100,200])
         data21
```

Out[18]: [['2013/1/1', '2014/1/1'], [1, 2], [100, 200]]

1つ1つの列（要素）についてデータを更新している。

```
In [19]: data22=['2013/1/1','2014/1/1']#日付
         data23=[1,2]#価格
         data24=[data22,data23]
         data24[0].append('2015/1/1')#日付
         data24[1].append(3)#価格
         data24
```

Out[19]: [['2013/1/1', '2014/1/1', '2015/1/1'], [1, 2, 3]]

データベース構築に知っておくと便利な方法

```
In [20]: f=[]
         k=0
         for i in range(2):
             f.append([])
             for j in range(2):
                 f[k].append(j+k)
             k+=1
         f
```

Out[20]: [[0, 1], [1, 2]]

51

リスト内包表記

リストを生成するための表記法の１つ。多くの場合for文で生成するよりも高速である。

```
In [21]: #リスト内包記の例:
         a=["abc",3]
         [x*2 for x in a]
Out[21]: ['abcabc', 6]
```

3.3.2.3 マッピング型

辞書型（ディクショナリ、dictionary）

辞書は２つの要素から成り立っていて、１つはインデックスであり、もう１つはそれに関連する要素である。Pythonの描画ソフトであるmultplotlibで用いる色の指定に用いる記号の辞書を作ってみよう。

```
In [22]: c_dic={'b':'blue','g':'green','r':'red','c':'cyan'}
         print(c_dic)
         {'g': 'green', 'r': 'red', 'c': 'cyan', 'b': 'blue'}
```

プリント文によりc_dicの内容を表示している。

辞書内包記

```
In [23]: #辞書内包記の例
         y=[1,3,9]
         {str(x):x**2 for x in y}
Out[23]: {'1': 1, '3': 9, '9': 81}
```

第3章　まずはPythonから

3.4　とりあえずの基本モジュールはDatetimeだけ！

Pythonは組み込み関数以外の必要な関数を豊富なモジュールからimport文を用いて取り込み使用する。　モジュールはPythonの関数定義や文の入ったファイルである。　必要な関数を得るためにそれが書かれているモジュールを取り込んで使用するが、それをインポートするという。

パッケージはモジュールを複数含んだファイルである。　パッケージはインポートすることができるし、またパーケージの中のモジュールだけをインポートすることもできる。　その際にはfrom X import Yとする。モジュールXからサブモジュールYをインポートし、パッケージ名を表す接頭語なしで利用できる。　また、import as を用いるとモジュール名を短縮して用いることができる。import XYZ as Xとすると、接頭語をXYZではなくXと書けばすむ。

3.4.1 Datetime

Python標準ライブラリーは日付、時刻、暦に関する関数を含んでいる。datetime, time,そして calendarモジュールはその中核をなす。

```
In [24]: from datetime import datetime
         now=datetime.now()
         now
```

```
Out[24]: datetime.datetime(2016, 10, 3, 20, 42, 1, 843633)
```

というように、容易にOSから現在の日付と時刻を取得可能である。また、時間の差は次のように求められる。

53

```
In [25]:  dtime=now-datetime(2014,4,1)
          dtime
Out[25]:  datetime.timedelta(916, 74521, 643633)
```

最初の数字は日数、その右が、時間、右端が秒である。これは確認し
てみよう。

```
In [26]:  dtime.days, dtime.seconds
Out[26]:  (916, 74521)
```

3.5　やっと来た科学分析用、その他のモジュール、ライブラリー

3.5.1 IPython

　IPythonは対話式処理とソフトウエアの開発の効率を上げるために
開発された対話処理型インタープリターである。IPythonプロジェク
トは2001年にフェルナンド・ベレスのプロジェクトとして発足した。
現在ではそのプロジェクトは対話型ノートブックフォーマットの開発
と高速のパラレル計算エンジンの開発を担っている。

3.5.2 Numpy

　NumpyはNumerical Pythonを略して表記したものである。Python
の科学計算の基本的な部分を構築する。高速で効率のよい科学計算を
可能とするデータ構造を提供する。

3.5.3 pandas

　金融時系列データのデータベースとしての機能を意識して設計されたモジュール。pandasの存在がPythonを使う１つの理由である。

3.5.4 matplotlib

　matplolibはPython用の２Ｄの描画ソフトである。

3.5.5 Scipy

　ScipyはNumPy配列を使うことで科学、工学の分野で一般的に使われる積分、統計的検定、固有値の算出などを高速に行うことを可能にしている。

3.5.6 Statsmodels

　統計モデル、時系列モデルのクラスと関数を提供する。

基礎知識はこれだけあればOK。
後は、習うより慣れろ。

第4章　PandasとMatplotlibを使ってみよう

　日経平均株価の過去データを取得し、チャートを描いてみよう。そのためにまず、ネットワーク上にある日経平均株価の過去のデータをpandasを用いてダウンロードし、そのデータをファイルに保存することから始めてみよう。ここで2つの知識が必要である。1つはデータベースの知識、もう1つはURLで指定されたネットワーク上にあるファイルをダウンロードする知識だ。データベースは効率的なデータの利用を目的に、特定の規則に従いデータを整理、整頓、そして保存する道具である。データベースは主に2つの形式に分類される。

1．リレーショナルデータベース
2．オブジェクトデータベース
3．非構造データベース

信頼できるデータベースを構築する

　リレーショナルデータベースは列と行からなるテーブルの形をしたデータベースで現在の主流をなしている。オブジェクトデータベースはオブジェクト指向の考え方で作られるデータベースで、今後が期待される。非構造データベースはビッグデータの処理に用いられるデー

タベースである。Pythonではどのデータベースも構築可能である。

　Pythonでは目的に応じたデータ処理を可能にするために、3つの
データ構造を標準ライブラリーとして用意している。

　1．組み込み型は
　　　a．リスト（変更可能なシーケンス型），
　　　b．タプル（変更不可能なシーケンス型），
　　　c．辞書（マッピング型）
という3つのデータⅢ型

　2．科学計算用モジュールとして用意されたNumpy（Numerical
Pythonの略）のndarrayという科学計算用の配列

　3．Pythonの最大の特徴は、このNumpyの上部構造にPandasとい
う強力なデータベースモジュール

本来であればPythonの特徴をつかむには上記1、2、3の順での学
習が適しているのかもしれない。しかし、ここでは実用を重視して直
感で使えこなせる方法から紹介していく。そこで、まずはPandasを
紹介しよう。

4.1　データのダウンロード

　現在、pandasを用いてインターネット上から専用モジュールを用
いてダウンロード可能なデータベースは
　1．Yahoo Finance
　2．Google Finance
　3．St.Louis（fred）

58

第4章　PandasとMatplotlibを使ってみよう

 4．World Bank

 5．Kennith French's Data Libralies

 6．Google Analytics

である。

　ここで少しpandasについて学習しておこう。時間にしたがって記録したデータを時系列データ（time-series data）という。一方、時間を一時点に固定した各国の株価指数、経済指標などのデータをクロスセクションデータとよぶ。クロスセクションデータにおいては観測される順番は問題ではない。この2つのタイプの特性を兼ね備えたデータをパネルデータとよぶ。pandasは、この時系列データとパネルデータの分析に適したデータ構造と道具を提供している。

 1．Series シリーズ

 2．DataFrame データフレーム

シリーズ（Series）は名前の通り時系列データを分析するためのデータ構造をもち、1変量時系列解析に適している。データフレーム（DataFrame）はパネルデータ、多変量時系列を分析するためのデータ構造をもっている。

　本書ではpandas-datareaderモジュールの

DataReader（stock_code,"yahoo",start,end）

を用いて、上述のデータソースからデータをダウンロードする。1変量から成るデータをダウンロードするとそのデータ構造はシリーズとなり、多変量から成るデータをダウンロードすればそのデータ構造は

59

データフレームになる。それぞれのデータベースの特性が知りたいのであれば変数の最後にクエスチョンマーク（？）を付けると、データ構造の情報を表示してくれる。pandasからシリーズとデータフレームをインポートし、pandasの接頭語をpdとすることでpandasの各種機能を便利に使うことができる。

4.1.1 1949年の日経平均株価の取得

セントルイス連邦準備銀行のfredデータベースからは1949年からの日経平均株価が手に入るので、それをPandasを使ってダウンロードしよう。

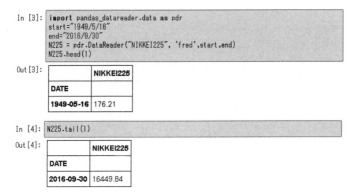

endを省略すると、直近までのデータがダウンロードされる。

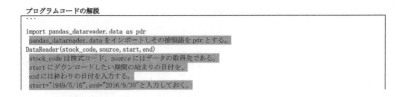

```
stock_code は"NIKKEI225"である。
データの出所は fred である。
N225 = pdr.DataReader("NIKKEI225", 'fred', start, end)
得られたデータを n225 に保存。
pandas には head()というデータの表示機能がある。デフォルトでは最初の 5 行を表示する
が head(1)とすることでデータの最初の行のみを表示できる。
```

4.1.2 グラフ表示

グラフはmatplotlibモジュールを利用して表示することができる。まずplot()を用いてラインチャートを表示してみよう。グラフは横軸が日付、縦軸が日経平均株価である。グラフは終値である。

```
In [19]:  %matplotlib inline
          import matplotlib.pyplot as plt
          N225.plot(color='darkblue')
          plt.ylabel('N225 index')
```

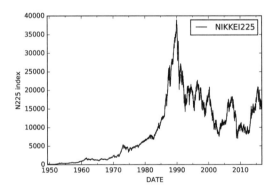

なんと急激に上昇し、そして下落したものか！　一体日本は本当にバブル前の状態に日経平均株価を戻すことができるのだろうかと心配になってしまう。

プログラムコードの解説

```
```
matplotlib のモジュールを使うときには Jupyter(Python) Notebook のそれぞれのページに
次のマジックコマンドを設定する必要がある。Python では頭に%が付いたコマンドをマジック
コマンド呼ぶ。
%matplotlib inline 描画の準備をしている。
n225.plot()
n225 のチャートを描いている。これは pandas の plot を用いていることに注意。
color はグラフの線の色を指定する。
```
```

4.1.3 米国ヤフーファイナンスから日経平均株価の4本値を取得

　米国ヤフーファイナンスから1984年1月4日からの日経平均株価が手に入るのでそれを取得しよう。データは始値、高値、安値、終値、取引高、そして調整後終値で構成されている。もちろん米国のヤフーファイナンスであるから、米国の個別株もダウンロードできる。4本値（始値、高値、安値、終値）と出来高がダウンロードされているのが分かる。

In [6]:
```
price = pdr.DataReader("^N225", 'yahoo',"1984/1/4",end)
price.head(1)
```

Out[6]:

	Open	High	Low	Close	Volume	Adj Close
Date						
1984-01-04	9927.0	9927.0	9927.0	9927.0	0	9927.0

In [7]:
```
print(price.tail(1))
```

```
                     Open          High          Low          Close  Volume  ￥
Date
2016-09-30  16474.449219  16497.550781  16407.779297  16449.839844  120700

                  Adj Close
Date
2016-09-30  16449.839844
```

プログラムコードの解説

```
```
head()と tail()の表示のされ方に注意。print 文を使わないと、上述の head(1)のような出力になり、print 文を使うと
tail(1)のような出力になる。プリント分の場合、右端にスペースが十分でないと自動的に折り返してくれる。
```
```

4.2 データベースの加工

時系列データの分析は、1変量の分析と多変量の分析に分けることができる。株式市場の総合的な価格の動きと経済動向の関係をみたければ、株価データと経済データの多変量のデータベースを用意する必要がある。ただし、経済データでも4本値と出来高などを含むデータは多変量時系列のあつかいになる。

4.2.1 データの結合

日経平均株価とドル円の為替レートの相関がよく話題になるので、それを調べてみよう。ドル円の為替レートはセントルイス連邦準備銀行のfredデータベースから取得し、それをpandasのconcat関数を用いて、日経平均株価のデータと結合できる。そして、20日営業日の価格を用いて相関を算出しその推移をグラフに表示してみよう。

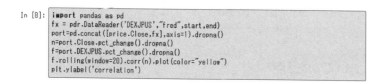

```
In [8]: import pandas as pd
        fx = pdr.DataReader('DEXJPUS',"fred",start,end)
        port=pd.concat([price.Close,fx],axis=1).dropna()
        n=port.Close.pct_change().dropna()
        f=port.DEXJPUS.pct_change().dropna()
        f.rolling(window=20).corr(n).plot(color="yellow")
        plt.ylabel('correlation')
```

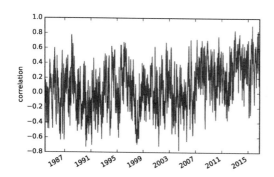

相関が0.8から‐0.8の間を行ったり来たりしている様子が見て取れる。さらにゆっくりとした大きな波があるようにも思える。相関は金融関連の多くの価格の間の関係、そしていろいろな経済指標との間の関係を把握するために用いられる。2つの価格が同じ方向に向いて動く回数が多いとそれは相関が強いという。最大値は1である。2つの価格が逆の方法に向いて動くとき、それは負の相関をもつという。マイナス1が最も強い負の相関を表す。相関がゼロであれば、2つの価格の動きにそのような規則はない。

相関はなじみやすい概念であるために、想像を掻き立てすぎてしまうきらいがある。次に注意点を幾つか指摘しておく。

プログラムコードの解説

```
fx = pdr.DataReader('DEXJPUS', "fred", start)
DEXJPUS は fred のドル円のレートを指定するコードである。
port=pd.concat([price.Close, fx], axis=1).dropna()
concat の()内の[x,y]で結合するデータを指定している。axis=1 は列の結合を指定している。
dropna()は結合したデータのどちらかの要素、または列に空の部分があればその行を削除する。
n=port.Close.pct_change().dropna()
f=port.DEXJPUS.pct_change().dropna()
pct_change()は価格を変化率に変換している。
f.rolling(window=20).corr(n).plot(color="yellow")
ファイル f から移動相関を計算し、それをグラフに表示している。Window は期間を示してる。
この場合は日足を用いているので 20 日分のデータを用いている。
```

相関についての注意点

1．相関は‐1から1までの値を取る。
2．相関は対称性をもつ。
3．相関はもとの尺度とは独立である。
4．XとYが統計的に独立であれば、これらの間の相関はゼロである。
5．しかし、これらの間の相関がゼロであってもこれらの2つの変数が独立であることを意味しない。
6．相関は線形の関係のみを説明しているのであり、非線形性の関係については何も語っていない。

7．相関が線形の関係の測度であるとしても、原因と結果については何も語っていない。

（Gujarati,Basi Econometricsから抜粋）

4.2.2 データの切り取り（ixプロパティの利用）

次にpriceの中からバブル以降のデータを取得してみよう。ix[ ] とスライス機能（：）を用いて必要なデータをグループとして参照することができる。ixは取得するデータが複数行に及ぶときに用いる。また、ix[インデックス（行）,列]で、インデックス（行）と列を指定できる。

```
In [20]: price = pdr.DataReader("^N225", 'yahoo',start,end)
         price1=price.ix["1990/1/1":]
         price1.Close.plot(color='green')
         price2=price.ix["2015",0:2]
         price2.tail(1)
         plt.ylabel('N225 index')
```

	Open	High
Date		
2015-12-30	19070.830078	19113.179688

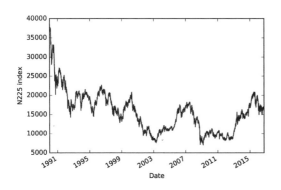

プログラムコードの解説

```
price.ix[date:]        date 以降のデータを参照。
price.ix[:date]        date 以前のデータを参照。
price.ix[date:,0:2]
行を'2015'、列を0:2 と指定することで 2015 年の始値と高値の左 2 つの列のデータを取得。
price1.Close.plot()
price1 には 4 本値が含まれているので、.Close とすることで終値を選択している。
```

ix, iloc, loc について
iloc[,], loc[,]は数値のみでインデックスと列を指定する。

4.2.3 再サンプリング、サンプリング期間の変更

　与えられた時系列データが日次のデータである場合には、そのサンプリングの期間を変更できると便利である。pandasでは一度得られたデータを週次、月次などのさまざまな期間間隔のデータに変更できる。ここではresampleメソッドを用いて日次のデータを月次のデータに加工してみよう。.first()とすると月の初めの値が選択され、日付は月末である。つぎに.last()とすると月末の値が選択される。

```
In [10]:  print(price.resample('M').first().tail())
                         Open           High            Low            Close      Volume  ¥
          Date
          2016-05-31   16357.099609   16357.099609   15975.469727   16147.379883  174500
          2016-06-30   17097.220703   17145.949219   16908.919922   16955.730469  129700
          2016-07-31   15698.019531   15765.000000   15635.570312   15682.480469  116300
          2016-08-31   16415.310547   16677.490234   16319.150391   16635.769531  168900
          2016-09-30   16885.160156   16941.179688   16864.560547   16926.839844  127600

                        Adj Close
          Date
          2016-05-31   16147.379883
          2016-06-30   16955.730469
          2016-07-31   15682.480469
          2016-08-31   16635.769531
          2016-09-30   16926.839844

In [11]:  print(price.resample('M').last().tail())
                         Open           High            Low            Close      Volume  ¥
          Date
          2016-05-31   17029.460938   17251.359375   16988.640625   17234.980469  152000
          2016-06-30   15752.709961   15781.690430   15575.919922   15575.919922  146200
          2016-07-31   16359.679688   16679.189453   16174.349609   16569.269531  227600
          2016-08-31   16857.830078   16917.859375   16836.960938   16887.400391  145800
          2016-09-30   16474.449219   16497.550781   16407.779297   16449.839844  120700
```

```
              Adj Close
Date
2016-05-31  17234.980469
2016-06-30  15575.919922
2016-07-31  16569.269531
2016-08-31  16887.400391
2016-09-30  16449.839844
```

　また、loffset='1d'とすることでデータはそのままに日付を一日先に
設定できる。'1d'の'1'は1日の1を指定している。'1d'の'd'は1日の日
を指定している。次の例で月末が月初になっていることに注意してほ
しい。このような機能により、いろいろなデータベースから集めてき
たデータをまとめて新たなデータベースを構築することが容易になる。

In [12]:
```
print(price.resample('M',loffset='1d').last().tail())
                   Open          High           Low         Close  Volume  ¥
Date
2016-06-01  17029.460938  17251.359375  16988.640625  17234.980469  152000
2016-07-01  15752.709961  15781.690430  15575.919922  15575.919922  146200
2016-08-01  16359.879688  16679.189453  16174.349609  16569.269531  227600
2016-09-01  16857.830078  16917.859375  16836.960938  16887.400391  145800
2016-10-01  16474.449219  16497.550781  16407.779297  16449.839844  120700

               Adj Close
Date
2016-06-01  17234.980469
2016-07-01  15575.919922
2016-08-01  16569.269531
2016-09-01  16887.400391
2016-10-01  16449.839844
```

　次の例は日足のデータを年足のデータに変換してチャートを描いて
いる。.fast(), .last()を指定しないとその期間の平均値となることに注
意が必要である。

In [14]:
```
price.resample('A').Close.plot(color='magenta')
plt.ylabel('N225 index')
```

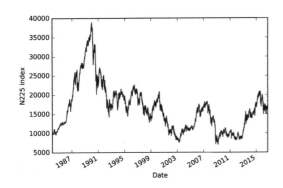

4.3 データの加工、分析

データは変化率（pct_change）、差分（diff）、累積合計（cumsum）などの関数を用いて、分析前のオリジナルのデータを、そして、分析により出力されたデータを必要があれば適切に加工しなければならない。

データの分析は静的な分析と動的な分析に分けることができる。静的な分析は記述統計のようにデータの期間を固定して、統計量を求める分析手法である。一方、動的な分析とは同じように統計量を求めるのであるが、全体の期間の中にそれよりも短い期間を設け、その期間をある一定量ずらしていく分析手法で、ローリング分析ともよばれる。

4.3.1 記述統計

pandasのシリーズとデータフレームのもつ記述統計に関するメソッドには

count（計数）、quantitle（4分位）、sum（合計）、mean（平均）、

median（中央値）、var（分散）、std（標準偏差）、skew（歪度）、kurt（尖度）、cumsum（累積合計）、diff（差分）、pct_change（変化率）

などがある。ここではdiffとstdを用いて、日経平均株価の価格変動性を求めてみよう。

```
In [15]:  import numpy as np
          dp=np.log(price.Close).diff()
          vol=dp.std()*np.sqrt(250)
          print(vol,len(price))

          0.230959043251 8064
```

　価格の対数の差は対数変化率、または対数収益率とよばれる。ここでは1日のデータを7961個用いて標準偏差を計算し、その標準偏差は1日の対数変化率の標準偏差なので、250の平方根を掛けることでそれを1年の対数変化率の標準偏差に変換している。その値は23%であり、ボラティリティとよぶ。

プログラムコードの解説

```
import numpy as np                対数とルートの計算に numpy の log と sqrt と用いる。
dp=np.log(price.Close).diff()     終値の対数の差を計算している。
vol=dp.std()*np.sqrt(250)
終値の対数の差の標準偏差を取り、それを 250 のルートを取ることで年率換算している。
```

4.3.2　動的な分析

　pandasのSeries.rollingを用いて日経平均株価の終値の250日移動平均を取得してみよう。

```
In [16]: import pandas as pd
         ma=pd.Series.rolling(price.Close,window=250).mean()
         price.Close.plot(label='n225 Close',style='--')
         ma.plot(label='250days ma')
         plt.ylabel('N225 index')
         plt.legend()
```

プログラムコードの解説

```
import pandas as pd                              pandasをモジュールの接頭語をpdとしてインポート。
ma=pd.Series.rolling(price.Close,250).mean()     price.Closeで終値を指定。
                                                 250は移動平均の日数を指定。
```

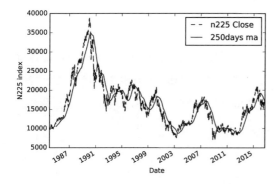

移動平均の他に、指定された期間の：

Series.rolling().max()（移動最大値）
Series.rolling().min()（移動最小値）
Series.rolling().median()（移動中央値）
Series.rolling().std()（移動標準偏差）

などが利用できる。

次に、移動標準偏差（rolling().std()）を用いて250日分のデータを用

いて移動ボラティリティを計算し、それをグラフ表示してみよう。ボラティリティは一定ではなく、上下動を繰り返すが、時として大きくジャンプしてしばらくそこに留まり、時間か経過すると以前の状態に戻ってくることが見て取れる。この現象をボラティリティのクラスタリングとよぶ。

```
In [23]: (pd.Series.rolling(np.log(price.Close).diff().dropna(),window=250).std()*np.sqrt(250))¥
         .plot()
         plt.ylabel('standrd deviation 250 days N225')
```

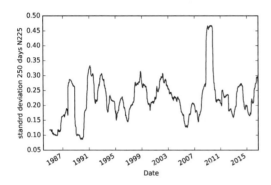

第5章　トレンドを理解する

　株式、債券、不動産市場などにおいて、価格が一定期間継続して上昇または下落する動きをトレンド（傾向変動）という。金融市場におけるトレンドは大きく2つある。1つは確定的トレンドであり、もう1つは確率的トレンドである。確定的トレンドは経済成長と密接な関係にある。トレンドは上昇トレンドだけではなく、下落トレンドも含むため景気循環と切り離して考えることはできない。数年以上の周期の確定していない波動を循環変動、確定した一年未満の周期を季節変動とよぶ。不規則変動は、傾向変動、循環変動、季節変動では説明できない残差の部分である。トレンドはバブルとして発生することもある。

　一方で経済・経済活動の状態を示す基礎的な要因とは全く無縁のトレンドもある。それが確率的トレンドである。名前の通りにランダムに発生するトレンドである。

波乗りのようにトレンドに乗れるか？

5.1　トレンドとその発生要因

市場にトレンドが発生する要因として、経済成長、景気循環、公共

政策、自然・環境・エネルギー問題などがある。成長著しい開発途上国、そして高度経済成長期の株式市場に投資するのは、経済成長にともない上昇トレンドが発生するからである。景気循環の視点から、循環変動は長期循環、建設循環、設備投資循環、在庫循環に分けられる。これら各種波動は上昇トレンドと下落トレンドを発生させる。これらに関連して資本・貯蓄、技術革新、設備投資、個人消費（期待）などもトレンドを発生させる要因となる。また、政府などの公共部門が公共の福祉を増進させるために行う公共政策の中で、金融政策、財政政策、産業政策、通商政策などの経済政策もトレンドの発生要因となる。

　天候、環境、エネルギー問題などもトレンドを発生させる。ハリケーンの被害により、サトウキビやトウモロコシの価格が上下動したり、原油相場にエタノール価格が連動したりする現象がその例である。似たような要因として資源の枯渇、干ばつ、地震、穀倉地帯の水不足などがある。

5.1.1　バブルと暴落

　バブルとは経済の基礎的要因では説明できない中長期的な価格の上昇を指す。特に、資産高騰がさらなる資産高騰を招くような正のフィードバックが存在し、熱狂的な過剰投資が起きている時をバブルとよぶ。取引価格の理論価格からの短期的な乖離はバブルとはよばない。バブル発生の要因としては、政治的圧力（アベノミクス相場）、金融政策の失敗（長期的な低金利政策）、金融の自由化（日本の財テク）、国際協調政策（円高誘導と低金利政策）、マスコミのアジテーション（2000年問題）、金融機関のモラルハザード（サブプライム問題）等が挙げられる。

5.1.2　経済成長と景気循環の仕組み

経済の状態を短期の安定期と長期の成長期に分けるとき、景気循環はこの長期の成長期（経済成長）のゆらぎとしてとらえることができる。数か月程度の季節変動を除くとこれらの変動には規則性がなく、機械的、予測可能なパターンはないとされる。

収穫逓減とは、全入力が増大しているときに、入力当たりの限界出力が減っていく現象である。漁場で、漁船の数を増やせば、最初は漁獲高が増えるが、生息する魚の数には限りがあるために漁船の数をある一定数以上増やしても、それに見合った漁獲が得られなくなる。そのような現象は収穫逓減の例である。一方、収穫逓増とは出力の増加が入力の増加と結びつき、入力当たりの限界出力が増えていく現象である。この正のフィードバック効果は破たんが起こるまで継続する。規模の経済とは、規模に関しての収穫逓増である。

収穫逓減により、資本を増加してもある時点から経済成長率は減少し、そしてある点に収束してしまう。この状態を脱するためには新たな技術革新が必要とされる。技術革新は外生的要因でもあり、内生的要因でもある。この技術革新は景気循環と関連する。

景気循環を需要側からとらえる方法もある。完全雇用状態を下回る、または上回る状態で、経済が短期的な均衡を達成すると景気循環が起こる。

5.2　日本経済と日経平均株価

Fredのデータベースからは1949年からの日経平均株価が手に入る。

戦後、日本は戦後復興期、高度経済成長期、安定成長期、ブラックマンデーの余波を受け、バブル経済を経験し、またインターネットバブル、サブプライムショックなど数々の局面を乗り越えてきた。そのような状況で、1949年以降の価格データを同一のものとして扱うと、株式市場、日本経済の実態を十分に把握できない。そこでデータの期間を内閣府の景気基準日を用いて幾つかの景気循環期に分けて分析してみよう。景気循環期とその期間を表にまとめた。現在内閣府公表の景気循環期は15期あり、1つの循環期は景気拡張期と後退期に分けられている。本書ではそれを適時アレンジして用いている。

循環期	景気	期間 - 始点	終点
1, 2	戦後復興期(recover)	1949/5/16	1954/11/30
3, 4, 5, 6	高度経済成長期(growth)	1954/12/1	1971/12/31
7, 8, 9, 10	安定期(stable)	1972/1/1	1986/11/30
11	バブル経済期(bubble)	1986/12/1	1993/10/31
12, 13, 14, 15	経済変革期(reform)	1993/11/1	現在

5.2.1 景気循環期の日経平均株価の年間変化率の算出

それぞれの循環期の日経平均株価の年率換算した変化率を計算してみよう。

```
In [1]: states=['recover','growth','stable','bubble','reform','now']
        dates=["1949/5/16","1954/12/1","1972/1/1","1986/12/1","1993/11/1","2016/9/30"]
        print(states)

        ['recover', 'growth', 'stable', 'bubble', 'reform', 'now']

In [2]: print(dates)

        ['1949/5/16', '1954/12/1', '1972/1/1', '1986/12/1', '1993/11/1', '2016/9/30']
```

第5章　トレンドを理解する

In [17]:
```python
import pandas_datareader.data as pdr
import numpy as np
end='2016/9/30'
n225 = pdr.DataReader("NIKKEI225", 'fred',"1949/5/16",end).NIKKEI225
print('rate of change')
for i in range(len(dates)-1):
    ave=n225[dates[i]:dates[i+1]].pct_change().mean()*250
    print(states[i],': %2.2f %;'%(ave*100))
print
print('volatility')
for i in range(len(dates)-1):
    vol=np.log(n225[dates[i]:dates[i+1]]).diff().std()*np.sqrt(250)
    print(states[i],': %2.2f %;'%(vol*100))
```

```
rate of change
recover : 13.71 %;
growth : 13.47 %;
stable : 13.48 %;
bubble : 3.49 %;
reform : 2.16 %;
volatility
recover : 22.99 %;
growth : 14.45 %;
stable : 12.64 %;
bubble : 22.82 %;
reform : 23.54 %;
```

結果の解釈

　戦後復興期が14%、高度成長期が13%、安定期が13%と日経平均株価の変化率は大きな違いがない。一方、バブル崩壊を含むバブル経済期が3%、経済変革期においては2%と非常に低い。また、価格の変動性の目安であるボラティリティ（250日換算の対数収益率の標準偏差）は高度経済成長期と安定期においては13−14%程度であるのに対して、それ以外の戦後復興期、バブル経済期、経済変革期という混乱をともなう期間においては23−24%程度と非常に高くなっている。

プログラムコードの解説：　リストを用いた配列の作成

```
5つの循環期の配列を構築する。
states=['recover','growth','stable','bubble','reform','now']

配列の先頭は states[0]='recover'であり、配列の末尾は states[5]='now'である。
同様に経済の循環期の始点の配列を作ることができる。
dates=["1949/5/16","1954/12/1",'1973/12/1',"1986/12/1",'1991/3/1',"2016/9/30"]

これらの配列はPythonのデータ構造の1つであるリストを用いて作られている。
```

プログラムコードの解説：年間収益率の算出

```
```
変化率はpandasのpct_change関数を用いて日々の価格の変化を変化率に変換している。
それをmean関数を用いて平均し、年間の変化率に換算するために250倍している。
for i in range(len(dates)-1):
    ave=n225[dates[i]:dates[i+1]].pct_change().mean()*250
    print states[i],': %2.2f pct;'%ave,
```
```

プログラムコードの解説：ボラティリティの算出

```
```
価格の対数を取るにはnumpyのlog関数を用いている。
pandasのdiff関数を用いて対数価格の差分を取って対数収益率としている。
std関数を用いてそれらの標準偏差を計算している。
numpyのsqrt関数を用いて1日の標準偏差を250日分に修正している。
print 'volatility'
for i in range(len(dates)-1):
    vol=np.log(n225[dates[i]:dates[i+1]]).diff().std()*np.sqrt(250)
    print states[i],': %2.2f %;'%(vol*100),
```
```

5.2.2　グラフを用いた長期トレンドの把握

matplotlibにはいろいろな機能が備わっているので、線グラフ上に景気循環期の配列情報を表示することで、景気循環期と日経平均株価のトレンドを直感的につかんでみよう。

```
In [18]: struct_break=[('1949/5/16','recv'),('1954/12/1','  growth'),
                ('1972/1/1','stable'),('1986/12/1','bubble'),('1991/3/1','    reform')]
```

```
In [19]: %matplotlib inline
         import matplotlib.pyplot as plt
         fig=plt.figure()
         g=fig.add_subplot(1,1,1)
         n225.plot(ax=g,style='y-',linewidth=0.5)
         plt.ylabel('N225 Index')
         for date, label in struct_break:
             g.annotate(label,xy=(date, n225.asof(date)+1000),
                 xytext=(date,n225.asof(date)+10000),
                 horizontalalignment='left',verticalalignment='top')
             g.set_xlim(['1947/1/1','2019/4/25'])

         plt.title("Nikkei 225 and structural change")
```

78

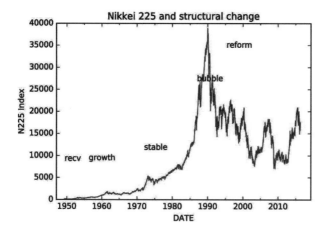

結果の解釈

このグラフからは日経平均株価が1983年以降急激に上昇し、1989年末にピークを付け、その後のバブル崩壊で株式市場のボラティリティが急激に上昇したように解釈できる。しかし、この解釈には若干の問題がある。それを次節のデータの事前処理で詳しく説明しよう。

5.3 トレンド判定に必要なデータの事前処理

　取引価格は取引の日時とその価値、または価値の上がり具合、下がり具合を示すトレンドを把握するには便利である。しかし、価格データを加工したほうがより便利な場合もある。その幾つかをここで紹介してみよう。

1．価格自体（p）
2．価格の対数（lnp）
3．価格の変化率（r）
4．価格の対数の差（lndp）
5．価格の差（dp）

がある。() の中はプログラム・コードに使う変数名である。

5.3.1　価格

　価格はいつどの時点で、どのような価格であったのか、また、何時から何時までを価格の上昇、または下落ととらえるべきなのかを把握するためには大変便利である。また、どれくらいの期間上下動を繰り返したのか、目視で周期的な性格があるのかを把握するためにも便利である。

5.3.2　価格の対数

対数は大きく2つの解釈をもつ。

1．瞬間的変化率$d \log(x)/dx = 1/x$から$\log x = 1/dx$と表すことがで

き、対数が連続時間の変化率、または瞬間的変化率を表すと解
釈することができる。

2. 弾力性：価格と売買高の関係を見るときに、価格の1%の変化
に対する売買高の変化を価格の弾力性というが、これは と書
けるので、対数を弾力性と理解することができる。

価格の動きの傾向を長期で見るときには対数をとってみる必要がある。
そうすることで、変化率がどの価格帯でも同じスケールになる。

5.3.3 価格の変化

2つ観測時期の異なる価格を比べることで、価格の動きを把握しよ
うとすることがある。その際には、収益率、価格差、対数収益率など
が用いられる。

5.3.3.1 価格差

今日は日経平均株価が100円上がったといえば、それは価格差のこ
とである。もっとも頻繁に用いられる変数の1つである。その計算は
単純であり、その特徴は線形性にある。しかし、価格差の意味すると
ころはスケール変化の影響を受けやすい。例えば時間が経過すると価
格のレベルが大きく変わる日経平均株価のような場合には、「何月何
日には1000円上がり、その1年後にも1000円上がった」と言ってもそ
の意味するところは曖昧である。なぜなら日経平均株価が5000円の時
の価格差1000円と10000円の時の価格差1000円ではその意味合いが違
うからである。

5.3.3.2 収益率・変化率（リターン）

株式には配当があり、債券には金利収入があり、リターン、または収益率の計算にはキャピタルゲイン以外の収益が含まれていることがある。しかし、多くの場合には単なる変化率（rate of return）である場合が多い。変化率は $(P_{t+1} - P_t)/P_t = x$ である。

5.3.3.3 対数収益率:

対数収益率、対数差分は変化率の近似を与える。 変化率を $(P_{t+1} - P_t)/P_t = 1 + x$ と変形し両辺の対数をとると $\log(P_{t+1}) - \log(P_t) = \log(1 + x) \approx x$ となる。

1. 対数収益率はブラック・ショールズのオプション価格モデルで用いられていることで知られている。経済成長が一定である、価格の動きが定常であると仮定すると、数学的に解析解が得やすく、多くの学術的モデルではこの形式が用いられる。スケール変化の自動平均補正機能をもっている。
2. 変数 P_{t+1} が変数 P_t の周りで循環的な動きをしている場合、それを $P_{t+1} = 1 + P_t$ または $P_{t+1} = 1-/(1 + x)P_t$ で表す。この2つの式の両辺の対数をとってその和を求めると $\log(P_{t+1}) - \log(P_t) = 0$ となる。リスクマネジメントの世界では対数収益率の平均値はゼロと考える。

短期的にはこれら3つの変数は近似的に等しい。

5.4 日経平均株価の長期トレンドの把握

前節のデータの事前処理の知識を生かして、日経平均株価の長期トレンドの分析を試みてみよう。

5.4.1 対数価格表示

対数価格を用いてグラフを表示してみよう。

```
In [6]: import numpy as np
fig=plt.figure()
g=fig.add_subplot(1,1,1)
ln_n225=np.log(n225)              #numpyのlogを利用
ln_n225.plot(ax=g,style='y-',linewidth=0.5)

for date, label in struct_break:
    g.annotate(label,xy=(date, ln_n225.asof(date)),
        xytext=(date,ln_n225.asof(date)-0.75),
        horizontalalignment='left',verticalalignment='top')
    g.set_xlim(['1947/1/1','2019/4/25'])
plt.ylabel('log(N225 index)')
plt.title("Log Nikkei 225 index and structural change")
```

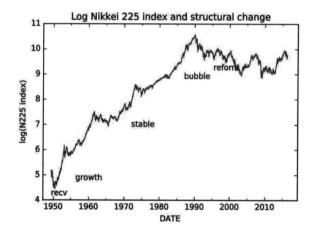

```
In [7]: import pandas_datareader.data as pdr
        import numpy as np
        for i in range(len(dates)-1):
            vol=np.log(n225[dates[i]:dates[i+1]]).diff().std()
            print(states[i],': %2.4f ;'%vol,)

recover : 0.0145 ;
growth : 0.0091 ;
stable : 0.0080 ;
bubble : 0.0144 ;
reform : 0.0149 ;
```

結果の解釈

　対数価格表示のチャートと価格のチャートでは受けるイメージが全
く違うのではないのだろうか？　バブル経済期の始まる1986年末から
日経平均株価のピークまでの期間を除くと、バブル崩壊前の日経平均
株価はほぼ安定したリターンを達成している。対数表示のグラフでは
この辺を正確に描写している。長期チャートでは対数表示にする必要
があるといわれる所以である。

循環期	景気	期間始点	終点	ror	Vol	std
1, 2	戦後復興期(recover)	1949/5/16	1954/11/30	14%	23%	0.015
3, 4, 5, 6	高度経済成長期(growth)	1954/12/1	1971/12/31	13%	14%	0.009
7, 8, 9, 10	安定期(stable)	1972/1/1	1986/11/30	13%	13%	0.008
11	バブル経済期(bubble)	1986/12/1	1993/10/31	3%	23%	0.014
12 - 15	経済変革期(reform)	1993/11/1	現在	2%	24%	0.015

5.4.2　日中のリターンとオーバーナイトのリターン

　日経平均株価がバブル崩壊以降に下落を続け、未だにバブル期の最
高値を更新できない事実はチャートを見れば一目瞭然である。それは
価格のチャートでも対数価格のチャートでも変わらない。しかし、こ
の日経平均株価の新たな特徴を指数の対数を取ることでつかめたよう
に、何か別の特徴が潜んでいないだろうか？　日経平均株価は本当に

バブル崩壊以降下落を続け戻り切れないのだろうか？　そこで日経平均株価を分解することで新たな特徴をつかんでみよう。

　終値のチャートは価格や指数の大まかな傾向をつかむには適している。しかし、市場では多様な投資家が参加して、価格を形成している。また、株式市場などは24時間取引がされているわけではなく、また、経済指標や、中央銀行の政策の決定の結果は日付と時刻を定めて発表される。そのような発表には市場が閉じている間に行われるものも少なくない。G7、G20などの会合は週末に行われ、月曜の朝の市場に大きな影響を与えることなどが多くみられる。投資家は市場が開いているときにだけ活動を行っているわけではなく、市場が閉じている間でも得られた情報を分析し、次の取引に反映しようとしているのである。このような市場の参加者の行動をつかむ方法として、市場の寄り付きから引けまでの日中の価格の変化と、市場の引けから翌日の寄り付きまでのオーバーナイトの価格の変化を比べることがよく行われる。それを行ってみよう。

```
In [22]: plt.figure(figsize=(8,4))
         analysis= pdr.DataReader("^N225", 'yahoo',"1986/9/3",end)
         analysis['intraday']=0 #None
         analysis['overnight']=0 #None
         c0=analysis.Close.iloc[0]
         for i in range(1,len(analysis)):
             o=analysis.iloc[i,0] #列0
             c=analysis.iloc[i,3] #列3
             analysis.iloc[i,6]=c-o #列6  Intraday
             analysis.iloc[i,7]=o-c0 #列7  overnight
             c0=c
         analysis.Close.plot(label='Close',linewidth=1)
         analysis.intraday.cumsum().plot(label="intraday",linestyle=":")
         analysis.overnight.cumsum().plot(label="overnight",linestyle='--',linewidth=1)
         plt.legend()
         plt.ylabel('PL or N225 Index')
         plt.legend(loc='lower left')
```

Out[22]: <matplotlib.legend.Legend at 0x26705d60518>

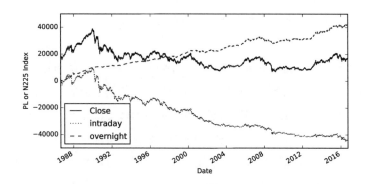

結果の解釈

　グラフのy軸は収益、または日経平均株価を表している。バブル崩壊以降日経平均株価には3つの長期的な傾向がみられる。1つは終値の下落である。2つ目はオーバーナイトでの指数は上昇を続けているという事実である。そして3つ目は日中の価格は下落を続けているということである。この原因は明らかにされていない。最も有力な理由は短期の投資家が寄付きでポジションを建て、引けでポジションを閉じるという説である。これは市場が効率的はなく、空売り等に制限が設けれている市場でみられる現象であるという説もあるが、確かではない。その理由として、バブルの時期には日中もオーバーナイトでも指数は上昇し続けていた。この時期の日中の指数の下落で顕著なのはブラックマンデーの時だけである。持ち合い株の解消、外国人投資家の動向も理由ではないだろうか？

　参考のために米国のSP500を見てみよう。結果の解釈は読者の方にお任せする。

```
In [23]: analysis= pdr.DataReader("SPY", 'yahoo',"1993/1/29",end)
         analysis['intraday']=0#None
         analysis['overnight']=0#None
         c0=analysis.Close.iloc[0]
         for i in range(1,len(analysis)):
             o=analysis.iloc[i,0]
             c=analysis.iloc[i,3]
             analysis.iloc[i,6]=c-o
             analysis.iloc[i,7]=o-c0
             c0=c
         analysis.Close.plot(label='Close')
         analysis.intraday.cumsum().plot(label='intraday',linestyle=':')
         analysis.overnight.cumsum().plot(label='overnight',linestyle='--')
         plt.legend()
         plt.ylabel('PL or Index')
```

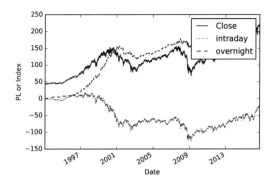

また、その他の参考としてダウ工業株価指数連動ETFのDIAとナスダック100連動ETFのQQQの結果を載せた。

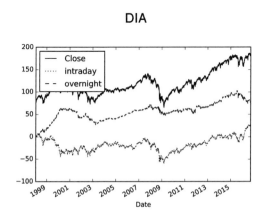

DIA

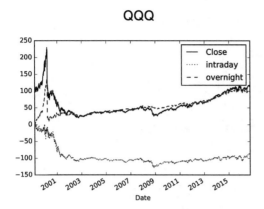

第6章　トレンドをモデル化しよう

　トレンドのモデル化を考えてみよう。次の一次式の形

$$Y_t = \alpha + \beta\, t + u_t \tag{1}$$

で表されるトレンドを確定的トレンド、または時間トレンドとよぶ。時間の経過にともない、その経過時間に比例して価格が変化するモデルである。α と β は回帰係数である。ここで t は時間を表し、u_t は定常なかく乱項または残差項である。読者の中にはなんでこんなに現実離れした単なる線形回帰モデルを使うのだろうかなんて思っている人もいるのではないだろうか？　筆者も時間の経過と共に日経平均株価のトレンドを説明するなんてばかばかしいと最初は思った。そして時間トレンドモデルを多くの人に説明する際には、同じ反応を得た。しかし、この一見単純すぎるモデルには非常に深い意味が潜んでいるのである。

線形回帰モデルに息を吹き込む

6.1 線形回帰モデル

2変数からなるモデルを考えよう。それを

$$E(Y \mid X_i) = \beta_1 + \beta_2 X_i \tag{2}$$

と表現する。Yを被説明変数、Xを説明変数という。β_1、β_2は定数である。これらの定数は説明変数と被説明変数の関係をとらえていて、回帰係数とよばれる。（2）式は係数と変数に関して線形であるという。それは係数と変数のそれぞれが1次の関数であるからである。$E()$は条件付き期待値を表している。$E(Y \mid X_i)$はX_iの時のYの期待値を表している。（2）式はX_iの時のYの期待値が必ず$\beta_1 + \beta_2 X_i$である確定的な関係を表現している。これを母集団回帰関数とよぶ。実際には平均からの乖離があるのでそれを表現すると（2）式は

$$Y_i = \beta_1 + \beta_2 X_i + u_i = E(Y \mid X_i) + u_i \tag{3}$$

となる。$E(Y \mid X_i)$は説明変数における被説明変数の平均的な値であり確定的な成分である。一方、u_iは予測不可能であるので確率的な成分である。（3）式を母集団回帰式とよび の数だけ存在する。

6.2 標本と母数

すべてのデータを母集団というが、（1）、（2）、（3）式での説明はこの母集団が手に入るという前提に立ち、実際に直面する問題には触れずに来た。しかし、金融の専門家が母集団を手に入れることは不可能であり、手にできるのは母集団の部分である。それを標本という。母集団の特性を表現する定数（平均、分散など）を母数（parameter）

といい、（1）、（2）、（3）式では β_1 と β_2 が母数である。 母数は不変だが、未知である。

　標本の特性を表現する定数を統計量（statistics）という。 我々が観測できるのは母集団から抽出された標本であるので、母数を手に入れることはできない。しかし、標本から統計量を算出できるので、標本から母数を推定できる。

6.3　標本回帰式

　我々が手にできるのはある固定値 X に対する限られた Y の値である。 従って、観察された実現値、または得られた標本から母集団回帰関数と同等な標本回帰関数を推定しなければならない。 それを

$$\hat{Y}_i = \hat{\beta}_1 + \hat{\beta}_2 X_i$$

で表す。ここで $\hat{Y}_i$、$\hat{\beta}_1$、$\hat{\beta}_2 X$ は統計量である。また上式は

$$Y_i = \hat{\beta}_1 + \hat{\beta}_2 X_i + \hat{u}_i \tag{3}$$

と書くこともできる。$\hat{u}_i$ は統計量であり、残差項とよぶ。この式を、標本回帰式とよぶ。$\hat{\beta}_1$、$\hat{\beta}_2$、$\hat{u}_i$ は統計量であり、得られた標本からある規則や計算方法により求められる。この規則や計算方法を推定量（estimator）とよび、そこから得られる数値を推定値（estimate）という。$\hat{\beta}_1$、$\hat{\beta}_2$、$\hat{u}_i$ は推定値である。

6.3.1 最小二乗法

線形回帰関数の統計量は最小二乗法によって求められる。（3）式を書き直し

$$\hat{u}_i = Y_i - (\hat{\beta}_1 + \hat{\beta}_2 X_i)$$

を得る。この両辺を2乗して、残差の2乗和を最小にするような β_1 と β_2 を求める。 そうすると

$$\hat{\beta}_1 = \frac{\sum X_i^2 \sum Y_i - \sum X_i \sum X_i Y_i}{N \sum X_i^2 - (\sum X_i)^2}$$

$$\hat{\beta}_2 = \frac{\sum X_i Y_i - \sum X_i \sum X_i Y_i}{N \sum X^2 - (\sum X_i)^2}$$

が得られる。 ここで N は標本数である。

6.3.2 最小二乗法の仮定

統計モデルは幾つかの仮定のもとに成り立つ。 古典的線形回帰モデルの仮定をここで列挙しておこう。

＊回帰関数は線形でなければならない。

＊X_i は確率変数であってはならない。

＊u_i の平均はゼロである。

＊u_i の分散は一定である。

＊u_i と u_{i+j} の相関はゼロである。$j \neq 1$

＊u_i と X_i の共分散はゼロである。

ここで注目してほしいのは残差項に関する仮定が多いことである。

6.3.3　推定の信頼性

単純な時間トレンドの標本線形回帰式には $\hat{a}$、$\hat{\beta}$、$\hat{u}$ の 3 つの推定値がある。

標準誤差

標準誤差（Standard Error,Std Err）は母数の推定値（統計量）と未知の母数との差である。 これは統計量の正確さの測度であり、

$$\mathrm{se}\,(\hat{\beta}_1) = \sqrt{\frac{\sum X_i^2}{N \sum (X_i - \bar{X})^2}}\,\sigma$$

$$\mathrm{se}\,(\hat{\beta}_2) = \frac{\sigma}{\sqrt{\sum (X_i - \bar{\bar{X}})^2}}$$

から求めることができる。$\bar{X}$ は X の標本平均である。 ここで σ は次式で与えられる u_i の分散で推定の標準誤差とよばれる。

$$\sigma^2 = \mathrm{E}\,(\hat{\sigma}^2) = \frac{\mathrm{E}\,(\sum u_i^2)}{N - 2}$$

この母数は未知であるので、その推定量は

$$\hat{\sigma}^2 = \sum \frac{\hat{u}_i^2}{N - 2} = \frac{\sum [Y_i - \mathrm{E}\,(Y \mid X_i)]^2}{N - 2}$$

である。 標準誤差は、統計量のバラツキ具合、つまり精度の測度であり、推定の標準誤差は標本線形回帰線とデータとの適合度（goodness of fit）の目安である。

決定係数

R^2（R-squared）は標本線形回帰線とデータとの間の適合度（goodness of fit）を表す測度として知られ、決定係数（coefficient of determination）という。次式で与えられる。

$$r^2 = \frac{\sum (\hat{Y}_i - \bar{Y})^2}{\sum (Y_i - \bar{Y})^2}$$

ここで$\bar{Y}$はYの標本平均である。 決定係数が1に近いほど、相対的なバラツキは少ない。 自動調整済み決定係数（Adj R-squared）は説明変数の数の効果を考慮した係数である。説明変数の数が多くなると決定係数は良くなる傾向があるので、その分を調整している。

2乗平均平方根誤差

実測値と予測値の間の残差の目安が2乗平均平方根誤差（RMSE:root-mean-square error）である。その2乗は

$$RMSE^2 = MSE = E(\hat{Y} - Y)^2 = var(\hat{Y}) + E[E(\hat{Y}) - Y]^2$$

で与えられる。ここで$E[E(\hat{Y}) - Y]^2$はバイアスである。$var(\hat{Y})$は$\hat{Y}$の分散である。実測値と予測値の間の残差の2乗の平均値を平均2乗誤差といい、2乗平均平方根誤差はその平方根である。小さいほう

が良い。$\mathrm{var}(\hat{Y})$ がゼロであれば、$\mathrm{RMSE}^2 = \mathrm{E}[\mathrm{E}(\hat{Y}) - Y]^2$ である。

信頼区間

母平均 μ が確率 $1-x$ で区間 μ^* と μ^{**} の間にいるとき、$1-x$ を信頼係数（the confidence coefficient）、または信頼水準（the significance level）といい、$\mu^{**} < \mu < \mu^*$ を信頼区間という。μ^*、μ^{**} をそれぞれ信頼上限、信頼下限という。x を有意水準（the level of significance）という。

p-値

信頼区間を標準化変換を用いて、$\theta_0 - \delta < \hat{\theta} < \theta_0 + \delta$ と書き換えることができる。θ_0 は帰無仮説の母数の値である。δ は平均がゼロ、分散が1の標準正規分布に従う $Z = (\hat{\theta} - \theta_0) / \mathrm{se}(\hat{\theta})$ から得ることができる。母標準誤差が未知であるとき、母標準誤差を $\mathrm{se}(\hat{\theta})$ に置き換え、ステューデントの t 分布を用い信頼区間を得ることができる。この関係を利用すると推定量 $\hat{\theta}$（回帰係数）の信頼区間が得られる。θ_0 をゼロとし、標本平均を θ_0 とすると確率 $1-p$ の信頼区間は

$$0 - t_{p,n}\mathrm{se}(\hat{\theta}) < \hat{\theta} < 0 + t_{p,n}\mathrm{se}(\hat{\theta})$$

で与えられる。ここで $t_{p,n}$ は確率 $1-p$ の信頼区間を与える自由度 $n-1$ の t 分布の値で臨界値とよぶ。ここで与えられる区間を採択域（the region of acceptance）といい、この外側の領域を棄却域（the region(s) of rejection）という。これを危険域（the critical region(s)）と呼ぶことがある。そうすると大きな $|t|$ 値は帰無仮説の棄却域にいることになる。

$$t_{p,n} = \frac{\hat{\theta}}{\text{se}\left(\hat{\theta}\right)}$$

であるから、$t_{p,n}$からp-値（p-value）を計算できる。p-値は臨界値が
与える棄却域の確率であると定義される。一般に次の表が棄却、棄却
が難しいの目安になる。

関係（pはp-値を表す）	解釈
$p < 0.01$	帰無仮説を棄却する。
$0.01 < p < 0.1$	帰無仮説を棄却するに足る。
$0.1 < p$	帰無仮説を棄却するのは難しい。

　「帰無仮説を棄却する」とは0.01以下の確率でしか起こらないこと
が起こった、ということである。「帰無仮説の棄却は難しい」は棄却
するに十分な証拠がないということである。　統計学の目的は極力誤
った判断を減らすことにある。

6.4 日経平均株価の確定的トレンド

　時間の経過とともに価格が線形に上昇、または下落する傾向をもつ
時、その時系列は次のようにモデル化される。

$$Y_t = \alpha + \beta \cdot t + u_t$$

ここでY_tは日経平均株価、t は経過時間である。Y_tはトレンドの傾き
である。u_tは残差項である。　このようなトレンドを確定的トレンド
という。Y_tが一時的にトレンドから大きく乖離したとしても、その長

第6章　トレンドをモデル化しよう

期的なトレンドに変化はなく、日経平均株価には確定的トレンドに復帰する力があると考えるのである。 このような確定的トレンドが成り立つ理由として、株式市場の動向が景気循環と関係があり、景気の悪化により株価が下落しても、その景気の悪化が景気循環の一次的な現象であり、時間の経過と共に回復し、それにともない株式市場も回復する、と考えるからである。

6.4.1　静的分析

日経平均株価はバブル崩壊までは強い上昇トレンドを経験し、その後は幾つかの上昇トレンドと下落トレンドを繰り返しながら、いまだに最高値を更新できないでいる。まず最初に1949年以降から直近までの期間について確定的トレンドの有無について調べてみよう。 本節の分析では対数価格を用いる。興味のある読者は価格で分析を行ってほしい。その違いが判るはずである。

```
In [1]: import pandas_datareader.data as pdr
        import statsmodels.api as sm
        import numpy as np
        end='2016/9/30'
        n225 = pdr.DataReader("NIKKEI225", 'fred',"1949/5/16",end).dropna()
        lnn225=np.log(n225.dropna())
        lnn225.columns=['Close']
        y=lnn225
        x=range(len(lnn225))
        x=sm.add_constant(x)
        model=sm.OLS(y,x)
        results=model.fit()
```

```
In [2]: print(results.summary())
```

```
                            OLS Regression Results
==============================================================================
Dep. Variable:                  Close   R-squared:                       0.756
Model:                            OLS   Adj. R-squared:                  0.756
Method:                 Least Squares   F-statistic:                 5.196e+04
Date:                Thu, 13 Oct 2016   Prob (F-statistic):               0.00
Time:                        16:57:33   Log-Likelihood:                -18601.
No. Observations:               16769   AIC:                         3.721e+04
Df Residuals:                   16767   BIC:                         3.722e+04
Df Model:                           1
Covariance Type:            nonrobust
```

97

```
=======================================================================
                coef    std err         t       P>|t|    [95.0% Conf. Int.]
-----------------------------------------------------------------------
const         6.1967      0.011   546.859       0.000      6.174      6.219
x1            0.0003   1.17e-06   227.943       0.000      0.000      0.000
=======================================================================
Omnibus:                       560.110   Durbin-Watson:                 0.000
Prob(Omnibus):                   0.000   Jarque-Bera (JB):            284.479
Skew:                           -0.119   Prob(JB):                   1.68e-62
Kurtosis:                        2.408   Cond. No.                   1.94e+04
=======================================================================
```

結果の解釈

標本数（Number of Ovservations）は16769である。

決定係数（R-sqaured）は0.756である。これはモデルがどれ程うまく実現値を説明しているかの尺度であり、最大値は1である。

回帰係数 α と β の帰無仮説はそれぞれ $\alpha = 0$ と $\beta = 0$ である。 それぞれの標準誤差（Standard Error,Std Err）は0.011と0.0000である。 α の帰無仮説が棄却されないと $Y_t = \beta \cdot t + u_t$ である。 α の p-値がゼロであることで帰無仮説は棄却され $\alpha = 6.1967$ である。 β の帰無仮説が棄却されないと $Y_t = \alpha + u_t$ でである。 β の p-値がゼロであることで帰無仮説は棄却され $\beta = 0.0003$ である。 従って1949年以降の日経平均株価は上昇トレンドをもっている。

$$\ln Y_t = 6.1967 + 0.0003 \cdot t$$

とモデル化された。［95.0% Conf.int.］は信頼区間である。

Statsmodelの解説 : statsmodelの線形回帰分析メソッド。
```
sm.OLS(y, x)
```
xは説明変数、yは被説明変数である。ここではyを日経平均株価、xを経過時間とする。

プログラムコードの解説
```
n225 = pdr.DataReader("NIKKEI225", 'fred', "1949/5/16", end).dropna()   fredからのデータの取得
ln225=np.log(n225.dropna())      対数価格の計算、n/aとなるデータをdropna()で削除
n225.columns=['Close']           終値の列にCloseと名前を付けている。
ln225.columns=['Close']          列の名前をCloseに設定
y=ln225                          変数yの作成
x=range(len(ln225))              変数xの作成
                                 ln225と同じ長さに設定。Rangeによって1, 2, …ln225のデータ数までの整数を設定
x=sm.add_constant(x)             線形回帰の切片のために列(要素)を作成
model=sm.OLS(y, x)               線形回帰分析を設定をmodelとして保存
results=model.fit()              modelをfitを用いて最適化
```

以上のレポートだけでは結果の判断はできない。最小二乗法の仮定を思い出してほしい。まず、モデルの期待値と実際の日経平均株価をプロットして、その差を目視で確かめよう。

```
In [3]: %matplotlib inline
        import matplotlib.pyplot as plt
        plt.plot(y,label='Close',color="darkgray")
        results.fittedvalues.plot(label='prediction',style='--')
        plt.ylabel('log(n225 index)')
        plt.legend(loc='upper left')
```

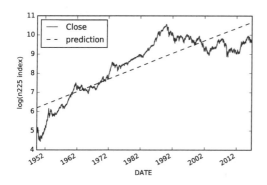

fittedvaluesはt時の予測値、または期待値を与えてくれる。次に残差項だけを取り出し、時系列としてチャートを描いてみよう。residは

残差項を与えてくれる。

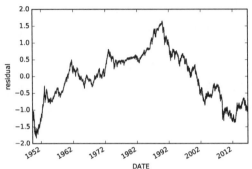

明らかに残差の時系列の中にトレンドが在りそうだ。残差のヒストグラムを描いてみるとどうだろうか？

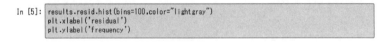

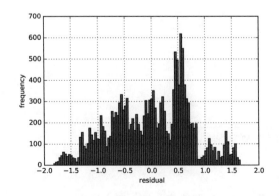

残差はいくつかの分布で構成されていて、残差の平均と分散はいくつ

第6章　トレンドをモデル化しよう

か存在するように見える。残差が古典的線形回帰モデルの条件を満た
しているようには見えない。

結果の解釈

時間トレンドが算出する日経平均株価の期待値は、実際の終値の推
移を直線でうまく説明しているように思える。しかし残差項のチャー
トではさらに期間の短いトレンドが存在するのではないかと疑わざる
を得ない。最初の乖離がマイナス方向に大きく、時間の経過と共にそ
れが小さくなり、次に残差はプラスに転換し、その後は時間の経過と
共にプラス方法に乖離幅が大きくなりバブルのピークの時に最大とな
っている。そして、その後再びゼロに近づき、マイナス方向に拡大し
ていくことが分かる。このようなトレンドの存在は残差のヒストグラ
ムに幾つかの分布が混合しているのではないかと思われることからも
確認できる。残差の平均と分散が一定しているとは思えない。これら
の結果は目による確認なので残差に関してはさらなる統計的な分析が
必要である。

6.4.2　景気循環と日経平均株価の確定的トレンド

1949年以降直近までの日経平均株価の時間トレンドの分析では明確
な答えは得られていない。分析結果から直感的にはそれぞれの景気循
環期に対して時間トレンドを求めることでより明確な判断ができるの
ではないかと考えた。そこで内閣府の定めた景気循環期に順じて分析
してみよう。また、それに加えてバブル経済期の始まりから日経平均
株価のピークまでとピークから暴落終焉までの期間を設定した。

101

1．戦後復興期

　戦後復興期は２つの景気循環期で構成した。通称、特需景気と投資
景気からなる。朝鮮戦争の特需から始まり、その休戦協定により終結
した。この休戦協定は1951年７月10日から始まり1953年７月27日に締
結されている。

```
In [6]: y=lnn225.ix[:'1954/11/30'].dropna()
        x=range(len(y))
        x=sm.add_constant(x)
        model=sm.OLS(y,x)
        results=model.fit()
        print(results.summary())
```

```
                         OLS Regression Results
==============================================================================
Dep. Variable:                  Close   R-squared:                       0.762
Model:                            OLS   Adj. R-squared:                  0.761
Method:                 Least Squares   F-statistic:                     4438.
Date:                Thu, 13 Oct 2016   Prob (F-statistic):               0.00
Time:                        16:57:37   Log-Likelihood:                -65.389
No. Observations:                1391   AIC:                             134.8
Df Residuals:                    1389   BIC:                             145.3
Df Model:                           1
Covariance Type:            nonrobust
==============================================================================
                 coef    std err          t      P>|t|      [95.0% Conf. Int.]
------------------------------------------------------------------------------
const          4.5236      0.014    332.550      0.000       4.497      4.550
x1             0.0011   1.69e-05     66.618      0.000       0.001      0.001
==============================================================================
Omnibus:                      160.558   Durbin-Watson:                   0.003
Prob(Omnibus):                  0.000   Jarque-Bera (JB):              121.287
Skew:                           0.624   Prob(JB):                     4.60e-27
Kurtosis:                       2.268   Cond. No.                      1.60e+03
==============================================================================
```

R-squared=0.76と1949年以降のデータをすべて用いた場合よりも改善
している。p-値から回帰係数と切片の帰無仮説を棄却することはでき
ないので、この２つの推定値には意味がある。それぞれの景気循環期
と時間トレンドの間には何か関係を見出せるかもしれないという期待
を抱かせる。モデルが算出する日経平均株価の期待値と終値を比べて
時間トレンドで指数の動きが説明できるかどうかを見てみよう。

```
In [8]: plt.plot(y,label='Close',color='darkgray')
        results.fittedvalues.plot(label='prediction',style='--')
        plt.legend(loc='upper left')
        plt.ylabel('log(n225 index)')
```

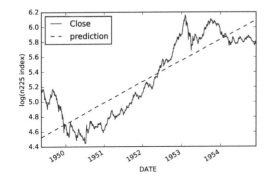

この時期の日経平均株価は必ずしも景気の山と谷に一致していない。また、景気循環期をさらに別の基準で分割する必要がありそうである。

２．高度経済成長期

　神武景気から始まりニクソン不況で終わる４つの景気循環期を高度経済成長期は含んでいる。神武景気から岩戸景気の山までは日経平均株価は強いが、その後の証券不況で長い低迷期に入る。オリンピックの終焉と共に不況に入った日本経済は低迷し、山一證券の取り付け騒ぎに至った。大蔵大臣田中角栄による無制限、無担保の日銀特融により、事態は沈静化したが、日本経済が危機的状況に陥れば政府がラストリゾートになるという考え方が生まれた。いざなぎ景気、ニクソンショックの期間において日経平均株価は堅調に推移した。

```
In [9]: y=lnn225.ix['1954/12/1':'1971/12/31'].dropna()
        x=range(len(y))
        x=sm.add_constant(x)
        model=sm.OLS(y,x)
        results=model.fit()
        print(results.summary())
```

```
                            OLS Regression Results
==============================================================================
Dep. Variable:                  Close   R-squared:                       0.824
Model:                            OLS   Adj. R-squared:                  0.824
Method:                 Least Squares   F-statistic:                 1.995e+04
Date:                Thu, 13 Oct 2016   Prob (F-statistic):               0.00
Time:                        16:57:38   Log-Likelihood:                 257.20
No. Observations:                4272   AIC:                            -510.4
Df Residuals:                    4270   BIC:                            -497.7
Df Model:                           1
Covariance Type:            nonrobust
==============================================================================
                 coef    std err          t      P>|t|      [95.0% Conf. Int.]
------------------------------------------------------------------------------
const          6.1675      0.007    884.618      0.000       6.154      6.181
x1             0.0004   2.83e-06    141.244      0.000       0.000      0.000
==============================================================================
Omnibus:                      396.700   Durbin-Watson:                   0.002
Prob(Omnibus):                  0.000   Jarque-Bera (JB):              516.452
Skew:                           0.851   Prob(JB):                     7.14e-113
Kurtosis:                       3.082   Cond. No.                     4.93e+03
==============================================================================
```

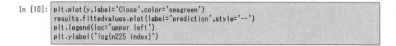

```
In [10]: plt.plot(y,label='Close',color='seagreen')
         results.fittedvalues.plot(label='prediction',style='--')
         plt.legend(loc='upper left')
         plt.ylabel('log(n225 index)')
```

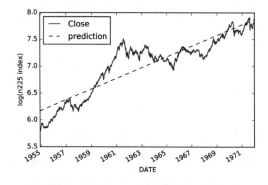

証券不況の間しばらく日経平均株価が低迷したことが分かる。証券不況まで、証券不況の間、そして証券不況からの回復とさらに期間を分けることで時間トレンドで日経平均株価の動きを説明できそうである。

３．安定期

　列島改造景気から２度目の円高不況までの４つの経済循環期が日経
平均株価が安定上昇した時期である。この時期には第一次石油危機、
第２次石油危機、アメリカとの貿易摩擦、プラザ合意などが含まれて
いる。町工場の倒産も続出した。鉄鋼、造船、石油産業は構造不況業
種とよばれていた。それでも第３次産業の情報処理産業が日本経済を
牽引し始めた時期である。

```
In [11]: y=lnn225.ix['1972/1/1':'1986/11/30'].dropna()
         x=range(len(y))
         x=sm.add_constant(x)
         model=sm.OLS(y,x)
         results=model.fit()
         print(results.summary())
```

```
                          OLS Regression Results
==============================================================================
Dep. Variable:                  Close   R-squared:                       0.910
Model:                            OLS   Adj. R-squared:                  0.910
Method:                 Least Squares   F-statistic:                 3.791e+04
Date:                Thu, 13 Oct 2016   Prob (F-statistic):               0.00
Time:                        16:57:40   Log-Likelihood:                 2451.9
No. Observations:                3768   AIC:                            -4900.
Df Residuals:                    3766   BIC:                            -4887.
Df Model:                           1
Covariance Type:            nonrobust
==============================================================================
                 coef    std err          t      P>|t|      [95.0% Conf. Int.]
------------------------------------------------------------------------------
const          8.1001      0.004   1969.386      0.000       8.092      8.108
x1             0.0004   1.89e-06    194.702      0.000       0.000      0.000
==============================================================================
Omnibus:                      548.042   Durbin-Watson:                   0.004
Prob(Omnibus):                  0.000   Jarque-Bera (JB):              813.397
Skew:                           1.077   Prob(JB):                    2.38e-177
Kurtosis:                       3.736   Cond. No.                     4.35e+03
==============================================================================
```

　日本経済にとって大変に難しい時期であるにも関わらず日経平均株価
は順調に推移した。R-squared=0.91と前の２つの景気循環期よりも結
果は良好である。チャートを用いて確認してみよう。

```
In [12]: plt.plot(y,label='Close',color='hotpink')
         results.fittedvalues.plot(label='prediction',style='--')
         plt.legend(loc='upper left')
         plt.ylabel('log(n225 index)')
```

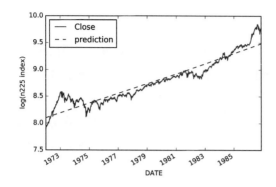

非常に安定した上昇トレンドが見て取れる。日本経済の高度成長時代が終わり安定期に入ると思われた。人々の心は熱狂的なブームから一気にパニックに陥り、不安に駆られた時期でもある。設備投資と個人消費が見込めず、急激な円高で貿易の拡大が見込めない中、財政出動により構造変化を成し遂げた。証券市場は経済の構造的変化に対応してその姿を変え、マネーフローに大きな変化があらわれた。貸付市場から証券市場への相対的な移行である。このような金融の構造変化の中で不況下の株高がもたらされた。

4．バブル成長期

　プラザ合意をきっかけにした円急騰が交易条件の改善をもたらし、それが実質所得の増加と結びつき内需主導の景気拡大が自律的に発生した。政府の円高対策は金融政策に留まり、財政再建途上にある政府からの財政政策は期待されなかった。上昇を続けていた株式市場はブラックマンデーにより大幅下落するが、そのダメージからいち早く回復したため、バブルであるという認識が強くなった。日本発の世界株式の暴落を避けたい大蔵省は決算弾力化方針を打ち出した。また、銀

第6章　トレンドをモデル化しよう

行の貸し出し過多、証券不祥事に代表される損失補てんなどのモラル
を逸脱した金融機関の業務拡大もバブルの要因である。また、大企業
のエクイティーファイナンスと外債発行による新しい資金調達手段も
その要因の1つに挙げられる。

```
In [13]: y=lnn225.ix['1986/12/1':'1993/10/31'].dropna()
         x=range(len(y))
         x=sm.add_constant(x)
         model=sm.OLS(y,x)
         results=model.fit()
         print(results.summary())
```

```
                            OLS Regression Results
==============================================================================
Dep. Variable:                  Close   R-squared:                       0.215
Model:                            OLS   Adj. R-squared:                  0.215
Method:                 Least Squares   F-statistic:                     467.5
Date:                Thu, 13 Oct 2016   Prob (F-statistic):           7.99e-92
Time:                        16:57:41   Log-Likelihood:                 305.16
No. Observations:                1707   AIC:                            -606.3
Df Residuals:                    1705   BIC:                            -595.4
Df Model:                           1
Covariance Type:            nonrobust
==============================================================================
                 coef    std err          t      P>|t|      [95.0% Conf. Int.]
------------------------------------------------------------------------------
const         10.2897      0.010   1050.279      0.000      10.271      10.309
x1            -0.0002   9.95e-06    -21.622      0.000      -0.000      -0.000
==============================================================================
Omnibus:                       40.208   Durbin-Watson:                   0.005
Prob(Omnibus):                  0.000   Jarque-Bera (JB):               22.069
Skew:                           0.077   Prob(JB):                     1.61e-05
Kurtosis:                       2.465   Cond. No.                     1.97e+03
==============================================================================
```

バブルによる上昇相場とバブル終焉による暴落相場を含んでいるため
にR-squared=0.22と好ましい数値ではない。チャートにより確認して
みよう。

```
In [14]: plt.plot(y,label='Close',color='seagreen')
         results.fittedvalues.plot(label='prediction',style='--')
         plt.legend()
         plt.ylabel('log(n225 index)')
```

107

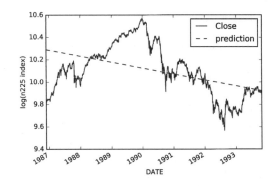

バブルのピークの前と後では明らかにトレンドの形成の仕方が異なる。バブルの前では明確な強い上昇トレンド、ピークの後は明確な下落トレンドを形成している。

5．バブル成長期（日経平均株価ピークまで）

　バブル期の明確な強い上昇トレンドについて調べてみよう。実際には1982年10月を底に株価は騰勢を強め、プラザ合意後に株高は加速した。特金・ファントラが貯蓄超過経済を象徴した。また、画一的な機関投資家の運用姿勢も株価の上下動を大きくしたと考えられた。NTT株売り出しによる株フィーバーは株式ブームの象徴であった。ブラックマンデー以降も上昇を続ける株価はPER70倍前後を維持した。

```
In [15]: y=lnn225.ix['1986/12/1':'1989/12/31'].dropna()
x=range(len(y))
x=sm.add_constant(x)
model=sm.OLS(y,x)
results=model.fit()
print(results.summary())
```

第6章 トレンドをモデル化しよう

```
                            OLS Regression Results
==============================================================================
Dep. Variable:                  Close   R-squared:                       0.913
Model:                            OLS   Adj. R-squared:                  0.913
Method:                 Least Squares   F-statistic:                     8011.
Date:                Thu, 13 Oct 2016   Prob (F-statistic):               0.00
Time:                        16:57:42   Log-Likelihood:                 1142.0
No. Observations:                 765   AIC:                            -2280.
Df Residuals:                     763   BIC:                            -2271.
Df Model:                           1
Covariance Type:            nonrobust
==============================================================================
                 coef    std err          t      P>|t|      [95.0% Conf. Int.]
------------------------------------------------------------------------------
const          9.9122      0.004   2520.009      0.000         9.904      9.920
x1             0.0008   8.91e-06     89.506      0.000         0.001      0.001
==============================================================================
Omnibus:                        1.148   Durbin-Watson:                   0.043
Prob(Omnibus):                  0.563   Jarque-Bera (JB):                1.193
Skew:                           0.092   Prob(JB):                        0.551
Kurtosis:                       2.943   Cond. No.                         882.
==============================================================================
```

また回帰係数は今までで最も大きな値である。これだけでは強いトレンドが在るとは判断できない。そこで目視でモデルの期待値と実際の日経平均株価の推移を比べてみよう。

```
In [16]: print("return ",np.exp(y.Close).pct_change().mean()*250)
         print("volatility ",y.Close.diff().std()*np.sqrt(250))
         print("std of residual",results.resid.std())
         plt.plot(y,label='Close',color='darkgray')
         results.fittedvalues.plot(label='prediction',style='--')
         plt.legend(loc='upper left')
         plt.ylabel('log(n225 index)')
```

```
return   0.2624257002375478
volatility   0.177502142933
std of residual 0.054413688241352696
```

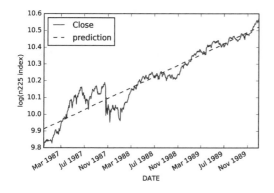

109

米国での1987年11月のブラックマンデーの影響による暴落で上昇トレンドは一旦途切れたように見えるが順調に回復している。さらに残差を調べてみよう。

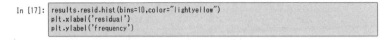

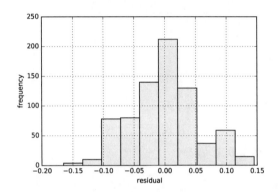

ブラックマンデー後の大きな上昇トレンドからの乖離を含んでいるにも関わらす、目視では残差は1つの分布にしたがい平均、分散は一定しているように見える。

6．バブル暴落時（日経平均株価ピークから）

1990年の年初から1992年の夏まで若干の上下動はあるものの急激な下落である。この相場をバブルの上昇期のように時間トレンドでちらえることができるだろうか？

```
y=lnn225.ix['1990/1/1':'1992/8/31'].dropna()
x=range(len(y))
x=sm.add_constant(x)
model=sm.OLS(y,x)
results=model.fit()
print(results.summary())
```

```
                            OLS Regression Results
==============================================================================
Dep. Variable:                  Close   R-squared:                       0.816
Model:                            OLS   Adj. R-squared:                  0.815
Method:                 Least Squares   F-statistic:                     2891.
Date:                Thu, 13 Oct 2016   Prob (F-statistic):          3.24e-242
Time:                        16:57:44   Log-Likelihood:                 622.33
No. Observations:                 656   AIC:                            -1241.
Df Residuals:                     654   BIC:                            -1232.
Df Model:                           1
Covariance Type:            nonrobust
==============================================================================
                 coef    std err          t      P>|t|      [95.0% Conf. Int.]
------------------------------------------------------------------------------
const         10.4342      0.007   1425.476      0.000        10.420     10.449
x1            -0.0010   1.93e-05    -53.767      0.000        -0.001     -0.001
==============================================================================
Omnibus:                       49.072   Durbin-Watson:                   0.038
Prob(Omnibus):                  0.000   Jarque-Bera (JB):               39.778
Skew:                          -0.516   Prob(JB):                     2.30e-09
Kurtosis:                       2.375   Cond. No.                         756.
==============================================================================
```

結果はR-squaredも0.816と決して悪くはない。期待値と実測値をチャートに描いてみよう。

```
In [19]: print("return ",np.exp(y.Close).pct_change().mean()*250)
         print("volatility ",y.Close.diff().std()*np.sqrt(250))
         print("std of residual",results.resid.std())
         plt.plot(y,label='Close',color='seagreen')
         results.fittedvalues.plot(label='prediction',style='--')
         plt.legend()
         plt.ylabel('log(n225 index)')
```

```
return  -0.2494591088293264
volatility  0.287514843973
std of residual 0.09377499471074387
```

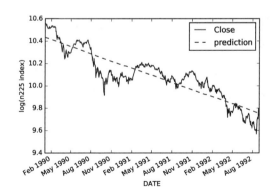

こちらも見た目うまく回帰できているように見える。次に残差のヒ

ストグラムを見てみよう。

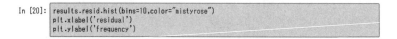

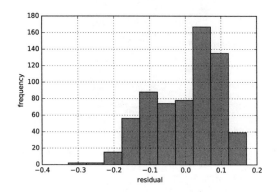

この結果からは、直感的に残差が1つの分布にしたがうのではなく、よって平均がゼロで分散が一定しているというふうには感じられない。

7. 経済変革期

　カンフル景気から欧州危機までとそれ以降を経済変革期としている。バブル崩壊後も大ブームの酔いから醒めることはできずに、政府が景気後退を認めるのは1992年1月であった。ヨーロッパのEMS（欧州通貨システム）の混乱を狙った通貨投機の後、1993年から1995年まで急激な円高が進み、日本経済は再び混乱した。経済変革期には4つの景気循環期が含まれている。また、この時期は、拡張期よりも後退期に強い印象がある。平成第2、3次不況、世界同時不況、そして欧州危機と続く。

第6章 トレンドをモデル化しよう

```
In [21]: y=lnn225.ix['1993/11/1':].dropna()
         x=range(len(y))
         x=sm.add_constant(x)
         model=sm.OLS(y,x)
         results=model.fit()
         print(results.summary())
```

```
                            OLS Regression Results
==============================================================================
Dep. Variable:                  Close   R-squared:                       0.138
Model:                            OLS   Adj. R-squared:                  0.138
Method:                 Least Squares   F-statistic:                     902.6
Date:                Thu, 13 Oct 2016   Prob (F-statistic):          4.76e-184
Time:                        16:57:46   Log-Likelihood:                -528.67
No. Observations:                5631   AIC:                             1061.
Df Residuals:                    5629   BIC:                             1075.
Df Model:                           1
Covariance Type:            nonrobust
==============================================================================
                 coef    std err          t      P>|t|      [95.0% Conf. Int.]
------------------------------------------------------------------------------
const          9.7139      0.007   1371.196      0.000         9.700      9.728
x1         -6.547e-05   2.18e-06    -30.043      0.000     -6.97e-05  -6.12e-05
==============================================================================
Omnibus:                      865.725   Durbin-Watson:                   0.003
Prob(Omnibus):                  0.000   Jarque-Bera (JB):              213.450
Skew:                          -0.124   Prob(JB):                     4.47e-47
Kurtosis:                       2.079   Cond. No.                     6.50e+03
==============================================================================
```

結果はいままでで最悪である。R-squared=0.163と共に最悪の結果である。チャートを用いて確認してみよう。

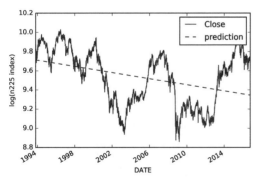

```
In [22]: print("return ",np.exp(y.Close).pct_change().mean()*250)
         print("volatility ",y.Close.diff().std()*np.sqrt(250))
         print("std of residual",results.resid.std())
         plt.plot(y,label='Close',color='hotpink')
         results.fittedvalues.plot(label='prediction',style='--')
         plt.legend()
         plt.ylabel('log(n225 index)')
```

```
return 0.02160181579305025
volatility 0.241061913359
std of residual 0.2658125527818707
```

チャートからも回帰の期間の取り方が適切でない様子が見て取れる。
残差のヒストグラムでも確認してみよう。

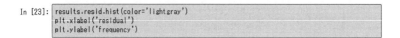

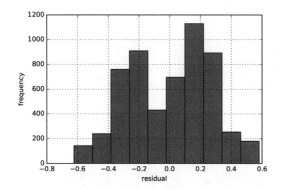

結果は予想通りに、残差の分布は幾つかの分布から構成されていると考えられる。この期間をさらに短く分割することで、時間トレンドで日経平均株価の動きを説明できる可能性をこのヒストグラムは示唆している。

景気	期間始点	終点	ror	Vol	係数	切片	残差STD
戦後復興期(recover)	1949/5/16	1954/11/30	14%	23%	0.0011	4.52	0.25
高度経済成長期(growth)	1954/12/1	1971/12/31	13%	14%	0.0004	6.15	0.23
安定期(stable)	1972/1/1	1986/11/30	13%	13%	0.0004	8.10	0.13
バブル経済期(bubble)	1986/12/1	1993/10/31	3%	23%	-0.0003	10.28	0.20
バブルのピークまで	1986/12/1	1989/12/31	26%	18%	0.0008	9.9	0.05
バブルのピークから谷	1990/1/1	1992/8/31	-25%	29%	-0.0010	10.43	0.09
経済変革期(reform)	1993/11/1	現在	2%	24%	-0.0001	9.7	0.26

結果の解釈

　時間の経過に比例して価格が上昇、または下落するという一見単純すぎる時間トレンドモデルのもつ意味を理解いただけただろうか？

　本章の例から時間トレンド、または確定的トレンドの有無の判断が統計的に如何に難しいかが理解できる。決定係数（R-squared）などが良好であっても、残差のチェックが必要である。

　また、バブルが崩壊するまでは日経平均株価の上昇率は一定水準を確保し、下落の後に常に回復してきていた。しかしバブル経済の終焉と共にその傾向は無くなった。背後にある経済の状態の理解こそがこのモデルの採用の要因であることには間違いがない。確定的トレンドは人々の経済活動の結果であり、継続がもたらす成果である。

第7章　確率的トレンドとは何か？

　時間の経過と共に上昇と下落を繰り返すランダムな価格の動きは、時として連続して上昇したり、または下落したりする。そしてそれが上昇トレンド、下落トレンドに発展することがある。一般にトレンドには何か発生の原因があるのではないかと考えられがちである。しかし、乱数の和からでもトレンドは発生する。このような動きを確率的トレンドといい、ランダムウォークの特徴である。

　1900年にフランスの数学者、ルイ・バシュリエは、最初にランダムウォーク理論を提唱し、株価が酔っ払いの千鳥足のように動く様子を示した。株式、債券、通貨などの取引が活発な金融商品の価格は、ランダムウォークとしてモデル化される。 価格の動きがランダムである理由は、それが本質的にランダムであったり、外生的なショックがランダムに発生し、それが価格に影響を与えているとか、または金融市場の効率性を反映した結果であるとか、さまざまな考え方がある。ランダムウォークはこのランダムな価格の動きが累積した結果である。

トレンドの発生に理由はいらない！

7.1 確率過程

ランダムに発生した変数を時間の順に並べた集まりを確率過程とよぶ。 この確率過程は、株式、債券、または通貨などの価格の動きをモデル化するために利用される。

時系列データを扱う際には、得られたデータを実現値という。 なぜ標本とよばずに実現値とよぶかというと、それは特定の確率過程から抽出され、そして実現した特別な一連の値だからである。 この実現値がある区間内の任意の実数であれば、それを連続型の確率変数という。とびとびの値を取る場合には離散型の確率変数という。 実際の金融関連の価格は、とびとびの値を取るので離散型の確率変数である。 また、金融市場で取引可能な価格を提示したり、実際の取引を行う行為は連続ではなく、これもとびとびに起こるのでこのような確率過程を離散時間の確率過程という。

一方、価格の理論を構築するような場合には、連続時間の確率過程が便利である。ブラウン運動とかウィーナー過程は連続時間の確率過程である。

これらの確率過程を定常な確率過程と非定常な確率過程に分けることができる。定常確率過程とは、確率変数の値が初期値から大きく離れることなく、その周辺をうろうろとする状態を継続することができる確率過程である。その際に、確率変数の平均、分散、共分散は時間に対して一定である。

一方、非定常確率過程とは時間の経過と共に、確率変数の平均、分散、共分散などが変化する確率過程である。確定的トレンドは非定常

確率過程の例である。確率変数の値が時間の経過と共に初期値から徐々に離れて行きトレンドを形成しながら、その周辺をうろうろするからである。そのために確率変数の平均値は時間の経過と共に変化するが、分散は変化しない。この確率過程から確定的トレンドを取り除くと、残った確率過程は定常過程となる。従って確定的トレンドはトレンド定常性ともよばれる。

また、トレンドを形成し初期値から離れた後に、再び原点に復帰する再帰性をともなう確率過程もある。ランダムウォークはこのような確率過程の1つである。

7.2 ランダムウォーク

資産価格の分散が時間とともに変化するのであれば、その確率過程はランダムウォークとしてモデル化できる。 ランダムウォークには幾つかのバリエーションがあり、ここでは2つ紹介する。

7.2.1 ドリフト無しランダムウォーク

ドリフト無しランダムウォークは確率変数の和として定義できる。t時の金融資産の価格をW_tとすると

$$W_t = W_0 + \sum_{i=1}^{t} w_i$$

となる。ここでw_iは平均ゼロ、分散σ^2の正規分布に従う確率変数でありかく乱項とよばれる。 このような確率過程においては1つ1つのwの影響は減衰することなく永久に残り続ける（permanent effect）。そしてその効果が確率的トレンドを発生させる。このモデルは

119

$$W_t = W_{t\text{-}1} + w_t$$

と書き直すこともできる。ここでwの期待値はゼロ（E$(w_t) = 0$）である。従って、w_t（価格）の分散は

$$\text{var}(w_t) = \text{E}(w^2) - (\text{E}(w))^2 = \text{E}(w^2) = \sigma^2$$

となる。よって、w_tの平均、分散は

$$\text{E}(W_t) = W_0$$
$$\text{var}(W_t) = t \cdot \text{var}(w_t) = t \cdot \sigma^2$$

となる。期待値は定数であるが、分散は時間の関数に成っている。

7.2.2 ドリフト付きモデル

ドリフト無しランダムウォークのモデルに切片を加えたモデルがドリフト付きモデルである。

$$W_t = a + W_{t\text{-}1} + w_t$$

ここでaは定数でありドリフト率とよばれる。このモデルの特性は

$$W_t = a \cdot t + W_0 + \sum_{i=1}^{t} w_i$$

であらわされる。ドリフト項がトレンドの役割を担っている。W_tの期待値と分散は

120

$$E(W_t) = W_0 + a \cdot t$$
$$\mathrm{var}(W_t) = t \cdot \mathrm{var}(w_t) = t \cdot \sigma^2$$

である。どちらも時間の関数である。また、Wの差分の期待値は

$$E(W_t - W_{t-1}) = E(\Delta W_t) = E(a) + E(W_t) = a$$

となる。

7.3 確率的トレンドとドリフト

確率的トレンドは$w_1 +, \cdots, + w_t = \sum w_i$の結果として生じるトレンドである。$w_i$は平均がゼロ、分散が$\sigma^2$の正規分布に従う確率変数として定義される。 従って、w_iとw_{i+j}，$j = 1, \cdots$ との相関はゼロである。価格が上昇の後に続けて上昇したとしても、その後に下落をして、価格が最初の値に戻る必要はない。 現在の価格の動きは過去の価格の動きとは独立である。 従って、上昇と下落を繰り返しながら上昇トレンドと、下落トレンドの発生が可能になる。 このトレンドはランダムな現象の結果であるから、この価格の動きから売買のタイミングを図ることで利益を上げることはできない。

しかし、この確率的トレンドを最小二乗法で線形回帰を行うと、確定的トレンドと判断されてしまうことがある。 これを見せかけの確定的トレンドという。

ドリフト付きランダムウォークの場合はどうであろうか？

$$W_t = W_0 + a \cdot t + \sum_{i=1}^{t} w_i$$

121

上式では、残差項w_iが平均ゼロ、分散a_w^2と定められているが、それはドリフト率が存在するからである。ドリフト率をゼロとしてそれと同じ効果をもつ平均値をw_iがもてば同じ確率過程を生成できる。このドリフトから発生するトレンドは確定的トレンドであろうか？　それとも確率的トレンドであろうか？　ドリフト付きランダムウォークは時間の関数となっている。しかし、ここで注意が必要である。このドリフト率の役割は平均値をもつ残差項の平均を表現しているのである。従って、必ずしも単位時間当たり、aが加算されるのではなく、平均として単位時間当たりaが加算されていくので、確率過程の一部である。従ってドリフト付きランダムウォークが作るトレンドは確率的トレンドである。

7.4　ランダムウォークの判定

　与えらえた時系列のデータがランダムウォークであるかどうかの判定問題は、長い歴史をもち、経済時系列解析の中でも最も注目され続けている課題の内の1つである。それを単位根問題という。定常過程においては、母集団から抽出された標本は、その標本の数が増えれば標本平均は真の平均に近づき、この差が従う分布は標本数の増加に従い正規分布に従うという中心極限定理が成り立つ。しかし、単位根をもつ非定常な過程ではこの中心極限定理が成り立たない。それが問題となるのである。そのために膨大な研究結果が報告されている。本書ではそのような問題には一切触れることなく、ADF検定の方法のみを説明する。ADFとは拡張ディッキー・フラー検定（Augmented Dicky-Fuller Test）の略称である。

7.4.1 単位根

金融資産の価格（W）を線形回帰式

$$W_t = \kappa \, W_{t\text{-}1} + w_t$$

で表現し、$\kappa = 1$ であるならば、このモデルは単位根をもつという。単位根をもつとその時系列は非定常確率過程になり、分散は時間の経過と共に発散する。このような非定常な確率過程に対しては最小二乗法が使えない。したがって、もし1次の階差（$\Delta W_t = W_t - W_{t\text{-}1}$）を取って時系列 W_t が定常になれば W_t はランダムウォークであり、最小二乗法を使える。そこで

$$\Delta W_t = \gamma \, W_{t\text{-}1} - W_t$$

というモデルを立て、この回帰係数を最小二乗法で推定し、$\gamma = 0$ であれば、上式は $W_t = \gamma \, W_{t\text{-}1} - w_t$ となり、W_t がランダムウォークである可能性ある。従って帰無仮説を $\gamma = 0$ として仮説検定を行えばよいのである。この帰無仮説が棄却できなければ時系列はランダムウォークである可能性がある。このような検定の仕方をディッキー・フラー（DF）検定という。

7.4.2 拡張ディッキー・フラー検定

ADF検定はDF検定を次のように拡張したものである。

$$\Delta W_t = a + \beta \cdot t + \gamma \, W_{t\text{-}1} + \sum_{i=1}^{t} \sigma_i W_{t\text{-}1} + w_t$$

I＝0とすれば、DF検定になる。statsmodelでは

1．$\Delta W_t = \gamma \, W_{t\text{-}1} + \sum_{i=1}^{t} \sigma_i \Delta W_{t\text{-}1} + w_t$

2．$\Delta W_t = a + \gamma \, W_{t\text{-}1} + \sum_{i=1}^{t} \sigma_i \Delta W_{t\text{-}1} + w_t$

3．$\Delta W_t = a + \beta \cdot t + \gamma \, W_{t\text{-}1} + \sum_{i=1}^{t} \sigma_i \Delta W_{t\text{-}1} + w_t$

とさらに４．ドリフト付き、時間トレンド付き、かつ時間の２乗に比例するトレンド付きモデルについて検定を行うことができる。帰無仮説を棄却できなければデータはランダムウォークと判定される。

```
In [1]:  %matplotlib inline
         import matplotlib.pyplot as plt
         import statsmodels.api as sm
         import pandas_datareader.data as pdr
         import numpy as np
         end='2016/9/30'
         lnn225 = np.log(pdr.DataReader("NIKKEI225", 'fred',"1949/5/16",end)).dropna()

In [2]:  print(sm.tsa.adfuller(lnn225.NIKKEI225,regression='nc')[0]) #検定統計量
         print(sm.tsa.adfuller(lnn225.NIKKEI225,regression='nc')[1]) #p-値
         print(sm.tsa.adfuller(lnn225.NIKKEI225,regression='nc')[2]) #ラグの数
         print(sm.tsa.adfuller(lnn225.NIKKEI225,regression='nc')[3]) #データの数
         print(sm.tsa.adfuller(lnn225.NIKKEI225,regression='nc')[4]) #臨界値

         2.17369686757
         0.994169731135
         38
         16730
         {'1%': -2.5858736531258919, '5%': -1.9410160670068219, '10%': -1.6168041340187047}
```

ADF 検定の後にモデルの回帰係数を求め、回帰係数がマイナスであるかどうかをチェックする。回帰係数がプラスであれば、κ が1より大きくなり、モデルは発散してしまう。

第7章 確率的トレンドとは何か？

```
In [34]: z=lnn225
         y=z.diff().dropna()
         x=z.shift(1).dropna()
         model=sm.OLS(y,x)
         results=model.fit()
         print("without drift  ",results.params[0])
         x=sm.add_constant(x)
         model=sm.OLS(y,x)
         results=model.fit()
         print("with drift  ",results.params[0],results.params[1])
         x["t"]=range(len(y))
         model=sm.OLS(y,x)
         results=model.fit()
         print("with drift + time trend  ",results.params[0],results.params[1],results.params[2])
```

結果は次の表に示した。

景気	期間始点	終点	ADF p-値	γ	判定
全期間			0.99	0.0000	X
戦後復興期 (recover)	1949/5/16	1954/11/30	0.90	0.0001	X
高度経済成長期 (growth)	1954/12/1	1971/12/31	1.00	0.0001	X
安定期 (stable)	1972/1/1	1986/11/30	1.00	0.0001	X
バブル経済期 (bubble)	1986/12/1	1993/10/31	0.71	0.0000	X
バブルのピークまで	1986/12/1	1989/12/31	1.00	0.0001	X
バブルのピークから谷	1990/1/1	1992/8/31	0.07	−0.0000	X
経済変革期 (reform)	1993/11/1	現在	0.63	−0.0001	OK

日経平均株価の単位根検定の結果は単純ランダムウォークでは`バブ
ルのピークから谷`を除くとすべての期間で帰無仮説を棄却できない。
従って、単純ランダムウォークという結果になった。しかし、最小二
乗法で κ を推定すると`バブルのピークから谷`と`経済変革期`を除く
とプラスであるから、単純ランダムウォークの可能性のあるのは経済
変革期だけである。経済変革期の日経平均株価の動きには確定的なト
レンドは無く、トレンドに見えるすべての部分が確率的現象である可
能性があることをこの結果はあらわしている。

125

プログラムコードの解説 ADF検定
```
statsmodels.tsa.stattools.adfuller(x, maxlag=None, regression='c', autolag='AIC', store=False,
regresults=False)
x:時系列データ maxlag:Iの数を指定する。
regression:'c'がディフォルトであり、ctは上述の式2に相当し、ドリフト付きランダムウォークである。ncはドリフ
ト無しランダムウォーク(式1)である。ctはドリフト付き、時間トレンド付きランダムウォーク(式3)である。
autolag:AIC,BIC,t-stat,無しの4つの選択が可能。
store:結果の保存
regresults:デフォルトはFalse(為)、Trueはすべての結果を返す。
```

プログラムコードの解説

```
z=lnn225                                    対数価格のデータ作成
y=z.diff().dropna()                          対数収益率のデータを作成
x=z.shift(1).dropna()                        1日前の対数価格からなる時系列データの作成
model=sm.OLS(y,x)                           Statsmodelの線形回帰のモデルを使用
results=model.fit()                          fitを用いてモデルを最適化
print("without drift   ",results.params[0])  回帰係数の出力
x=sm.add_constant(x)                         モデルにドリフト項(切片)を加えるために準備
print("with drift   ",results.params[0],results.params[1])
                                            [0]はドリフト率、[1]は回帰係数
x["t"]=range(len(y))                         時間経過の時系列を作成
print("with drift + time trend  ",results.params[0],results.params[1],results.params[2])
[0]はドリフト率の係数、[1]は回帰係数、[2]は時間トレンドの係数
```

ドリフト付きモデル

次にドリフト付きモデルをテストしてみよう。regression=`c`
に設定を変更するだけでADF検定ができる。また、pd.olsでは
interept=Trueにすればよい。結果を次の表に示した。

景気	ADF p値	γ	切片	判定
全期間	0.09	−0.0002	0.0015	X
戦後復興期(recover)	0.90	−0.0001	0.0010	OK
高度経済成長期 (growth)	0.48	−0.0004	0.0035	OK
安定期(stable)	0.96	−0.0000	0.0059	OK
バブル経済期(bubble)	0.61	−0.0022	0.0224	OK
バブルのピークまで	0.77	−0.0026	0.0273	OK
バブルのピークから谷	0.44	−0.0015	0.0142	OK
経済変革期(reform)	0.34	−0.0057	0.0560	OK

判定のXはランダムウォークである可能性が低いことを示していて、OKはその可能性があることをあらわしている。

全期間を除いたすべての期間でドリフト付きモデルでランダムウォー
クの可能性がある。ドリフトは時間トレンドを説明しているわけでは

なく、与えられた期間の中の確率項の平均値を表していて確率トレンドが存在することを示唆している。ドリフトの存在は確率的トレンドが存在しないことを意味しないことに注意してほしい。

ドリフト＋時間トレンド付きモデル

結果は表のとおりである。

景気	ADF p値	γ	切片	時間	判定
全期間	0.84	-0.00012	0.0016	-0.0	OK
戦後復興期 (recover)	0.50	-00035	0.00155	0.0	OK
高度経済成長期 (growth)	0.62	-0.0011	0.0078	0.0	OK
安定期 (stable)	0.84	-0.0015	0.0128	0.0	OK
バブル経済期 (bubble)	0.41	-0.0042	0.0437	-0.0	OK
バブルのピークまで	0.31	-0.0229	0.2278	0.0	OK
バブルのピークから谷	0.32	-0.0015	0.0142	-0.0	OK
経済変革期 (reform)	0.76	-0.0200	0.2070	-0.0	OK

すべての期間においてドリフト＋時間トレンド付きモデルでランダムウォークである可能性がある。

結果の解説

1．$\Delta W_t = \gamma W_{t-1} + w_t$
2．$\Delta W_t = a + \gamma W_{t-1} + w_t$
3．$\Delta W_t = a + \beta t + \gamma W_{t-1} + w_t$

モデル2はモデル1の残差にまだ別の要因により説明できる部分があるのではないかとモデル1にドリフト項を加えたと考えることができる。同様に、モデル3はモデル2の残差にまだ別の理由で説明できる要素があるのではないかと時間トレンドの項をモデル2に加えたととらえることができる。さて、このなかでどれがこの場合良いモデルなのだろうか？　どのようにモデルを選択したらよいのだろうか？　こ

127

れは難しい問題で本書の範囲を超えるので専門書を読んでいただきたいが、簡単に説明してみると、真のモデルの推定が目的の場合には、BIC（Bayesian Information Criteria）を用い、また予測が目的のばあいには、AIC（Akaike Information Critria）を用いる。これはstatsmodelから得ることができる。

AIC: results.aic
BIC: results.bic

である。また、同様にMSE（Mean Squared Error）やR2（R-Squared）は

MSE: results.mse
R-Squared: results.rsquared

で得ることができる。

ランダムウォークについて

　金融市場における価格の動きがランダムウォークである理由は大きく3つ考えられる。1つ目は価格の動きが本質的に確率的であり、それは理想気体の中の分子の動きと同じように、どうすることもできな確率的な動きであるとする考え方である。

　2つ目は、人々が自らの暮らしを豊かにするために多くの活動を行うが、経済が順調に成長すれば、そこから新たなリスクが生じ、停滞すればそこから抜け出すためには革新的な行動が必要となる。いつでもそのような経済の成長の一歩一歩は予測不可能だからとする考え方

である。

　3つ目は、富の分配が公平になるように金融システムを構築したり、市場が効率的になるように裁定取引に多くの人々が参加したり、できるだけの多くの情報を集めて理論価格を計算したりといった人々の活動が効率的で確率的な価格の変化をもたらすとする考え方である。

7.5　確定的トレンドと確率的トレンド

　確定的トレンドは時間トレンドともよばれ、時間の経過にともない価格が継続して上昇または下落する現象である。第5章ではこのような現象には何らかの原因があるはずであるという説明をした。一方、第6章では確率的トレンドを説明し、これは確率変数の和が作り上げるトレンドであるので、継続性のおいては予測が不可能であるという話をした。日本の場合にはバブル崩壊前には継続的な上昇トレンドがあるようにも思えるが、バブル崩壊後には価格は大きな波のような動きを続け、長期の上昇トレンドをみることはできない。

　そこでアメリカ合衆国の株式市場を見てみよう。FREDから最も長い期間にわたり手に入る株式指数はWilshire 5000であるので、これをダウンロードして、確定トレンドの有無を確認してみよう。

```
In [46]: %matplotlib inline
         import matplotlib.pyplot as plt
         import statsmodels.api as sm
         import pandas_datareader.data as pdr
         import numpy as np
         end='2016/9/30'
         lnw5000 = np.log(pdr.DataReader("WILL5000INDFC", 'fred',"1949/5/16",end)).dropna()
         lnw5000.columns=['Close']
         plt.plot(lnw5000.Close,color='hotpink')
         lnw5000["t"]=range(len(lnw5000))
         model=sm.OLS(lnw5000.Close,lnw5000.t)
         results=model.fit()
         results.fittedvalues.plot(label='prediction',style='--')
         plt.ylabel('log(n225 index)')
```

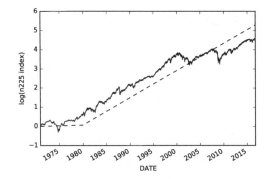

である。また、残差を目視で確かめてみよう。プログラムのコードは

```
In [47]: results.resid.hist(bins=50,color='lightgreen')
         plt.ylabel('frequency')
         plt.xlabel('residual')
```

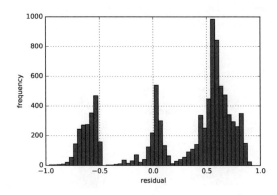

130

ここでもう一度第6章のグラフをすべて眺めなおしてみよう。

第8章　さらにグラフィカルに調べよう

　日経平均株価の超長期のデータを用いて確定的トレンドと確率的トレンドを理解した。　確定的トレンドは、時間の経過と共に上昇、または下落するトレンドを形成し、価格はその期待値の周辺を行ったり来たりする。一方、確率的トレンドは上昇、または下落のトレンドを形成するが、価格がその後どのような動きをするかは定かではない。

　どちらも非定常確率過程の例であるが、その背後に想定される市場の構造は全く違う。経済に外生的なショックなどが与えられると確定的トレンドでは、日経平均株価は一時的にそのトレンドから大きく乖離するかもしれないが、経済が確定的なトレンドを維持できる力を保持できていれば、元の軌道に戻る可能性がある。　一方、確率的トレンドではトレンドからの乖離はトレンドとの決別を意味する。これがランダムウォークの特徴である。　前章までの分析でこのように本質的に異なる2つのトレンドが過去の日経平均株価には見られた。

三種の神器はあるか？

　しかし、株式指数、個別株、為替レートなどの価格は、上昇の後にさらに上昇し、下落の後にさらに下落するという過去の株価と現在の

株価が不完全相関をもつという事例も多数観察されている。

標本線形回帰式の

$$Z_t = \alpha + \beta X_t + z_t$$

を思い出してほしい。Z_tはt 時点の被説明変数である。t 時点の説明変数X_tを１単位時間（１時点）前の被説明変数Z_{t-1}に置き換えると

$$Z_t = \alpha + \beta Z_{t-1} + z_t$$

の１次の自己回帰モデル（AR（１））が得られる。ここでzはかく乱項である。 は係数、は自己回帰係数でZ_tとZ_{t-1}の間の関係を表している。これは最も簡単な自己回帰過程で１階の自己回帰過程とよばれる。｜β｜＜１の場合、これは定常確率過程となる。β＝1の時はすでに見たランダムウォークモデルである。 さらにこのモデルには、ドリフト項と確定的トレンドを加えることもできる。単位根検定に用いたモデルを思い出してほしい。

　このモデルをさらに一般化したモデルはARMA モデル（自己回帰移動平均モデルAutoregressive Moving Average Model）とよばれ

$$Z_t = \sum_{i=1}^{p} \beta_i Z_{t-i} + z_t - \sum_{j=1}^{q} \gamma_j z_{t-j}$$

として定義される。ここでi は自己回帰の次数とよばれ、Z_{t-i}はZ_tよりi 単位時間（i時点）前の変数を表し、j は移動平均の次数であり残差Z_{t-i}はt時点よりj単位時間前の変数を表している。β_i、γ_jはそれぞれ自己回帰係数、移動平均係数である。z_tは平均ゼロ、分散σ_z^2、かつ共

第8章　さらにグラフィカルに調べよう

分散ゼロ（異なる次数間）のかく乱項である。エンジニアリングの世界ではこれをホワイトノイズとよぶ。このモデルをARMA (p, q) といい、$q=0$ の時は自己回帰モデルAR (p) となり、$p = 0$ では移動平均モデルMA (q) となる。

8.1　AR モデル

$q = 0$ の時ARMA (p,q) モデルは

$$Z_t = \sum_{i=1}^{p} \beta_i Z_{t-i}$$

となる。

　自己相関が生じる原因として慣性や市場の停滞が挙げられる。経済は停滞期を得て徐々に拡張期に移行していくように、ゆっくりとした循環のもとで成り立っている。従って金融市場の価格であってもこのような経済活動を反映してモメンタムが生じ、何か外生的なショックが起こるまで、その傾向は継続する。金融市場の価格においても正のフィードバック効果が観測されることがある。

　ではなぜ経済はゆっくりと動きたがるのだろうか？　主な理由は3つある。

1．技術的理由：新しい技術をすぐに導入できるわけではない。
2．組織的理由：すでに導入されているシステム、契約をある一定期間変更するわけにはいかない。
3．心理的理由：心理的に新しい概念に人々はすぐに順応できるわけではない。

135

8.2 自己相関と偏自己相関

　AR（p）モデル、MA（q）、またはARMA（p,q）モデルのどのタイプを使ったらよいのだろうか？　またp,qといった次数はどのように決めたらよいのだろうか？

　まず、AR（2）モデルを

$$Z_t = \beta_1 + \beta_2 Z_{t-1} + \beta_3 Z_{t-2} + z_t$$

と定義する。一般に自己相関関数（autocorrelation function:acf）は

$$\mathrm{acf} = \frac{\mathrm{cov}\,(Z_t Z_{t-k})}{\mathrm{var}\,(Z_t)\,\mathrm{var}\,(Z_{t-k})}$$

で与えられる。この$k = 0$の時、共分散（cov）は分散（var）になる。$k = 1$であればZ_tとZ_{t-1}の線形の関係をとらえていてそれをr_{12}としよう。　この場合、本当に線形関係がとらえられているのだろうか？　Z_{t-2}はZ_tに影響を与えないだろうか？　また、Z_{t-1}に影響を与えないだろうか？　または、この両方に影響を与えているのではないだろうか？　従って、実際にはこれらの関係も明らかにしなければならない。そこで

1．$r_{12.3}$をZ_{t-2}を固定した場合のZ_tとZ_{t-1}の間の相関；
2．$r_{13.2}$をZ_{t-1}を固定した場合のZ_tとZ_{t-2}の間の相関；
3．$r_{23.1}$をZ_tを固定した場合のZ_{t-1}とZ_{t-2}の間の相関；

と定義しそれを偏自己相関とよぶ。自己相関（acf）と偏自己相関（Pacf: partical autocorrelation function）は、ARMAモデルの次数の決定をグ

第8章　さらにグラフィカルに調べよう

ラフを用いて判断する方法を与えてくれる。次の表がその目安である。

モデル	自己相関	偏自己相関
AR(p)	指数関数的な減衰、または上下動の動き	大きな突出的な動きが p 次まで続く
MA(q)	大きな突出的な動きが q 次まで続く	指数関数的な減衰
ARMA(p, q)	指数関数的な減衰	指数関数的な減衰

8.2.1　statsmodels のplot_acfとplot_pacfの利用

statsmodelsのplot_acfとplot_pacfは標本自己相関と標本偏自己相関をプロットしてくれるだけではなく、その信頼区間をプロットしてくれる。x軸に次数、y軸に自己相関、偏自己相関として描いたグラフをコレログラムという。　影が掛かった部分が95％の信頼区間である。標本自己相関と標本偏自己相関の棒グラフの外側に信頼区間（陰の部分）がプロットされると帰無仮説を棄却するのは難しい。従って、回帰係数がゼロである可能性が高い。信頼区間の影の部分から標本自己相関と標本偏自己相関の棒グラフが大きくはみ出していれば、標本自己相関と標本偏自己相関はゼロではない可能性が高いと判断される。

8.2.2　日経平均株価の例

1949年以降から直近までの日経平均株価（対数）を用いて次数5000までの標本自己相関と次数 40までの標本偏自己相関をプロットしてみた。標本自己相関は指数関数的に非常になだらかな減衰を示している。薄い陰のついた部分が信頼区間を示していて、上を向いた棒グラフの先がこの範囲の中になければ、正の自己相関が有意である可

137

能性が高い。次数1500程度までは、上向きの棒グラフは信頼区間の外側の棄却域にある。従って有意な正の自己相関が存在する可能性が高い。また、標本偏自己相関ではなだらかな指数関数的な減衰は見られずに、2つの大きな突起を見ることができる。最初の0次は自分自身なので、2本目の大きな突起は1次の偏自己相関である。従って、日経平均株価の対数の時系列はAR（1）である可能性が高い。

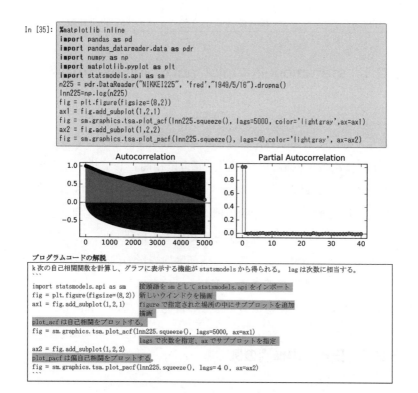

8.2.3 日経平均株価のAR（1）モデル

前章の1949年以降2016年4月末までの日経平均株価を用いたADF検定では、日経平均株価はドリフト付きモデルでランダムウォークで

あると見なすことが難しいと判断された。そこでドリフト付きAR（1）であるかどうかを調べてみよう。

```
In [36]: arma_mod = sm.tsa.ARMA(lnn225,order=(1,0))
         arma_res = arma_mod.fit(trend='c', disp=-1)
         print(arma_res.summary())
```

```
                          ARMA Model Results
==============================================================================
Dep. Variable:              NIKKEI225   No. Observations:            16676
Model:                     ARMA(1, 0)   Log Likelihood            49591.547
Method:                       css-mle   S.D. of innovations           0.012
Date:                Wed, 18 May 2016   AIC                      -99177.095
Time:                        23:55:46   BIC                      -99153.929
Sample:                    05-16-1949   HQIC                     -99169.448
                         - 05-18-2016
==============================================================================
                 coef    std err          z      P>|z|      [95.0% Conf. Int.]
------------------------------------------------------------------------------
const          7.5648      2.042      3.705      0.000       3.563    11.567
ar.L1.NIKKEI225 1.0000   2.15e-05   4.66e+04     0.000       1.000     1.000
                                    Roots
==============================================================================
                  Real          Imaginary          Modulus         Frequency
------------------------------------------------------------------------------
AR.1             1.0000           +0.0000j          1.0000           0.0000
```

対数価格を用いた線形回帰の結果では切片が7.5535、回帰係数が1であり、そのp-値は共にゼロであるので、ドリフト付きモデルでランダムウォークである可能性が高い。この結果は明らかに第7章のADF検定の結果と矛盾する。そこで線形回帰に必要な条件を1つ1つチェックしてみよう。

プログラムコードの解説

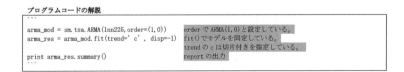

最小二乗法により統計量が母数を正しく推定し、また、被説明変数

の正しい期待値を得るためには

1. 回帰関数は線形でなければならない。
2. Z_{i-1}は確率変数であってはならない。
3. z_iの平均はゼロである。
4. z_iの分散は一定である。
5. z_iとz_{i+j}の相関はゼロである。$j \neq 1$
6. z_iとZ_iの共分散はゼロである。

でなければならない。

1. 回帰関数は線形である。

ドリフト付きAR（1）は線形である。

2. 説明変数は確率変数であってはならない。

z_iとZ_iの共分散がゼロであれば、説明変数が確率変数であっても可能。

3. 残差項の平均はゼロである。

グラフによる確認が可能である。

4. 残差項の分散は一定である。

グラフによる確認が可能である。

5. 残差項の自己相関はゼロである。

残差項の自己相関、偏自己相関のグラフから判断できる。

6. 説明変数の性質 説明変数には外れ値等があってはならない。

このような仮定が成り立てば最小二乗法より最良線形不偏推定量が得られる。

また、次の条件も検討する必要がある。

残差項が正規分布に従う確率変数であると、統計量は不偏推定量、最小分散、一致性（標本数が増えると統計量は母数に近づく）、正規性をもつなどの特性を得ることができる。

8.2.3.1 残差の分析

まず、残差をプロットしてみよう。直感的にはバブル崩壊以降残差は大きくなっていて、分散が一定という仮定に反しているように思える。

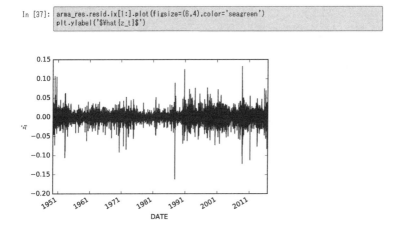

自己相関と偏自己相関

次に標本自己相関、標本偏自己相関を用いて残差の分析を行ってみよう。acfはp-値を返してくれるので、標本自己相関係数がゼロであるとする帰無仮説の検定ができる。また、標本偏自己相関では95％の信頼区間を返してくれるので、こちらも同じように帰無仮説の検定が

できる。

```
In [38]: from statsmodels.tsa import stattools
         acf,q,pvalue = stattools.acf(arma_res.resid,nlags=5,qstat=True)
         pacf,confint = stattools.pacf(arma_res.resid,nlags=5,alpha=0.05)
         print("自己相関係数：",acf)
         print("p値：",pvalue)
         print("偏自己相関：",pacf)
         print("95%信頼区間：",confint)
```

```
自己相関係数：[ 1.          0.00923001 -0.00145994  0.00511713  0.00559502 -0.00571073]
p値：[ 0.23192321  0.48075808  0.59255567  0.65734709  0.70362046]
偏自己相関：[ 1.          0.00923056 -0.00154545  0.00514626  0.0054998  -0.00580011]
95%信頼区間：[[ 1.          1.        ]
 [-0.00590396  0.02436507]
 [-0.01667997  0.01358907]
 [-0.00998826  0.02028078]
 [-0.00963472  0.02063432]
 [-0.02093463  0.00933441]]
```

標本自己相関はすべての次数に対して10％より大きいので帰無仮説を棄却することは難しい。従って、標本自己相関はゼロである可能性が高い。 また偏自己相関に関してもすべての次数で信頼区間の中にあるので、帰無仮説を棄却するのは難しく、標本偏自己相関もゼロである可能性が高い。

残差項の自己相関＝ゼロ

プログラムコードの解説

| acf, q, pvalue = stattools.acf(arma_res.resid,nlags=5,qstat=True) | p 値を取得 |
| pacf, confint = stattools.pacf(arma_res.resid,nlags=5,alpha=0.05) | 信頼区間を取得 |

ADF 検定

残差項が定常過程かどうかを調べてみよう。

```
In [39]: p=sm.tsa.adfuller(arma_res.resid,regression='nc')[1] #[1]はp値の検定結果
         p1=sm.tsa.adfuller(arma_res.resid,regression='c')[1] #[1]はp値の検定結果
         print("ドリフト無しランダムウォーク p値：",p)
         print("ドリフト付きランダムウォーク p値：",p1)
```

```
ドリフト無しランダムウォーク p値: 0.0
ドリフト付きランダムウォーク p値: 0.0
```

結果はp-値がドリフト付き、ドリフト無しモデルに対してゼロであるので、帰無仮説を棄却するに足る。

残差項は定常過程

平均

残差の平均が一定であるかどうかをグラフを用いて判断してみよう。その判断基準として信頼区間があると便利である。母分散が明確でなく、標本数も十分でない場合の信頼区間はステューデントのt分布から求めることができる。信頼区間を$\theta_{H_0} - \sigma < \hat{\theta} < \theta_{H_0} + \sigma$と書くことができる。$\theta_{H_0}$は帰無仮説の母数の値である。$\sigma$は平均がゼロ、分散が1の標準正規分布に従う$Z = (\hat{\theta} - \theta_{H_0}) / s \cdot \sqrt{n}$から得ることができる。$s$は標本標準偏差である。250日移動平均の最大値と最小値がこの信頼区間に入っているかを判断してみよう。

```
In [40]: from scipy.stats import t
         resid=arma_res.resid.ix[1:]
         m=resid.mean()
         v=resid.std()
         resid_max=pd.Series.rolling(arma_res.resid,window=250).mean().max()
         resid_min=pd.Series.rolling(arma_res.resid,window=250).mean().min()
         print("平均：        %2.5f"%m,"標準偏差：        %2.4f"%v)
         print("250日平均の最大値: %2.5f"%resid_max,"250日平均の最小値: %2.5f"%resid_min)
         print("250日平均の95%の信頼区間: ",(t.interval(alpha=0.95, df=250, loc=0, scale=v)))

平均：        0.00029 標準偏差：        0.0124
250日平均の最大値: 0.00363 250日平均の最小値: -0.01201
250日平均の95%の信頼区間: (-0.024375865064700009, 0.024375865064700009)
```

250日平均の95％信頼区間は、−0.02434 から0.02434である。250日間の平均値の最大値は0.0036 であり、最小値は−0.0012である。従って、どの期間においても250日間の平均値は95％の信頼区間の中にある。グラフで確かめてみよう。

```
In [41]: pd.Series.rolling(arma_res.resid.ix[1:],250).mean().plot(figsize=(6,4),color='hotpink')
         plt.ylabel('$\hat{z_t}$')
```

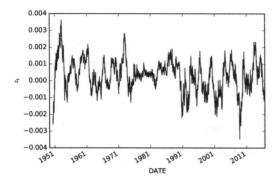

グラフから全期間において250日移動平均は、95％信頼区間の範囲内にある。従って、残差の250日の平均が全区間でゼロである可能性が高い。

残差の平均はゼロ

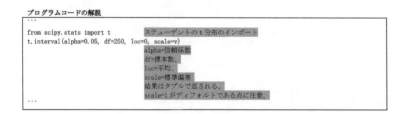

Scipy 統計関数のリファレンス：

http://docs.scipy.org/doc/scipy-0.17.0/reference/stats.html

標準偏差

標準偏差に関してもグラフを用いてそれが一定であるかどうかの判断をしてみよう。平均の時と同様に信頼区間があると便利である。

変数$u_1,...,u_i$が独立同一の平均がμ、分散がσ^2の正規分布に従うとき、

$$\hat{\sigma}^2 (n-1) \approx \sigma^2 \chi^2_{n-1}$$

が成り立つことが知られている。ここで、$\hat{\sigma}^2 = (\sum_{i=1}^{n} u_i) / (n-1)$ある。従って、標本分散の の信頼区間は

$$\frac{\hat{\sigma}^2}{\chi^2_{a/2,n-1}} (n-1) < \sigma^2 < \frac{\hat{\sigma}^2}{\chi^2_{1-a/2,n-1}} (n-1)$$

で与えられる。

```
In [42]: from scipy.stats import chi2
         resid=arma_res.resid.ix[1:]
         m=resid.mean()
         v=resid.std()
         resid_max=pd.Series.rolling(arma_res.resid,window=250).std().max()
         resid_min=pd.Series.rolling(arma_res.resid,window=250).std().min()
         print("平均:          %2.5f"%m,"     標準偏差:   %2.5f"%v)
         print("250日標準偏差の最大値:%2.5f"%resid_max,"250日標準偏差の最小値:%2.5f"%resid_min)

         cint1,cint2=chi2.interval(alpha=(0.95), df=249)

         print("250日標準偏差の95pctの信頼区間:%2.4f"%(np.sqrt(cint1/249)*v),)
         print("<= \sigma <=%2.4f"%(np.sqrt(cint2/249)*v))
```

```
平均:          0.00029        標準偏差:     0.01238
250日標準偏差の最大値:0.15273 250日標準偏差の最小値:0.00417
250日標準偏差の95pctの信頼区間:0.0113
<= \sigma <=0.0135
```

残差の標本標準偏差は0.01238であり、その95％信頼区間は0.0113から0.0135である。250日移動標本標準偏差の最大値は0.15であり、最小値は0.0042である。信頼区間から大きく外れている期間が多い。グラフ

で確認してみよう。

```
In [43]: pd.Series.rolling(arma_res.resid.ix[1:],250).std().plot(figsize=(6,4),color='darkgray')
         plt.ylabel('$std$')
```

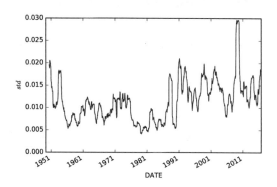

標本標準偏差に関してはグラフから信頼区間から大きく外れている期間が多いことが見て取れる。一般に回帰分析において分散が一定でない状態を分散不均一性といい、回帰係数の推定に問題を生じさせることで知られている。しかし、金融市場における分散の変動は分散不均一性以上の意味をもつ。金融市場では価格の変動性が大きくジャンプしてその状態が一定期間継続することが知られている。この問題をボラティリティーのクラスタリングとよぶ。金融市場の背後にある経済の状態そのものが変化した結果として、そのような分散の大きな変動が生じている可能性があるのである。このような時には分散不均一性というよりは、構造変化（structural break）として認識される。

**250日間標準偏差：
分散不均一性、構造変化の可能性**

ではなぜ分散不均一性、構造変化が注目に値するのだろうか？　そ

第8章　さらにグラフィカルに調べよう

の理由は簡単だ！　自己相関、偏自己相関、定常過程、平均ゼロとチェックしてきたが、どの判定も分散が一定であることが前提となっているからだ！　ではなぜ最初に分散のチェックをしなかったかって！　確かにそうだ！　順番は分散不均一性のテストが実は最優先だ。どのような統計の教科書でもこの分散不均一性だけで1章を費やしている。有名な検定方法としてPark、Breush-Pagan、White、goldfeld-quandtテストがある。Parkを除くとStatsmodelで提供されている。しかし、最も頻繁に用いられるのはインフォーマルな目視のテストである。その意味では残差の分析の最初に分散不均一性の目視のテストを行っている。

長期の回帰分析には要注意！！

プログラムコードの解説

```
```
from scipy.stats import chi2   χ2乗分布
cint1,cint2=chi2.interval(alpha=(0.95), df=249)
                          cint1=信頼区間の上限
                          cint2=信頼区間の下限
                          alpha=信頼区間
```

## 8.2.3.2　景気循環期の標本自己相関と標本偏自己相関

再度、景気循環期に着目し、標本自己相関と標本偏自己相関について調べてみよう。景気循環期は分析の出発点である。

```
In [44]:  bcs=["1949/5/16","1954/12/1","1972/1/1","1986/12/1","1986/12/1",
           "1993/11/1","1999/2/1","2002/2/1","2009/4/1"]
          bce=["1954/11/30","1971/12/31","1986/11/30","1989/12/31","1993/10/30",
           "1999/1/31","2002/1/31","2009/3/31","2012/11/30"]
          for i in range(len(bcs)):
              y=lnn225.ix[bcs[i]:bce[i]].dropna()
              fig = plt.figure(figsize=(8,2))
              ax1 = fig.add_subplot(1,2,1)
              fig = sm.graphics.tsa.plot_acf(y.squeeze(), lags=120, ax=ax1,color='darkgray')
              plt.title(bcs[i]+' - acf')
              ax2 = fig.add_subplot(1,2,2)
              fig = sm.graphics.tsa.plot_pacf(y.squeeze(), lags=20, ax=ax2,color='seagreen')
              plt.title(bcs[i]+' - pacf')
```

147
```

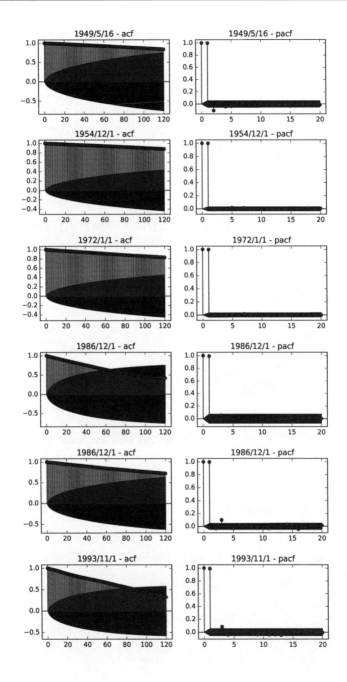

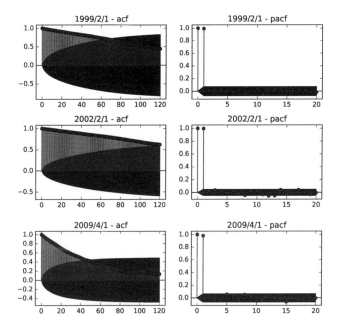

大きな傾向は全期間を通して行った時の分析結果と同じである。標本自己相関は指数関数的な減衰をし、標本偏自己相関は1次で大きな突起が生じるという傾向に変化はない。

8.2.3.3 自己相関係数の推定

それぞれの景気循環期に対して切片付きAR（1）モデルを用いて回帰係数を推定してみた。

```
In [45]: for i in range(len(bcs)):
    y=lnn225.ix[bcs[i]:bce[i]].dropna()
    arma_mod = sm.tsa.ARMA(y,order=(1,0))
    arma_res = arma_mod.fit(trend='c', disp=-1)
    print(bcs[i],arma_res.arparams,arma_res.resid.std())
```

```
1949/5/16  [ 0.99941744]  0.01612311428215718
1954/12/1  [ 0.99995714]  0.018854995632076443
1972/1/1   [ 0.99995968]  0.01736475361606068
1986/12/1  [ 0.99941778]  0.01780655328121781
1986/12/1  [ 0.99803642]  0.01522334314500713S
1993/11/1  [ 0.99425353]  0.014658341422005087
1999/2/1   [ 0.99766291]  0.015757490845380404
2002/2/1   [ 0.99795654]  0.0166985979544692
2009/4/1   [ 0.98415968]  0.013948778840424508
```

　第7章のADF検定では、第2次世界大戦以降のほぼすべての日経平均株価のデータを対象として分析を行った。そして、その結果として、ドリフト付きモデルでランダムウォーク仮説が棄却された。それ故に本章では、戦後から現在までの日経平均株価がAR（1）であるかどうかの分析を行った。しかし、ADF検定の結果との整合性は取れなかった。そこで行った残差項の分析からうまく行かない理由は、分散不均一性と構造変化であった。

　そして、第7章のADF検定で、すべての経済循環期でドリフト付きモデルでランダムウォークであるという帰無仮説を否定することが難しいという結果を得た。今のところ、経済循環期に対して分散不均一性も構造変化についても分析していない。もちろん本当はするべきである。（経済循環期には拡張期と後退期があることを決して忘れないでほしい。）そして今、すべての景気循環期に対して、日経平均株価がAR（1）で説明できるのではないかという分析を行っている。このようなくどくどとした分析を何度となく繰り返す理由は何なのだろうか？

　ここで第一種過誤、またはタイプIエラーについて説明しよう。第一種過誤とは帰無仮説が正しいのに棄却してしまう過ちのことである。仮説検定は帰無仮説が正しいのに棄却してまうリスクを少なくする方向で行われる。つまり、なるべく帰無仮説が受け入れられやすくしているので、帰無仮説が実は間違っているのに正しいとしてしまうリス

ク、または対立仮説が正しいのに間違っているとするリスクは高まっているのである。これを第2種の過誤という。ということは第7章の分析ではドリフト付きモデルでランダムウォークであるという可能性が高いだけであって、必ずしもそうであるとは限らないのである。

　本章での分析結果ではすべての景気循環期で日経平均株価の確率過程がAR（1）による定常性をもちうるという可能性がある。つまりこの結論を捨てきるわけにはいかないのである。または、金融市場の時系列分析では幾つものモデルの可能性を視野に入れて分析する必要があるのである。

　本章では3種の神器である、時間トレンド、ランダムウォーク、AR（1）を手に入れた。しかし、金融市場の時系列分析ではどれか1つを特定して分析する考え方は得策ではない。

第9章　３Dサーフェスで見える世界

　これまでで、確定的トレンド、確率的トレンド、そして定常時系列と１通りの基礎的なモデルを学習してきた。しかし、価格の動きは１単位時間の動きに限られていた。 動的な分析においても１日の間の価格の差とか変化率を20個とか250個とか、経済循環期とか、手に入る全期間のデータを短い期間に分割してその動きの特徴を見ただけである。その時に統計的分析と共にグラフを多用してきた。x軸、y軸の変数をいろいろと変え、２次元でその特徴をとらえてきた。経過時間と価格、経過時間と価格差、次数と自己相関、次数と信頼区間、残差と頻度など、２次元のグラフを活用してきた。経過時間と移動平均、移動標準偏差なども用いた。そしてこのような２次元の描写を用いて、金融市場の価格の動きの複雑さを理解し、確認した。当然、次元の数を増やせばもっと違う面が見えるのではないかという期待が生じる。もう１次元増やすことは簡単なので試してみよう。

3次元空間で違う景色を見る？

　前章までの分析の基本は、１単位時間当たりの価格の動きの特性の把握であった。ここでは１単位時間だけではなく、複数の累積時間当たりの価格の動きの特性を調べてみよう。

9.1 ヒストグラムの利用

ヒストグラムは頻度図ともいわれ、例えばx軸に変化率、収益率を取り、y軸にその頻度を取った図である。変化率の分布は、一般に中央が１つ飛び出た単峰の釣り鐘型の形状をしている。価格の変化率は１日間隔の変化率$P_t/P_{t-1}-1$を中心に分析してきたが、本章では変化率$P_t/P_{t-j}-1$のjの値をいろいろと変化させてその特徴を見てみよう。最初に$j=1$の場合と$j=250$の場合について調べてみる。

9.1.1 １日間隔の変化率

日経平均株価の１日間隔の変化率$P_t/P_{t-1}-1$を1949年から直近までの16676個のデータを用いてヒストグラムを描いてみよう。

```
In [1]: %matplotlib inline
import pandas as pd
import pandas_datareader.data as pdr
import numpy as np
import matplotlib.pyplot as plt
n225 = pdr.DataReader("NIKKEI225", 'fred',"1949/5/16").dropna()
rn225=n225.pct_change().dropna()
plt.figure(figsize=(6,3))
ax=plt.subplot(1,1,1)
rn225.hist(bins=100,color="lightyellow",ax=ax)
plt.xlabel('$P_{t}/P_{t-1}-1$')
plt.ylabel('frequency')
```

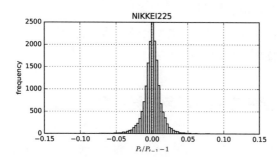

プログラムコードの解説

```
rn225.hist(bins=100)    bins=100はx軸の箱の数を100個に指定している。
                        alphaは色の透明度の指定をしている。小さな数値は透明度が高い。
plt.xlabel('$P_{t}/P_{t-1}-1$')   x軸のラベルの設定
plt.ylabel('frequency')           y軸のラベルの設定
```

さらにこの変化率の分布に日経平均株価の変化率の平均と分散を用いて描いた正規分布を重ね合わせてみよう。

```
In [2]: from scipy.stats import norm
        fig=plt.figure(figsize=(6,3))
        ax=plt.subplot(1,1,1)
        x=np.linspace(float(rn225.min()),float(rn225.max()),100)
        pdf=norm.pdf(x,rn225.mean(),rn225.std())
        rn225.hist(bins=100,color='lightgray',normed=True,ax=ax)
        plt.plot(x,pdf)
        plt.xlabel('$P_{t}/P_{t-1}-1$')
        plt.ylabel('probability density function')
```

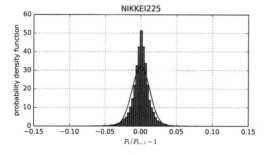

図から分かるように実際の変化率は正規分布に比べて中心付近の尖りが強く、中間部分が薄く、すそ野の部分が厚い分布である。分布の形状を表現する尺度として歪度と尖度を見てみよう。歪度（わいど）は分布のひずみを表す尺度で、歪度がゼロであれば左右対称の分布である。正の歪度とは分布の山が左側によっていて右側にゆっくりと裾野が伸びていくような感じである。逆に負の歪度とは分布の山が右側によっていて、左側のすそ野がゆっくりと伸びていく感じである。金融関連の価格の時系列は正の歪度をもつことが多い。尖度は分布のすそ野の厚さ、または中心の山のとがり具合を表している。正規分布の

尖度は3である。ここでFisherの定義では3であるが、Peasonの定義では0であることに注意。本書の場合はFisherの定義を用いている。尖度は大きければすそ野が広くなる。

```
In [3]: print("mean %2.5f std %2.5f skew %2.5f kurt %2.5f"¥
        %(rn225.mean(),rn225.std(),rn225.skew(),rn225.kurt()))
        mean 0.00035 std 0.01236 skew -0.14172 kurt 9.52087
```

歪度は‐0.12、尖度は9.5である。分布に歪はほどんどなく、すそ野が厚い分布である。

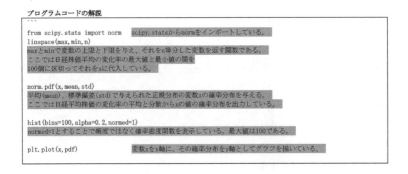

9.1.2　250日間隔の変化率のヒストグラム

次に当日と前日の終値から計算した1日間隔の変化率から当日の終値と250日前の終値から計算した250日間隔の変化率$P_t/P_{t-250}-1$に変更してみよう。pct_change（250）とすることで250日間隔の変化率を算出できる。 このように同じ時系列から異なる期間の変化率を算出しその分布を求めて特徴をとらえることができる。

```
In [4]: fig=plt.figure(figsize=(6,3))
        ax=plt.subplot(1,1,1)
        r250n225=n225.pct_change(250).dropna()
        x=np.linspace(float(r250n225.min()),float(r250n225.max()),100)
        pdf=norm.pdf(x,r250n225.mean(),r250n225.std())
        r250n225.hist(bins=100,color='lightyellow',normed=True,ax=ax)
        plt.plot(x,pdf)
        plt.xlabel('$P_{t}/P_{t-250}-1$')
        plt.ylabel('probability density function')
```

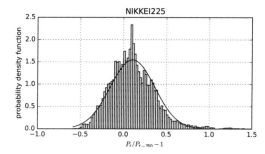

分布はほぼ正規分布に近いように見える。歪度と尖度で確かめてみよう。

```
In [5]: print("mean %2.5f std %2.5f skew %2.5f kurt %2.5f"¥
        %(r250n225.mean(),r250n225.std(),r250n225.skew(),r250n225.kurt()))
        mean 0.10574 std 0.25756 skew 0.79347 kurt 1.76661
```

歪度（skew）が0.78、尖度（kurt）が1.77である。分布の歪はほぼゼロである。尖度が1日間隔の変化率と比べると正規分布に近づいてきた。

9.1.3 バブル崩壊前と後の変化率のヒストグラムを比較

実際にバブル崩壊前と後で本当に経済の背後にある構造が変化しているのであれば、どこかに明確な変化が見て取れるはずである。それを探し当ててみよう。次のグラフは1日間隔の変化率のバブル崩壊前と後の比較である。すそ野の広がりに違いが見られるが、大まかな釣

り鐘型はキープされている。

```
In [6]: plt.figure(figsize=(8,3))
        ax=plt.subplot(1,2,1)
        before=rn225.ix[:'1989/12/31']
        before.hist(ax=ax,bins=100,color='lightyellow',normed=True)
        plt.title('before bubble crashed')
        plt.xlabel('$P_{t}/P_{t-1}-1$')
        plt.ylabel('probability density function')
        ax2=plt.subplot(1,2,2)
        after=rn225.ix['1989/12/31':]
        after.hist(ax=ax2,bins=100,color='lightyellow',normed=True)
        plt.title('after bubble crashed')
        plt.xlabel('$P_{t}/P_{t-1}-1$')
        plt.ylabel('probability density function')
```

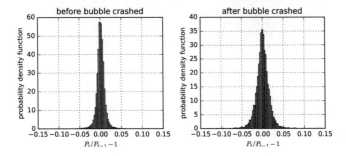

次に基本的な記述統計を計算して確かめてみよう。

```
In [7]: print("before crashed: mean %2.5f std %2.5f skew %2.5f kurt %2.5f"¥
        %(before.mean(),before.std(),before.skew(),before.kurt()))
        print("after crashed: mean %2.5f std %2.5f skew %2.5f kurt %2.5f"¥
        %(after.mean(),after.std(),after.skew(),after.kurt()))
```

before crashed: mean 0.00058 std 0.00987 skew -0.44466 kurt 15.46825
after crashed: mean -0.00001 std 0.01543 skew 0.03573 kurt 5.34994

	平均	標準偏差	歪度	尖度
バブル崩壊前	0.058%	0.99%	-0.44	15.47
バブル崩壊後	-0.001%	1.54%	0.04	5.35

平均値は当然バブル崩壊前がプラスでその後がマイナスである。標準偏差はバブル崩壊後は前の1.5倍ぐらいに膨らんでいる。ボラティリティが上がっている。次に歪度であるがバブル崩壊前は負の歪度であり、尖度が非常に高い、尖度が極端に高くなっているのはブラックマ

ンデーの影響があるかもしれない。バブル崩壊後では割と正規分布に
近いので驚く。歪度はほぼゼロである。

次に250日間隔の変化率の性質を見てみよう。まず、歪度（skew）、
尖度（kurt）を算出した。

```
In [8]:  before250=r250n225.ix[:'1989/12/31']
         print("before crashed: mean %2.5f std %2.5f skew %2.5f kurt %2.5f"¥
         %(before250.mean(),before250.std(),before250.skew(),before250.kurt()))
         after250=r250n225.ix['1989/12/31':]
         print("after crashed: mean %2.5f std %2.5f skew %2.5f kurt %2.5f"¥
         %(after250.mean(),after250.std(),after250.skew(),after250.kurt()))

         before crashed: mean 0.17481 std 0.24833 skew 1.12898 kurt 2.74224
         after crashed: mean 0.00134 std 0.23516 skew 0.50500 kurt -0.13140
```

	平均	標準偏差	歪度	尖度
バブル崩壊前	17.48%	24.83%	1.13	2.74
バブル崩壊後	0.13%	23.52%	0.5	-0.13

どちらの期間の分布も正の歪度をもっているが、バブル崩壊前の歪度
の方が大きい。これは正のフィードバックが反映されている可能性が
ある。バブル崩壊後は歪度はゼロに近い。また、尖度に関してはバブ
ル崩壊前がプラス2.74であるのに対して、バブル崩壊後は若干のマイ
ナスである。バブル崩壊前は正規分布に近い。

次のグラフは250日間隔の変化率のバブル崩壊前と後のヒストグラ
ムである。

```
In [9]:  plt.figure(figsize=(8,3))
         ax3=plt.subplot(1,2,1)
         before250.hist(ax=ax3,bins=100,color='lightgray',normed=True)
         plt.title('before bubble crashed')
         plt.xlabel('$P_{t}/P_{t-250}-1$')
         plt.ylabel('probability density function')
         ax4=plt.subplot(1,2,2)
         after250.hist(ax=ax4,bins=100,color='lightgray',normed=True)
         plt.title('after bubble crashed')
         plt.xlabel('$P_{t}/P_{t-250}-1$')
         plt.ylabel('probability density function')
```

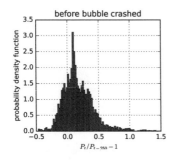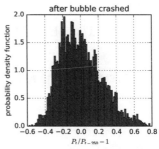

左がバブル崩壊前、右がバブル崩壊後である。明らかな違いがある。バブル崩壊前では0.3近辺にこぶがあるように見える。それを除くと1つの分であるようにも見える。また、中心部分が非常に大きく伸びている。バブル崩壊後ではピークが複数あるようにも見える。また、すそ野の広がりはバブル崩壊後のほうが狭い。歪度、尖度から受けるイメージとはまた違うところが面白い。

2つのヒストグラムを重ね合わせてみるとさらに特徴を比べることができる。

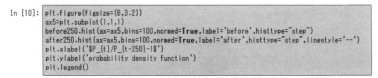

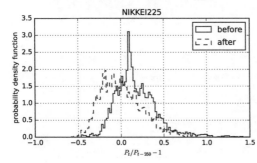

最も大きな違いはデータの数であることから標本数を調整して直接分布の形状を比べられるようにした。Y軸は確率密度関数に成っている。250日間変化率の平均値がバブル崩壊後では大きく下がっていることがよくわかる。また、すそ野はバブル崩壊前がプラス方向に大きく伸びているのに対して、バブル崩壊後はすそ野が伸びるというよりは幾つかの分布が重なっているイメージがある。これがバブル崩壊前の歪度が崩壊後に比べて正に大きい理由である。

　実際に内閣府発表の景気循環期は戦後15期あり、それぞれの景気循環期には景気拡張期と後退期に分かれていて、バブル崩壊前では拡張期と後退期で日経平均株価の価格の変化率はプラスであったが、バブル崩壊後では拡張期にはプラスになるが、後退期にはマイナスになっている。1日間隔の変化率のヒストグラムからはボラティリティの違いが目に付くだけなのに対して、250日間隔の変化率からは歪度に見られるような特殊性が見て取れるので、統計的な分析だけでは不十分で、経済の状態を事細かに調べる必要があることに気づかされる。実際にはすべての景気循環期の拡張期と後退期についてのさまざまな分析をする必要がある。

9.1.4　3Dサーフェスの活用

　実際の価格の変化率は資産を保持している期間によって影響を受ける。それは1日間隔の変化率と250日間隔の変化率の比較で理解できたと思う。しかし、これを実際の頭の中で連続した現象として理解しておくことは容易なことでない。それを直感的に与えてくれるのが3Dサーフェスである。

In [11]:
```python
from mpl_toolkits.mplot3d import Axes3D
from matplotlib import cm
rmax=float(n225.pct_change(10).max())
rmin=float(n225.pct_change(10).min())
rmax=int(rmax*100)/100.0
rmin=int(rmin*100)/100.0
nbins=30
dx=(rmax-rmin)/nbins
rc=int(rmin/2+rmax/2)/100.0
bins = np.arange(rmin, rmax, dx)
xyz=[]
k=0
start=1
end=250
for i in range(start,end):
    tmp=n225.pct_change(i).dropna()
    nn225=np.array(tmp)
    n, bin, rectangles = ax.hist(nn225, bins,normed=True)
    xyz.append([])
    for j in range(len(bins)-1):
        xyz[k].append(n[j])
    k+=1
xyz=np.array(xyz)
fig = plt.figure(figsize=(8,8))
ax = fig.gca(projection='3d')
Y = np.arange(0, len(n), 1)
X = np.arange(0, k-2, 1)
X, Y = np.meshgrid(X, Y)
Z = xyz[X,Y] #np.sqrt(X**2 + Y**2)
surf = ax.plot_surface(X, Y, Z, rstride=2, cstride=10, cmap=cm.Accent,
                       linewidth=0.5, antialiased=True)
plt.yticks([0,int(nbins/2),int(nbins)],[rmin,rc,rmax])
ax.set_xlabel='days'
ax.set_ylabel='ror'
```

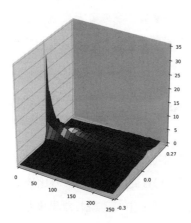

x軸は変化率の計算に用いる日数の間隔、y軸はそれぞれの日数間隔の変化率である。z軸は正規化された頻度であるが、その正規化は変

化率を計算する際の日数の間隔を固定した時の変化率の分布の正規化の結果であり、３Ｄサーフェスすべてに用いられている変化率の正規化ではないことに注意が必要である。

　この３Ｄサーフェスが語ってくれるものは何であろうか？　それは頻度である。１日間隔の変化率と250日間隔の変化率を２Ｄヒストグラムで見て、どちらの分布もベル型であることは分かる。従って、変化率が動かないところの頻度が一番高い。それが２Ｄヒストグラムから受ける印象だ。　最初の１日目では価格は初期値からほどんど動かない。動いてもほんのわずかである。２日目も同じだ。違いは初期値から比べれば価格の動きが１日分加算され、累積価格の動きの幅（変化率）が大きくなることである。そして、その動きは数日間ではあまり気にならない。ところがこの同じ状態が何度も何度も繰り返される内に、初期値からの価格の最大乖離幅はどんどん大きくなっていく。しかし、釣り鐘型の分布の形状は維持されている。それは250日経過した後でも同じである。２Ｄヒストグラムで見ると、幅の広い釣鐘状である。中心の頻度が高く両側のすそ野に行くほど頻度が低くなるので、価格は大きくは動かないと思いがちである。しかし、この２Ｄヒストグラムの釣鐘状は１日目のヒストグラムに比べれば明らかな平面である。それは何を意味するのだろうか？　それはどの価格帯も同じ確率で起こりうる可能性がある。その真実を３Ｄサーフェスは明らかにしてくれる。

　３Ｄサーフェスから見て取れるように250日目のサーフェスはほぼ平らである。どの価格にいる確率も１日目の価格変化の確率と比べればほぼ等しい。このことを２Ｄヒストグラムから読み取ることは難しい。２Ｄヒストグラムを比べる場合にはy軸の頻度のレベル、または確率密度関数の大きさに注意しなくてはならない。３Ｄサーフェスではこれを気にする必要はない。便利な道具である。そして、この現象

は、ランダムウォークの特徴でもあるし、AR（1）の回帰係数が1
に近いときの特徴でもある。この特徴を決して忘れないでほしい。

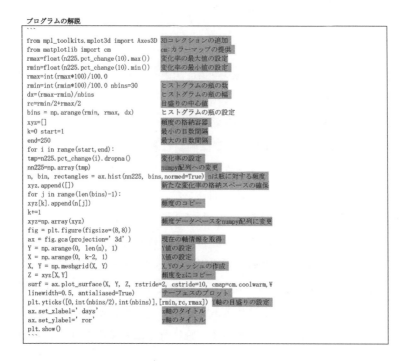

9.2 散布図の利用

次に散布図を利用してみよう。時系列のj日間隔の変化率$P_t/P_{t-j}-1$
を算出し、それをそのj日間前の変化率$P_{t-j}/P_{t-2j}-1$と比べてみよう。

ここでjは移動する日数である。これは変化率の自己相関を散布図
で表現していることに近い。自己相関が無ければ散布図はきれいな円
形になるはずである。

9.2.1　1日間隔の変化率

　日経平均株価の1日間隔の変化率の散布図を描いてみよう。x軸が $t-1$ 日の変化率、y軸が t 日の変化率である。その右側の図は変化率の標本自己相関のコレログラムだ。

```
In [12]: import statsmodels.api as sm
         fig = plt.figure(figsize=(8,4))
         ax1=fig.add_subplot(1,2,1)
         plt.scatter(rn225,rn225.shift(1),color='gray',alpha=0.05)
         plt.xticks([-0.2,0,0.2])
         plt.title('1 days')
         plt.xlabel('$P_{t-1}/P_{t-2}-1$')
         plt.ylabel('$P_{t}/P_{t-1}-1$')
         plt.hlines([0],-0.1,0.1)
         plt.vlines([0],-0.1,0.1)
         ax2=fig.add_subplot(1,2,2)
         fig=sm.graphics.tsa.plot_acf(rn225.squeeze(), lags=5,ax=ax2,color='gray')
         plt.savefig('0908.jpeg',dpi=1200)
         plt.savefig('0908.eps',dpi=1200)
```

　左の図から見て取れるように、色の薄い部分と濃い部分に分かれる。それぞれのドットが2つの変化率の対を表している。薄い部分はそのドットの頻度が低く、濃い部分は頻度が多い。全体として完全な円形ではなく、若干のひずみが見られる。中央部分の形状がひし形に近いが、これは変化率が大きな日の次の日には小さな変化率の日が生じやすい現象を示している。同様に変化率の小さな日の次の日には大きな変化率の日が来ることを示している。右側の標本自己相関のコレログ

165

ラムからは自己相関は見られない。散布図はコレログラムでは見ることのできない世界を表現している。

プログラムの解説
```
plt.scatter(rn225,rn225.shift(1),alpha=0.1)   散布図の描画
plt.xticks([-0.2,0,0.2])                      x軸の目盛りの設定
plt.title('1 days')                           タイトルの設定
plt.xlabel('$P_{t-1}/P_{t-2}-1$')             x軸の名前の設定
plt.ylabel('$P_{t}/P_{t-1}-1$')               y軸の名前の設定
plt.hlines([0],-0.1,0.1)                      平行線の描画
plt.vlines([0],-0.1,0.1)                      垂直線の描画
```

9.2.2　250日間隔の変化率の 散布図

次に変化の期間を1日間隔から250日間隔にしてみよう。それは$P_t/P_{t-250}-1$である。また、比べる期間も250日間前の変化率$P_{t-250}/P_{t-500}-1$と比べることにしよう。これは変化率の算出に用いるデータに重複が無いようにするためである。

In [13]:
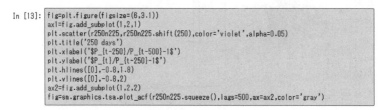

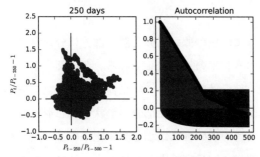

左の図の結果は、大きな変化率の後には小さな変化率の期間が現れ

るという現象がさらに強調されている。250日間で価格が動かなかったつぎの250日間では価格は‐50％から＋150％程度まで動く可能性がある。また、250日間で50％下落した後にはつぎの250日間で50％下落する可能性はないし、50％上昇する可能性もない。同じ価格水準を維持するか若干下落する可能性が高い。250日間で50％上昇するとつぎの250日間はどうなるだろうか？　50％下落する可能性から100％上昇する可能性まで幅が広い。つまり結論は厄介だ！　中心回帰の動きとモメンタムが生じる２つの動きが強調され、少なくとも関係が無いわけではないということだ。

コレログラムの結果の解釈には注意が必要である。コレログラムの場合には250日の変化率が１日毎に移動していくので250日までは重複したデータを用いて変化率を計算している。従ってちょうど250日近辺から自己相関がゼロである可能性が出てきている。つまり、コレログラムによると、重複の無い250日間隔の変化率の間には自己相関はない。散布図はコレログラムでは見ることのできない相関を表している。shift（250）とすることで、250日分のデータの移動ができる。

9.2.3　バブル崩壊前後の変化率の散布図比較

バブル崩壊前と後で価格の動きのメカニズムに変化があるのであれば、散布図の分析でも違いが出るはずである。

```
In [14]: plt.figure(figsize=(8,4))
         plt.subplot(121)
         plt.scatter(before,before.shift(1),color='gray',alpha=0.05)
         plt.xticks([-0.2,0,0.2])
         plt.yticks([-0.2,0,0.2])
         plt.hlines([0],-0.1,0.1)
         plt.vlines([0],-0.1,0.1)
         plt.title('before')
         plt.xlabel('$P_{t-1}/P_{t-2}-1$')
         plt.ylabel('$P_{t}/P_{t-1}-1$')
         plt.subplot(122)
```

```
plt.scatter(after,after.shift(1),color='seagreen',alpha=0.05)
plt.xticks([-0.2,0,0.2])
plt.yticks([-0.2,0,0.2])
plt.hlines([0],-0.1,0.1)
plt.vlines([0],-0.1,0.1)
plt.title('after')
plt.xlabel('$P_{t-1}/P_{t-2}-1$')
plt.ylabel('$P_{t}/P_{t-1}-1$')
```

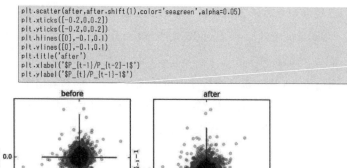

左側がバブル崩壊前、右がバウル崩壊後である。バブル崩壊後の方が価格の変動性が大きくなっているので、その影響で円の大きさがバブル崩壊後の方が大きい。また、分布の形状がバブル崩壊前の方がよりイビツに感じるのは正のフィードバックが掛かっているからではないか？

つぎに250日間隔の変化率を見てみよう。

```
In [15]: plt.figure(figsize=(8,4))
         plt.subplot(121)
         plt.scatter(before250,before250.shift(250),color='violet',alpha=0.05)
         plt.xticks([-1,0,1])
         plt.yticks([-1,0,2])
         plt.hlines([0],-0.8,1.8)
         plt.vlines([0],-0.8,2)
         plt.title('bdfore')
         plt.xlabel('$P_{t-250}/P_{t-500}-1$')
         plt.ylabel('$P_{t}/P_{t-250}-1$')
         plt.subplot(122)
         plt.scatter(after250,after250.shift(250),color='seagreen',alpha=0.05)
         plt.xticks([-1,0,1])
         plt.yticks([-1,0,2])
         plt.hlines([0],-0.8,1.8)
         plt.vlines([0],-0.8,2)
         plt.title('after')
         plt.xlabel('$P_{t-250}/P_{t-500}-1$')
         plt.ylabel('$P_{t}/P_{t-250}-1$')
```

第9章　3Dサーフェスで見える世界

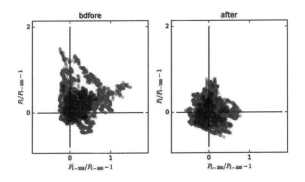

　左がバブル崩壊前、右がバブル崩壊後である。250日間隔の分析ではバブル崩壊前と後では形状に大きな違いがある。バブル前では基本的には上昇トレンドをいつでも継続できていた関係でプラス方向に分布が偏っている。一方、バブル崩壊後では250日間隔の穏やかな価格の動きの後には下落トレンドか上昇トレンドが生じている可能性が高い。つまり大きな振幅を価格の動きはもっている。また、バブル崩壊後は割と小さい250日間隔の価格の変化に驚かされる。1日間隔の変化率ではバブル崩壊後の方が価格の変化が大きかったのとは対照的である。

9.3 変化率の最大値、最小値の期間構造

　例えば、250日間の投資では、1日、2日、3日、そして250日間隔というように日を追うごとに向き合っている変化率の特性は異なる。3Dサーフェスで見たとおりである。従って長期投資の際にはこれらの一連の変化率の特性を把握しておく必要がある。このように期間の異なる一連の変化率の特性をそれぞれの期間の変化率の最大値、平均値そして最小値により表現すると3Dサーフェスとはまた違ったイメージが生まれる。それは境界がハッキリするのである。平均値の動きに注目してほしい。また、4分位点を加えることもできる。

```
In [16]: plt.figure(figsize=(5,2.8))
         high=[0]*250
         low=[0]*250
         ave=[0]*250
         for i in range(250):
             high[i]=float(n225.pct_change(i).max())
             ave[i]=float(n225.pct_change(i).mean())
             low[i]=float(n225.pct_change(i).min())
         plt.plot(high,label="high", linestyle=':')
         plt.plot(ave,label='ave')
         plt.plot(low,label='low',linestyle='--')
         plt.legend(loc="upper left")
         plt.title('all data')
         plt.xlabel('$t$')
         plt.ylabel('$P_{t}/P_{1}-1$')
         plt.savefig('0912.jpeg',dpi=1200)
         plt.savefig('0912.eps',dpi=1200)
         print(len(n225),len(after),len(before))
```

16777 6581 10195

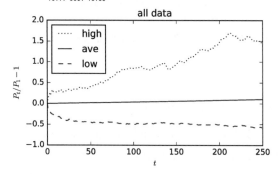

　全データ数は16683個である。このデータからは250日間の時系列を10433個作ることができる。この時系列の１つ１つはそれぞれが異なる動きをしている。その動きの大まかな特徴をつかもうとするのが上述の図である。すでに３Ｄサーフェスで見た通り、時間の経過と共に価格が動ける幅は広がっている。大きく上昇することもできるし、大きく下落することもできる。その最大値（high）と最小値（low）を示しているのがこの図である。従って250日間で価格が上昇する際に最大値のグラフのような動きをして、下落するときは最小値のような動きをするといっているわけではない。これはあくまでも価格が過去に動いた幅を示している。

　理論的には価格がランダムウォークに従えば時間の経過に比例して

価格の動ける幅は大きくなるはずである。しかし、価格が下落する際にはそのような傾向が見られるが、上昇する際には広がる時期と停滞する時期に分かれているように見える。この構造はバブル崩壊前の特性を強く反映していることが次のグラフからわかる。

```
プログラムの解説
```
high.plot(label="high")   凡例をlabelを用いてhighに設定
ave.plot(label='ave')   凡例をlabelを用いてaveに設定
low.plot(label='low')   凡例をlabelを用いてlowに設定
plt.legend(loc='upper left') 凡例の位置を左上に設定
```
```

```
In [17]: plt.figure(figsize=(5,2.8))
         high=[0]*250;low=[0]*250;ave=[0]*250
         for i in range(250):
             high[i]=float(n225.ix[:'1989/12/31'].pct_change(i).max())
             ave[i]=float(n225.ix[:'1989/12/31'].pct_change(i).mean())
             low[i]=float(n225.ix[:'1989/12/31'].pct_change(i).min())
         plt.plot(high,label="high",linestyle=':')
         plt.plot(ave,label='ave')
         plt.plot(low,label='low',linestyle='--')
         plt.legend(loc='upper left')
         plt.title('before bubble crash')
         plt.xlabel('$t$')
         plt.ylabel('$P_{t}/P_{1}-1$')
```

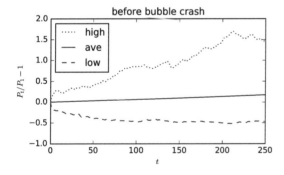

最大値のグラフは、バブル崩壊前（before bubble crash）とすべての期間（all data）でほぼ同じである。なぜだろうか？　それぞれの変化率の最大値がバブル崩壊前に生じているからである。ということは下落側に関してはバブル崩壊後の影響を色濃く受けているはずである。また、250日間隔の変化率の平均値はプラスである。

```
In [18]: plt.figure(figsize=(5,2.8))
         high=[0]*250;low=[0]*250;ave=[0]*250
         for i in range(250):
             high[i]=float(n225.ix['1991/3/1':].pct_change(i).max())
             ave[i]=float(n225.ix['1991/3/1':].pct_change(i).mean())
             low[i]=float(n225.ix['1991/3/1':].pct_change(i).min())
         plt.plot(high,label="high",linestyle=':')
         plt.plot(ave,label='ave')
         plt.plot(low,label='low',linestyle='--')
         plt.legend(loc='center right')
         plt.title('after bubble crash')
         plt.xlabel('$t$')
         plt.ylabel('$P_{t}/P_{1}-1$')
```

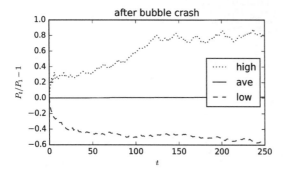

バブル崩壊後では最小値の下落は急激に起こり最大値の上昇はゆっくりと半年間かけて起こるが、それ以降は停滞してしまうことが分かる。平均値はほぼ一貫してゼロである。

また、最大値、最小値のグラフはギザギザしている。一方、平均値のグラフはほぼ直線である。これは、最大値と最小値のグラフが経過日数毎の最も大きな変化率、または小さな変化率の1点を次々に結んだグラフであるのに対して、平均のグラフは多くのデータポイントの累積の結果だからである。全期間ではデータ数が16,777、バブル崩壊前では10,195、バブル崩壊後では、6,581である。

本章では2Dヒストグラム、3Dサーフェス、散布図、チャートを用いて分析を行った。1日間隔の変化率からは見ることのできない現象が250日間隔の変化率から見ることができた。また、変化の期間を

連続して変えることで価格変化の期間構造のようなものが明らかになった。時間トレンド、ランダムウォーク、AR（1）の特徴の違いは期間の長い方が直感的にはつかみ易い。これは日々の価格の変化を単に見ているだけでは、その日々の変化が累積してできる結果を簡単には想像できないことを意味している。

第10章　モンテカルロで見える世界

　インターネット上から金融関連の価格データを手に入れ、そのデータにトレンドが在るか無いかを見てきた。トレンドがあれば、確定的トレンドと確率的トレンドに分類され、また、時間との関係では定常時系列と非定常時系列に分類された。確定的トレンド、確率的トレンド、定常時系列、または時間トレンド、ランダムウォーク、AR（1）が時系列分析の3種の神器である。

　人々の絶え間ない経済活動は、経済を発展させ、古いシステムは新しい仕組みに置き換えられる。そのダイナミズムは時として構造変化（structural break）を引き起こす。しかし、そのような大きな経済のうねりは日々の価格の動きからだけでは判断できない。経済的な発展に何が基本的な要素として作用しているのかは、その瞬間瞬間でさえも認識できない。従って累積的な結果を見る必要がある。未来を予測するどころか今でさえも理解できないのだ。

人工的な世界から見えるもの

　独立同一の分布に従う確率変数の和から、人工的に時系列を生成し、その性質を理解する。このような手法をモンテカルロシミュレーションという。それはとてつもなく難解だと思っている読者も多いのでは

ないだろうか？　ここでは細かい点には一切触れない。単純に乱数生成器が作り出す確率変数の和を眺めるだけである。ここでは3つのモデルを検討する。1つ目は単純ランダムウォーク、2つ目はAR（1）モデル、そして3つ目がベルヌーイ過程である。

10.1　モンテカルロ・シミュレーションの利用

本章で扱う日経平均株価の動きの3つのモデルは

1. $P_t = P_{t-1} + \sigma w_t$
2. $P_t = a + \beta P_{t-1} + \sigma w_t$
3. $P_t = P_{t-1} + \sigma B_t$

である。P_tはt 時の価格である。P_{t-1}はtよりも1単位時間前の価格である。w_tは平均ゼロ、分散1の正規分布に従う確率変数であり、σは定数である。B_tは$+1, -1$からなるベルヌーイ過程である。本章におけるシミュレーションでは$\sigma = 0.00632$とする。

10.1.1　ランダムウォーク

ランダムウォーク・モデルは

$$P_t = P_{t-1} + \sigma w_t$$

で与えられる。ここでは$a = 0$としてドリフト無しランダムウォークを検討する。σは一定である。

まず1年間のP_tの動きを人工的に生成してみよう。np.randomとい

176

第10章 モンテカルロで見える世界

うモジュールの中にある乱数生成器normalを用いて確率変数w_tを生成する。 株価の初期値P を1とする。 株式市場の1年の営業日数を250日とし、250個の株価の動きを生成してみよう。

```
In [1]: %matplotlib inline
        import pandas as pd
        import numpy as np
        sigma=0.1/np.sqrt(250)
        print(sigma)
        P=[1]
        for i in range(1,250):
            w=np.random.normal(0,1)
            P.append(P[i-1]+sigma*w)
```

0.00632455532034

これでPの時系列が生成できた。価格の差分を取り、その平均、標準偏差、歪度、尖度を確かめてみよう。

```
In [2]: price=pd.Series(P)
        dp=price.diff().dropna()
        print("mean %2.5f std %2.5f skew %2.5f kurt %2.5f"¥
        %(dp.mean(),dp.std(),dp.skew(),dp.kurt()))
```

mean 0.00021 std 0.00648 skew 0.27640 kurt 0.15389

平均はほぼゼロ、標準偏差はほぼ予定通り、歪度と尖度もほぼゼロに近い。次に結果をグラフで確かめてみよう。

```
In [3]: import matplotlib.pyplot as plt
        plt.figure(figsize=(8,3.2))
        plt.subplot(121)
        price.plot(color='darkgray')
        plt.xlabel('t')
        plt.ylabel('$P_t$')
        plt.subplot(122)
        dp.hist(color='lightgreen')
        mx=round(dp.max(),2)
        mn=round(dp.min(),2)
        plt.xticks([mn,0,mx])
        plt.xlabel('$P_t-P_{t-1}$')
        plt.ylabel('frequency')
```

177

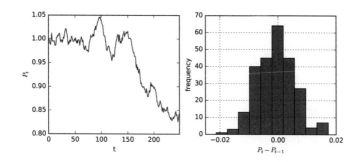

左側のチャートは1日目の価格、2日目の価格といった具合に250日間の価格の推移を描いていて、右側の頻度図は日々の価格の変化の大きさに対する頻度を表示している。価格の差分は1回の試行の結果としては、かなりきれいな正規分布である。

プログラムの解説

```
P=[1]                              生成された価格を格納する容器の準備を整えている。
                                   [1]は初期値を1に設定している。
for i in range(1,250):             for文以下を250回繰り返す。
    w=np.random.normal(0,1)        平均ゼロ、分散1の確率変数を生成する。
    P.append(P[i-1]*(1+sigma*w))   価格の1期間更新している。
```

次に250個の価格データを生成した上述の過程を10000回繰り返すことで、1日目、2日目の価格の最大値、最小値を250日目まで求めることで価格の推移の期間構造を求めよう。

```
In [4]: P=[]
        dP=[]
        high=[0]*250
        low=[1]*250
        for j in range(10000):
            P0=1
            for i in range(250):
                w=np.random.normal(0,1)
                dp=sigma*w
                P0=P0+dp
                if P0>high[i]:
                    high[i]=P0
                if P0<low[i]:
                    low[i]=P0
                dP.append(dp)
            P.append(P0)
        price=pd.Series(P)
        dprice=pd.Series(dP)
```

価格の時系列はpriceに、価格差の時系列はdpriceにpandasシリーズとして格納した。確認のためにグラフにしてみよう。

```
In [5]: plt.figure(figsize=(9,4))
        plt.subplot(1,2,1)
        plt.plot(high,label="high",linestyle='--')
        plt.plot(low,label="low",color='darkgray')
        plt.title('max$P_t$-min$P_t$')
        plt.xlabel('t')
        plt.ylabel('$P_t$')
        plt.legend(loc='upper left')
        plt.subplot(1,2,2)
        price.hist(bins=100,color='lightyellow')
        plt.xlabel('$P_{250}$')
        plt.ylabel('frequency')
        print("mean %2.5f std %2.5f skew %2.5f kurt %2.5f"¥
        %(dprice.mean(),dprice.std(),dprice.skew(),dprice.kurt()))
```

mean -0.00000 std 0.00632 skew -0.00012 kurt -0.00339

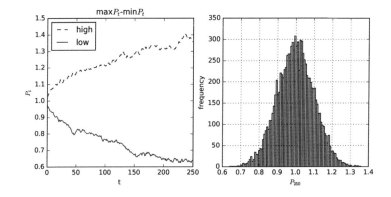

このモンテカルロシミュレーションでは250日間の価格をまず生成し、それを10000回繰り返すことで、時系列の特性を得ようとした。左の図は250日間の価格の推移の特性を調べている。10000回の試行の内の1日目の価格の最大値と最小値をプロットし、それを2日目、3日目にも行い、250日目まで繰り返すと価格の推移の期間構造が得られる。価格の最大値と最小値の幅がほぼ直線的（緩やかな曲線）に増加しているのが分かる。右図は250日目の価格の頻度を表している。分布はほぼベル型である。価格差の平均はゼロ、標準偏差は0.00632と設定値そのものである。歪度と尖度もほぼゼロである。

このモンテカルロシミュレーションから得られた時系列の特性は実際の価格の動きの特性を説明しているであろうか？　前章の結果を思い出してほしい。

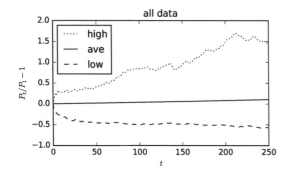

最小値（low）のグラフは割とスムーズだが最大値（high）のグラフは凸凹である。一方、シミュレーションではほぼ曲線的に下落、上昇している。パラメータが一定のシミュレーションでは現実の世界を説明できないが、そんなに外れてもいない。

次に得られた時系列から1日間隔の変化率とそれを1日ずらした変化率の散布図を描いてみよう。

```
In [6]: plt.figure(figsize=(6,6))
        mx=round(dprice.max(),2)
        mn=round(dprice.min(),2)
        plt.scatter(dprice,dprice.shift(1),alpha=0.01)
        plt.xlabel('$P_{t-1}/P_{t-2}-1$')
        plt.ylabel('$P_t/P_{t-1}-1$')
        plt.xticks([mn,0,mx])
```

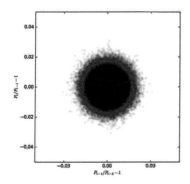

まん丸の円が描かれた。実際のデータとはだいぶ違う。2つの変化率には相関がないことが見て取れる。これが分散不均一性もボラティリティ・クラスタリングも無い世界である。

このように、実際の時系列を分析する際には、モデルの厳密さにこだわるのではなく、まずは大まかな傾向をつかもうとするだけで新しい発見がある。

10.1.2 AR（1）過程の生成

1次の自己回帰モデルは

$$P_t = a + \beta P_{t\text{-}1} + \sigma w_t$$

で与えられる。この β を指定することで、AR（1）モデルがどのような性質をもっているのかを調べてみよう。プログラムのコードはランダムウォークの時とほとんど変わらない。β を指定することにより a を決めなければならないが、これは期待値（μ）から求めることができる。

AR（1）の期待値 $\mathrm{E}(P_t)$ は

$$\mathrm{E}(P_t) = \mathrm{E}(a) + \mathrm{E}(\beta P_{t\text{-}1}) + \mathrm{E}(\sigma w_t)$$

で与えられる。$\mathrm{E}(P_t) = \mu$ とすると、$\mathrm{E}(a) = a$、$\mathrm{E}(w_t)$ であるから、

$$\mu = \frac{a}{1-\beta}$$

となる。価格の初期値を 1 と設定すると、

$$a = (1-\beta)$$

である。分散は

$$\mathrm{var}(P_t) = \mathrm{E}(P_t - \mu)^2 = \mathrm{E}(P_t^2) - \mu^2$$

であり、$a = 0$ であれば、

$$\mathrm{var}(P_t) = \frac{\sigma_z^2}{1-\beta^2}$$

第10章　モンテカルロで見える世界

である。期待値も分散も時間とは独立している。ここがランダムウォークとは違う点である。

　次にdef分を用いて、ar1というm個の価格から成るAR（1）の時系列を標準偏差をsigma、回帰係数をbeta、初期値をp0で指定してn個生成する関数を作ってみよう。また、単位時間ステップ毎に価格の最大値と最小値も計算しておこう。

```
In [7]: def ar1(beta,sigma,n,m,p0):
            P=[]
            dP=[]
            high=[0]*m
            low=[p0]*m
            alpha=(1-beta)*p0
            sigma_w=sigma*p0
            for j in range(n):
                P0=p0
                for i in range(m):
                    w=np.random.normal(0,1)
                    P1=beta*P0+alpha+sigma_w*w
                    dp=P1-P0
                    P0=P1
                    if P0>high[i]:
                        high[i]=P0
                    if P0<low[i]:
                        low[i]=P0
                    dP.append(dp)
                P.append(P0)
            price=pd.Series(P)
            dprice=pd.Series(dP)
            return price,dprice,high,low
```

まず最初はbeta=0.9999、sigma=0.00632、n=10000、m=250、p0=1として時系列を生成しよう。

```
In [8]: price,dprice,high,low = ar1(0.9999,sigma,10000,250,1)
        plt.figure(figsize=(8,4),dpi=1200)
        plt.subplot(1,2,1)
        plt.plot(high,label="high",linestyle='--')
        plt.plot(low,label="low",color='darkgray')
        plt.title('max$P_t$-min$P_t$')
        plt.xlabel('t')
        plt.ylabel('$P_t$')
        plt.legend(loc='upper left')
        plt.subplot(1,2,2)
        price.hist(bins=100,color='lightgreen')
        plt.xlabel('$P_{250}$')
        plt.ylabel('frequency')
        print("mean %2.5f std %2.5f skew %2.5f kurt %2.5f"\
        %(dprice.mean(),dprice.std(),dprice.skew(),dprice.kurt()))
```

        mean -0.00000 std 0.00632 skew 0.00046 kurt 0.00229

183

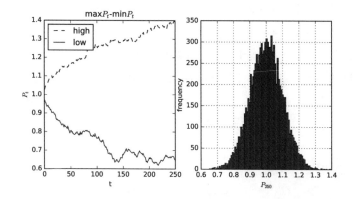

価格差の平均はゼロ、標準偏差は0.00632、歪度、尖度ともにゼロ近辺という結果になった。

$\beta < 1$である特徴が僅かながら現れているだろうか。結果はランダムウォークとほぼ同等である。区別はできない。次に結果を価格差の散布図にしてみよう。1単位時間差を見ている。

```
In [9]: plt.figure(figsize=(6,6))
mx=round(dprice.max(),2)
mn=round(dprice.min(),2)
plt.scatter(dprice,dprice.shift(1),alpha=0.01)
plt.xlabel('$P_{t-1}/P_{t-2}-1$')
plt.ylabel('$P_t/P_{t-1}-1$')
plt.xticks([mn,0,mx])
```

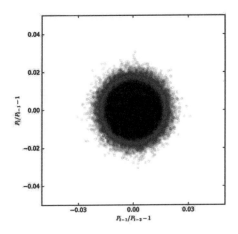

また、散布図による、価格差の特性は綺麗な円形を示している。

次にAR（1）の特徴をさらに明確につかむために、βの値を動かしてみよう。β = 0.99、0.5、1.003、1.005について実験してみよう。まず最初はβ =0.99から始めよう。

```
In [19]: price,dprice,high,low = ar1(0.99,sigma,10000,250,1)
         plt.figure(figsize=(8,4))
         plt.subplot(1,2,1)
         plt.plot(high,label="high",linestyle='--')
         plt.plot(low,label="low",color='darkgray')
         plt.title('max$P_t$-min$P_t$')
         plt.xlabel('t')
         plt.ylabel('$P_t$')
         plt.legend(loc='upper left')
         plt.subplot(1,2,2)
         price.hist(bins=100,color='lightyellow')
         plt.xlabel('$P_{250}$')
         plt.ylabel('frequency')
         print("mean %2.5f std %2.5f skew %2.5f kurt %2.5f"¥
         %(dprice.mean(),dprice.std(),dprice.skew(),dprice.kurt()))
         print("price std %2.5f"%price.std())
```

mean 0.00000 std 0.00634 skew 0.00231 kurt 0.00559
price std 0.04465

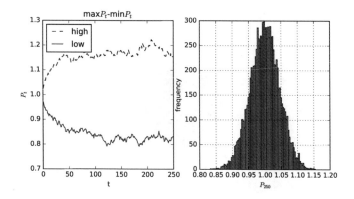

結果は価格差の平均ゼロ、標準偏差000634、歪度と尖度はほぼゼロである。

$\beta = 0.99$では、ある日数を経過する価格の変化率の最大値と最小値の幅が一定値に留まるようになる。これが中心回帰、定常確率過程の特徴である。それでも定常性を得るために50日程度かかっているのが分かる。

次に $\beta = 0.5$ にしてみよう。

```
In [20]: price,dprice,high,low = ar1(0.5,sigma,10000,250,1)
         plt.figure(figsize=(8,4))
         plt.subplot(1,2,1)
         plt.plot(high,label="high",linestyle='--')
         plt.plot(low,label="low",color='darkgray')
         plt.title('max$P_t$-min$P_t$')
         plt.xlabel('t')
         plt.ylabel('$P_t$')
         plt.legend(loc='upper left')
         plt.subplot(1,2,2)
         price.hist(bins=100,color='lightyellow')
         plt.xlabel('$P_{250}$')
         plt.ylabel('frequency')
         print("mean %2.5f std %2.5f skew %2.5f kurt %2.5f"¥
         %(dprice.mean(),dprice.std(),dprice.skew(),dprice.kurt()))
         print("price std %2.5f"%price.std())

         mean 0.00000 std 0.00731 skew 0.00003 kurt 0.00103
         price std 0.00735
```

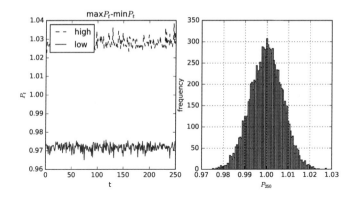

結果は価格差の平均ゼロ、標準偏差000730、歪度と尖度はほぼゼロである。

β = 0.5ではほぼ瞬間的に中心回帰の定常確率過程の特徴が見えてくる。次にAR（1）が発散する β が1を超える場合を見てみよう。最初は β =1.003にしてみよう。

```
In [21]: price,dprice,high,low = ar1(1.003,sigma,10000,250,1)
         plt.figure(figsize=(8,4))
         plt.subplot(1,2,1)
         plt.plot(high,label="high",linestyle='--')
         plt.plot(low,label="low",color='darkgray')
         plt.title('max$P_t$-min$P_t$')
         plt.xlabel('t')
         plt.ylabel('$P_t$')
         plt.legend(loc='upper left')
         plt.subplot(1,2,2)
         price.hist(bins=100,color='lightyellow')
         plt.xlabel('$P_{250}$')
         plt.ylabel('frequency')
         print("mean %2.5f std %2.5f skew %2.5f kurt %2.5f"¥
         %(dprice.mean(),dprice.std(),dprice.skew(),dprice.kurt()))
         print("price std %2.5f"%price.std())

         mean 0.00001 std 0.00633 skew -0.00123 kurt 0.00166
         price std 0.15239
```

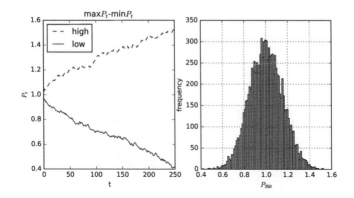

結果は価格差の平均ゼロ、標準偏差0.00633、歪度と尖度はほぼゼロである。

$β = 1.003$ではまだ発散には至っていない。むしろランダムウォークとの区別が難しい。$β = 1.005$ではどうだろうか？

```
price,dprice,high,low = ar1(1.005,sigma,10000,250,1)
plt.figure(figsize=(8,4))
plt.subplot(1,2,1)
plt.plot(high,label="high",linestyle='--')
plt.plot(low,label="low",color='darkgray')
plt.title('max$P_t$-min$P_t$')
plt.xlabel('t')
plt.ylabel('$P_t$')
plt.legend(loc='upper left')
plt.subplot(1,2,2)
price.hist(bins=100,color='lightyellow')
plt.xlabel('$P_{250}$')
plt.ylabel('frequency')
print("mean %2.5f std %2.5f skew %2.5f kurt %2.5f"¥
%(dprice.mean(),dprice.std(),dprice.skew(),dprice.kurt()))
print("price std %2.5f"%price.std())
```

mean 0.00001 std 0.00635 skew 0.00271 kurt 0.00436
price std 0.21002

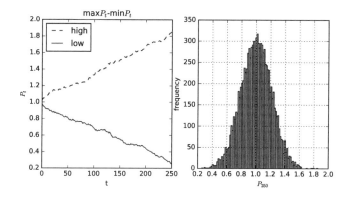

結果は価格差の平均ゼロ、標準偏差0006350、歪度と尖度はほぼゼロである。$\beta = 1.005$では発散の一歩手前である。

βの違いは、AR（1）の動きの特性に大きな影響を与えたであろうか？ $\beta > 1$であってもその程度が小さければ、価格過程は破たんすることが無いことが分かる。また、それは観測期間にも左右されることが分かる。期間が短ければ、βが1よりも大きくても破たんせずにすむ確率は上がる。また、$\beta < 1$で1近辺の場合はどうであろうか？ ランダムウォークとの区別はうまく行くだろうか？ これもまた難しいという結果になった。

自己回帰モデルの最大の特徴は価格の中心回帰の動きである。ランダムウォークの価格の動きは時間の経過とともに分散が大きくなるのに対して、自己回帰モデルではある点に収束する。そのために将来の予測を行うためには便利である。

10.1.3 ベルヌーイ試行

金融資産の価格の動きの大きさがx に定められていると、上昇は$+x$、下落は$-x$ となる。このように結果が２つしかない実験をベルヌーイ試行とよび、とびとびな２つの値から成る独立な離散時間の確率変数列をベルヌーイ過程とよぶ。本節では、このような２つのとびとびな確率変数からなる確率過程の性質を乱数生成器を用いて調べてみよう。ここではx を５とした時の１万個の確率変数を発生させその和を求め、それを１日分の取引とした。

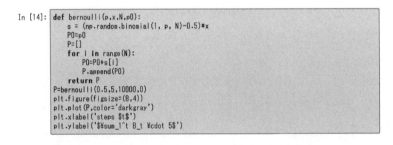

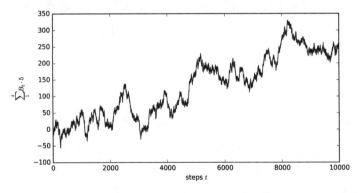

実際の価格の動きに似た動きが再現できていると思う。これはランダムウォークであり、一定の方向に価格が上昇したり下落しているのは確率的トレンドである。

つぎにこの実験を10000回繰り返し、1回1回の実験で生成した確率変数の和をヒストグラムとして描いてみよう。

```
In [15]: N=10000
         M=10000
         Q=[]
         for j in range(N):
             P=bernoulli(0.5,5,M,0)
             Q.append(P[M-1])
         plt.figure(figsize=(8,5))
         plt.figure.left=-0.1
         plt.hist(Q,normed=True,histtype='stepfilled',color='lightyellow',bins=25)
         plt.xlabel('$\sum_1^t B_t \cdot 5$')
         plt.ylabel('probability density function')
         plt.savefig('1011.jpeg',dpi=1200)
         plt.savefig('1011.eps',dpi=1200)
         price=pd.Series(Q)
         dprice=price.diff()
         print("mean %2.5f std %2.5f skew %2.5f kurt %2.5f"¥
         %(dprice.mean(),dprice.std(),dprice.skew(),dprice.kurt()))
```

mean 0.04100 std 351.22086 skew 0.03809 kurt 0.05656

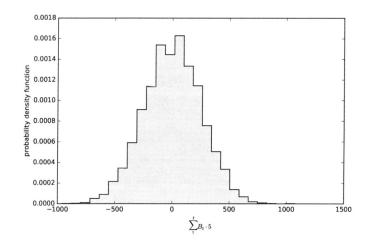

結果はかなり正規分布に近いベル型の形をしている。次に1日の取引の回数を3000回に減らしてみよう。その実験の回数は10000回とする。

191

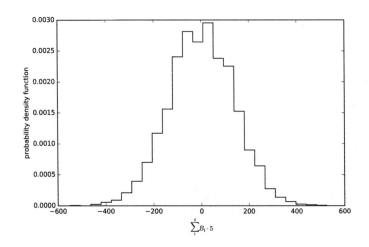

分布の形状は分布の幅が狭くなっている。これは1日の価格の動きが取引の回数に依存することを示している。2番目の特徴は、ベル型の形は維持しているが、分布の滑らかさは維持されていない。これが最も重要な点で、これこそが本書の本題である。

ボラティリティは取引数と関係がある。

第11章　季節性とマクロ変数を加える？

　今まで見てきた時間トレンド、ランダムウォークモデル、ARモデルなどの線形のモデルを統一的に扱うことができるのだろうか？　そしてそれに季節性、マクロ変数も加えることができるのだろうか？もちろん可能である。そして、例えば、

時系列データ＝時間トレンド＋ランダムウォーク＋ AR（1）
＋ 季節性 ＋マクロ変数

と書き、システム的な方法を取ることでより豊かな表現が可能になる。特に季節性とマクロ変数との関係は金融市場の効率性とも密接な関係にあることから長い研究の歴史がある。ただし、同時に変数の数を増やすことで、問題も生じてくる。本章では季節性とマクロ変数の分析を簡単に紹介する。しかし、その前に

ニュートンも解けない3体問題を知る

$$P_t = Y_t + W_t + Z_t + \xi_t$$

P_tは観測値である。ξはかく乱項である。そして、それぞれのシステ

ムは

$$Y_t = a + \beta_t + u_t$$
$$W_t = a + W_{t-1} + w_t$$
$$Z_t = a + \beta Z_{t-1} + z_t$$

と表現できる。上から、時間トレンド、ランダムウォーク、AR（1）
モデルである。それぞれの方程式がかく乱項をもつことで、観測値の
複雑な挙動を説明できる柔軟性を確保している。そしてこれらのかく
乱項をさらに別の方程式で説明することで、さらなる豊かさが確保さ
れる。季節性とマクロ変数の関係をシステムモデルとして加えてもい
いし、残差項を季節性とマクロ変数などで説明しても構わない。また、
それぞれのシステムモデルを動的・静的に扱う選択も可能である。

　一般に
　1．データに多くのノイズが含まれていないか？
　2．価格の測定単位としての通貨の価値が安定であるか？
　3．モデルは間違っていないか？
　4．残差項が多すぎないか？
　5．現象そのものがランダムではないか？
　などに十分な注意を払うべきである。

　実は高度な数学、統計学を用いても、正確に金融市場の価格の動き
を説明できる可能性は少ないのだ。現在の金融のモデル化の手法は価
格の動きを運動として方程式を立て、それを積分して解を導くという
手法を取っている。しかし、このような手法はニュートン力学の延長
線上にある。2つの天体の間の運動方程式を積分により解くことで安
定周期を得るニュートン力学では天体の数が3つ以上になるとその相

互作用はかなり複雑になり解析的に解を得ることはできなくなる。それを３体問題とよぶ。変数が増えると解析的には解けないという問題が生じる。

11.1 季節性の分析

金融市場の季節性は、学術的に積極的に検証されているものから格言的なものまで多数ある。ここでそれらを整理をしておこう。

＊月次効果

　a．ヘッジファンドの決算売り（５月）

　b．米国ファンドの決算売り（６月）

　c．夏枯れ相場（７、８月）

　d．米国の節税売り（10月）

　e．ヘッジファンドの決算売り（11月）

　f．12月の節税売り（12月）

＊曜日効果

　a．月曜効果

　b．金曜効果

　c．週末効果

＊月末効果

　a．節分天井彼岸底： ３月末の本決算を前に機関投資家、年金などが利益確定売りに出るため。

　b．掉尾の一振 年末にかけて株価が上昇すること。

　c．サンタクロースラリー クリスマスから年末にかけて株価が上がること。

　d．もちつき相場：年末のボラティリティーが上がること。

195

月末の期間をどの程度の長さに取るかによって、月末効果の評価は大きく変わる。また、月末効果は標本の数が少ないので、結果の解釈には注意が必要である。

＊週次効果
　a．第1金曜：米国雇用統計
　b．第2金曜：先物SQ
＊祝日相場
　a．ゴールデンウイーク相場：昭和の日の前日からゴールデンウイーク明けにかけて相場が上昇すること。
　b．盆休み相場：8月10日前後にポジションを調整する動き。
　c．ラマダン相場：ラマダン期間中は相場は横ばいか下げやすい。

11.2　平均値の検定

　得られた実現値の平均値がその母集団の平均値と等しいか否かを検定する方法を考えよう。母標準偏差の値は未知である。しかし実現値から算出した標本標準偏差と母集団の標準偏差が等しいとすることで、仮説検定が季節性の判別に使えるのだ。例えば、バブル崩壊前の1989年1月の価格から計算した終値の変化率の母平均について判定してみよう。

　仮説検定では2つの仮説を立てる。ひとつは証明したい仮説の反対を示すもので帰無仮説（Null Hypothesis）といいH_0と書く。帰無仮説は棄却を前提に立てられる。もう一方は対立仮説で帰無仮説に反する仮説でH_1と書く。例えば、1月効果ではその効果の棄却を前提に帰無仮説を立てる。母集団の平均値μが想定される値μ_0に等しいとする。そして、対立仮説では母平均μは$\mu_0=0$より大きいとする。

196

一般には３つの基本形がある。

1．母平均はプラスである。

　a．$H_0 : \mu = 0$

　b．$H_1 : \mu > 0$

2．母平均はマイナスである。

　a．$H_0 : \mu = 0$

　b．$H_1 : \mu < 0$

3．母平均はゼロである。

　a．$H_0 : \mu = 0$

　b．$H_1 : \mu \neq 0$

これらの仮説が実際の観察値と整合性があるかどうかの判定は、統計的仮説の検定（The Test of Significant Appoarch）を用いて行う。統計量Tは

$$T = \frac{\bar{\mu}}{\frac{8}{\sqrt{n}}}$$

で定義される。そしてその実現値をtで表す。

　統計的仮説の検定では実現値tが採択域にいれば帰無仮説を棄却することなく、また棄却域にいれば帰無仮説を棄却する。表にまとめておこう。

平均値	仮説のタイプ	帰無仮説	対立仮説	決定規則
プラス	右片側	$\mu = 0$	$\mu > 0$	$t \geq t_{x,\,df}$
マイナス	左片側	$\mu = 0$	$\mu < 0$	$t \leq -t_{x,\,df}$
ゼロ	両側	$\mu = 0$	$\mu \neq 0$	$|t| > t_{x/2,\,df}$

表で示した決定規則が成り立てば、帰無仮説を棄却する。1989年の1月の変化率の標本平均は$\bar{\mu} = 0.00242$、標本標準偏差は$s = 0.00514$、標本数はn=18である。$H_0 : \mu = 0$、$H_1 : \mu > 0$とすると、帰無仮説が棄却されれば1月の平均値がプラスである可能性がある。$t \geq t_{x,n\text{-}1}$ならばH_0を棄却し、$t < t_{x,n\text{-}1}$ならばH_0を採択する。ここでxは有意水準である。計算してみよう。$t = 1.949$。$t_{0.05,17} = 1.74$であるから、H_0は棄却され、1989年の1月の平均値がプラスの可能性が否定できない。

11.3 季節性の具体例

標本から推定した母平均μがゼロに等しいか否かで季節性を検定してみよう。その際には、標本標準偏差を用いるので、分散不均一性の問題が生じる。この問題を避けるために1年間毎に分けて実現値を分析し、分析対象期間でどれくらいの割合で、帰無仮説が棄却されるかを見てみよう。

月次の季節性

それぞれの月の間に起こる値動きに明確な特徴があるかどうかを過去にさかのぼり調べてみよう。例えば1月効果であれば、1949年5月16日から2015年12月31日までの各年の1月の日々の変化率からその平均値がプラスであるか否か有意水準10%の統計的仮説の検定を用いて判断する。そして、帰無仮説が棄却された年の数で、季節性の判定を

第11章　季節性とマクロ変数を加える？

してみよう。

```
In [45]:  %matplotlib inline
          from scipy.stats import t
          import pandas as pd
          import pandas_datareader.data as pdr
          import numpy as np
          end='2016/9/30'
          n225 = pdr.DataReader("NIKKEI225", 'fred',"1949/5/16",end).dropna()
          develop=n225.ix[:'1989/12/31']
          reform=n225.ix['1989/12/31':]
          year=n225.ix['1989']
          years=[x+1950 for x in range(66)]
          m=lambda x:x.month
          count=[0]*12
          for i in range(len(years)):
              year=n225.ix[str(years[i])]
              r=year.pct_change().groupby([m])
              tv=r.mean()/r.std()*np.sqrt(r.count())
              t0=t.ppf(1-alpha,len(r)-1)
              for j in range(12):
                  if float(tv.iloc[j])>t0:# and years[i]>=1990:
                      count[j]+=1
          print(count)
```

[24, 15, 14, 9, 14, 10, 9, 14, 16, 9, 14, 15]

[24, 15, 14, 9, 14, 10, 9, 14, 16, 9, 14, 15]#全期間

[2, 3, 2, 2, 4, 2, 2, 1, 5, 1, 3, 4]#1990年以降の結果

結果は左から順に１月、２月、…、12月となる。平均値がプラスであると判定された月は1950年から2015年までの65年間で１月では24回ある。その内1990年以降に起きたのは２回であり、１月効果はバブル崩壊前の現象であった可能性が高い。39年間の内に22回起きているので、１月にプラスになる確率は高い。バブル崩壊以降は、どの月においても明確な方向性はなく、多くの月で平均値ゼロと判断される。

プログラムコードの解説：無名関数ラムダ

月次、週次のデータの抽出には無名関数lambdaを用いる。月の最初の日の変化率はその前の月の最終日の価格があれば、それを用いて計算する。データが月の初めから始まれば、最初の日の変化率はNaNが返される。

```
y=lambda x:x.month          無名関数による月の設定。
r=year.pct_change().groupby([y])    グループ化。
```

プログラムコードの解説：年次データの取得

```
for i in range(len(years)):
    year=n225.ix[str(years[i])]    一年間のデータの抽出
```

199

プログラムコードの解説：月次の推定値から t 値の算出

```
from scipy.stats import t          ステューデントの t 分布のインポート
tv=r.mean()/r.std()*np.sqrt(r.count())  t 値の算出
t0=t.ppf(0.90,len(r)-1)            t 分布の臨界値
for j in range(12):                月の選択
    If float(tv.iloc[j])>t0:       判定
        count+=1                   H0 棄却数
```

また、同様の分析をマイナスの変化率に対しても行ってみた。その結果は、

[2, 5, 5, 2, 9, 4, 6, 6, 5, 4, 7, 3]#全期間の結果

[1, 2, 2, 0, 4, 2, 2, 2, 3, 0, 3, 1]#1990 年以降の結果

である。変化率がプラスの検定の場合と同様に、左端が1月であり右端が12月である。1月効果のような現象は見られない。12月の節税売りも見られない。あえていえば5月のヘッジファンド売りがあるかもしれないが5月は収益率がプラスになる可能性も高い。

曜日の季節性

次に曜日について分析してみよう。月曜効果、金曜効果、週末効果が注目されるが、本分析では金曜の終値から月曜の終値までの分析となるので、月曜効果と週末効果が複合して分析されている。

In [13]:
```
w=lambda x:x.week
count=[0]*5
for i in range(len(years)):
    year=n225.ix[str(years[i])]
    r=year.pct_change().groupby([w])
    tv=r.mean()/r.std()*np.sqrt(r.count())
    t0=t.ppf(1-alpha,len(r)-1)
    for j in range(5):
        if float(tv.iloc[j])>t0:
            count[j]+=1
print(count)
```
[15, 17, 14, 13, 10]

200

65年間で月曜が15回、火曜が17回、水曜が14回、木曜が13回、金曜が10回の平均値が有意にプラスであると判断された。月次効果と同じように、ほとんどの有意な曜日をもつ年はバブル崩壊前に起きていて、バブル崩壊後には曜日には全く特徴が見られない。

プログラムコードの解説：lambda 関数、曜日の設定

```python
y=lambda x:x.weekday  無形関数による曜日の設定
```

変化率のマイナス側の結果は次の通りである。

[7, 10, 5, 3, 7] #全期間の結果

[0, 0, 0, 0, 0] #1990年以降の結果

特に注目する結果は見られない。

11.4 マクロ変数との関係（単回帰と多変量解析）

本書では内閣府の景気循環期をもとに日経平均株価を分析してきた。ここでマクロ変数と日経平均株価の関係を考えてみよう。誰にとってもなじみの深い経済変数は、外国為替レート、国内総生産、金利、物価水準、労働人口、マネーサプライなどではないだろうか？　ここではFredからできるだけ長い期間のデータでダウンロードできる変数を３つ選んだ。1つは労働人口、国内総生産、そしてドル円の為替レートである。国内総生産（出所：OECD）の指数はドル建てであるために、円建てに直した。ドル円の為替レートはドル建ての指数を円建てに変換するために用いた。日経平均株価を労働人口と国内総生産の国内要因のみで説明するモデルを考えてみよう。説明変数と被説明変数の変数すべてに対数をとるので、モデルは対数線形モデルとよばれる。この場合にはある説明変数の傾きの係数はその説明変数に対する

被説明変数の弾力性を表している。

11.4.1 単回帰分析

日経平均を分析する前に手始めとして、労働人口と国内総生産について調べてみよう。労働人口は経済の原動力であり、国内総生産はその結果である。

```
In [23]: import pandas_datareader.data as pdr
         import numpy as np
         start='1971/12/1'
         end='2016/8/31'
         workpop = pdr.DataReader('LFWA64TTJPM647S',"fred",start,end).dropna()
         gdp = pdr.DataReader('MKTGDPJPA646NWDB',"fred",start,end).dropna()
         gdp=gdp.resample('A',loffset='-1d').last().dropna()
         fx = pdr.DataReader('DEXJPUS',"fred",start,end).dropna()
         fx=fx.resample('A',loffset='-1d').last().dropna()
         workpop=workpop['1972':].resample('A',loffset='-1d').last().dropna()
         gdpjpy=gdp.MKTGDPJPA646NWDB*fx.DEXJPUS
         gdpjpy=np.log(gdpjpy).dropna()
         workpop=np.log(workpop).dropna()
```

```
In [24]: import statsmodels.api as sm
         x=sm.add_constant(workpop)
         model=sm.OLS(gdpjpy,x)
         results=model.fit()
         print(results.summary())
```

```
                            OLS Regression Results
==============================================================================
Dep. Variable:                      y   R-squared:                       0.608
Model:                            OLS   Adj. R-squared:                  0.599
Method:                 Least Squares   F-statistic:                     65.13
Date:                Thu, 29 Sep 2016   Prob (F-statistic):           4.47e-10
Time:                        17:23:20   Log-Likelihood:                -8.2540
No. Observations:                  44   AIC:                             20.51
Df Residuals:                      42   BIC:                             24.08
Df Model:                           1
Covariance Type:            nonrobust
==============================================================================
                   coef    std err          t      P>|t|      [95.0% Conf. Int.]
------------------------------------------------------------------------------
const            -99.8663     16.527     -6.043      0.000    -133.219     -66.514
LFWA64TTJPM647S    7.3195      0.907      8.070      0.000       5.489       9.150
==============================================================================
Omnibus:                       11.983   Durbin-Watson:                   0.148
Prob(Omnibus):                  0.003   Jarque-Bera (JB):               11.890
Skew:                           1.138   Prob(JB):                      0.00262
Kurtosis:                       4.143   Cond. No.                      6.71e+03
==============================================================================
```

ドル建てのGDPは円換算して対数をとってある。これを被説明変

数、労働人口を説明変数として回帰を行った。GDPのデータは年次であるが、他のデータは日次、月次であるために、GDPのデータに期間を合わせてある。切片、回帰係数ともにp-値がゼロとなっている。R2も0.826と高い数値となった。つぎに期待値(fitted)と実現値をグラフで比べてみよう。

```
In [60]: f,ax = plt.subplots()#2軸のグラフの準備
         ax.plot(gdpjpy,label='gdp',linestyle="--")
         ax2=ax.twinx()#2軸目をax2として設定
         ax2.plot((workpop),label='workpop')#2軸目にプロット
         results.fittedvalues.plot(label='fitted',style=':',ax=ax)
         ax.set_ylabel('log GDP')#1軸目にラベルを設定
         ax2.set_ylabel('workshop')#2軸目にラベルを設定
         ax.legend(loc='lower right')
         ax2.legend(loc='upper left')
```

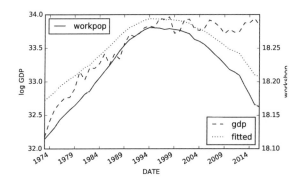

期待値は点線で示さている。労働人口（workpop）はグラフでの比較が容易になるように2軸目に表示してあることに注意してほしい。2000年以降、期待値は実現値をうまく説明できていない。労働生産性のような別の要素が影響をしているのかもしれない。

11.4.2 ランダムウォークの悪魔

つぎに残差についてみてみよう。一般に複数の非定常な時系列を最

小二乗法を用いて回帰する際には、関係の無い2つの変数の間の回帰係数が有意な推定値をもつと判断されてしまう可能性がある。これを、見せかけの回帰 (spurious regression) とよび、単位根問題の1つとして長い研究の歴史がある。日経平均株価、国内総生産、労働人口はランダムウォークであるので、見せかけの回帰を常に頭に置いておく必要がある。

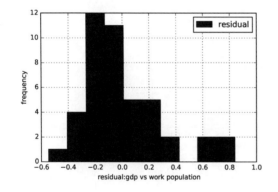

直感的には、残差は正規分布とみなせると思うが、標本数は多くないので確認のために、Jarque-Bera (JB) の正規性の検定を紹介しよう。

Jarque-Bara検定

JBでは標本数がnの残差からその歪度 (S) と尖度 (K) を求め、次の検定統計量を算出し、

第11章 季節性とマクロ変数を加える?

$$JB = n \left[\frac{S^2}{6} + \frac{(K-3)^2}{24} \right]$$

残差の正規性を検定する。統計量は自由度2のχ2乗分布に従う。帰無仮説は残差の正規性であり、得られたp-値(両側検定)が十分に小さければ帰無仮説を棄却し、そうでなければ採択する。

Statsmodel.OLSのsummary()の中にはJarque-Bera（JB）が含まれている。そのp-値は0.00262と非常に小さい。したがって残差は正規分布に従っているとはいえない。

プログラムの解説(データの取得と準備)

```
workpop = pdr.DataReader('LFWA64TTJPM647S',"fred",start,end).dropna()
労働人口の取得。
workpop=workpop['1972':].resample('A',offset='-1d').last().dropna()
労働人口のデータを年次に変換し 12 月 30 日に近いデータを使うために last()を用いた。
'A'は年次にデータを変換するが日付は年初になってしまう。それで offset='-1d' を用いて
日付を 1 日前にずらしている。
gdp = pdr.DataReader('MKTGDPJPA646NWDB',"fred",start,end).dropna()
ドル建て国内総生産の取得。
gdp=gdp.resample('A',loffset='-1d').last().dropna()
データの日付が 1 月 1 日であるので、これを 12 月 30 日に変更。
fx = pdr.DataReader('DEXJPUS',"fred",start,end).dropna()
ドル円データの取得。
fx=fx.resample('A',loffset='-1d').last().dropna()
ドル円のデータを年次に変換し、12 月 30 日に一番近い日のデータを用いる。
gdpjpy=gdp.MKTGDPJPA646NWDB*fx.DEXJPUS
ドル建ての国内総生産を円建てに変換。
```

プログラムの解説(単回帰分析)

```
x=sm.add_constant(workpop)        切片のために列の追加
model=sm.OLS(gdpjpy,x)            回帰モデルの設定
results=model.fit()              モデルの最適化と結果の格納
print(results.summary())          結果の要約を出力
```

11.4.3　多変量解析

つぎに日経平均株価を被説明変数、労働人口と国内総生産を説明変数として多回帰分析を試みてみよう。日経平均株価も対数をとってあることを忘れないでほしい。

205

```
In [27]:  import pandas as pd
          lnn225 = np.log(pdr.DataReader("NIKKEI225", 'fred',start,end).dropna())
          lnn225=lnn225.resample('A',loffset='-1d').last().dropna()
          port=pd.concat([lnn225,x,gdpjpy],axis=1).dropna()
          port.columns=["n225","const","workpop","gdpjpy"]
          model=sm.OLS(port.n225,port.ix[0:,['const','workpop','gdpjpy']])
          results=model.fit()
          print(results.summary())
```

```
                            OLS Regression Results
==============================================================================
Dep. Variable:                   n225   R-squared:                       0.626
Model:                            OLS   Adj. R-squared:                  0.608
Method:                 Least Squares   F-statistic:                     34.33
Date:                Thu, 29 Sep 2016   Prob (F-statistic):           1.74e-09
Time:                        18:13:44   Log-Likelihood:                -14.467
No. Observations:                  44   AIC:                             34.93
Df Residuals:                      41   BIC:                             40.29
Df Model:                           2
Covariance Type:            nonrobust
==============================================================================
                 coef    std err          t      P>|t|      [95.0% Conf. Int.]
------------------------------------------------------------------------------
const        -91.9025     26.339     -3.489      0.001    -145.094
             -38.710
workpop        4.6501      1.688      2.754      0.009       1.240       8.060
gdpjpy         0.4939      0.180      2.746      0.009       0.131       0.857
==============================================================================
Omnibus:                        4.026   Durbin-Watson:                   0.401
Prob(Omnibus):                  0.134   Jarque-Bera (JB):                3.229
Skew:                           0.659   Prob(JB):                        0.199
Kurtosis:                       3.146   Cond. No.                     1.92e+04
==============================================================================
```

R^2は0.626である。また、それぞれの回帰係数のp-値もどれも１％以下である。また、JBのp-値は0.199となった。結果を目で見で確認してみよう。日経平均株価の対数とその期待値をプロットして、モデルの期待値がどれほど実際の指数の動きを説明できるかみてみよう。

```
In [72]:  #多変量解析：折れ線グラフ
          f,ax = plt.subplots() #2軸のグラフの準備
          (port.gdpjpy-24).plot(label='gdp',linestyle="--",ax=ax)
          port.n225.plot(label='n225',ax=ax)
          ax2=ax.twinx() #2軸目をax2として設定
          (port.workpop).plot(label='workpop',ax=ax2,style='o')
          results.fittedvalues.plot(label='fitted',style=':',ax=ax)
          plt.legend(loc='upper left')
          ax.set_ylabel('log Nikkei225 index') #1軸目にラベルを設定
          ax2.set_ylabel("workshop") #2軸目にラベルを設定
          ax.legend(loc='lower right')
          ax2.legend(loc='upper left')
```

第11章 季節性とマクロ変数を加える？

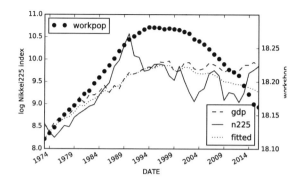

バブル成長期に日経平均株価がオーバーシュートし、バブル崩壊により期待値に接近している。また、バブル崩壊後には米国のインターネットバブル崩壊、日本の第3次平成不況期に期待値を下方にオーバーシュートし、その後回復している。また、リーマンショックで期待値を下回る様子が見てとれる。

JBは0.199で正規分布ではないとはいいきれない状態にある。一応、目視で残差を確認しておこう。

```
In [29]:  #多変量解析：ヒストグラム
          results.resid.hist(label='residual',color='mistyrose')
          plt.xlabel('residual:gdp vs work population')
          plt.ylabel('frequency')
          plt.legend(loc='upper right')
```

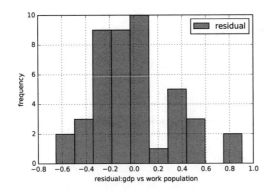

11.5 経済の構造変化

日経平均株価、国内総生産、労働人口がバブルの崩壊を機にそれ以前の上昇から、下落のトレンドに転換したようにみえるので、それを確かめてみよう。分析はバブル崩壊前と後に2つ時期に分けて行った。

```
In [30]:  #バブル崩壊前
          port_b=port[:'1990/1/1']
          model_b=sm.OLS(port_b.n225,port_b.ix[0:,['const','gdpjpy','workpop']])
          results_b=model_b.fit()
          print(results_b.summary())
```

```
                            OLS Regression Results
==============================================================================
Dep. Variable:                   n225   R-squared:                       0.940
Model:                            OLS   Adj. R-squared:                  0.932
Method:                 Least Squares   F-statistic:                     117.3
Date:                Thu, 29 Sep 2016   Prob (F-statistic):           6.95e-10
Time:                        20:12:06   Log-Likelihood:                 6.7243
No. Observations:                  18   AIC:                            -7.449
Df Residuals:                      15   BIC:                            -4.778
Df Model:                           2
Covariance Type:            nonrobust
==============================================================================
                 coef    std err          t      P>|t|      [95.0% Conf. Int.]
------------------------------------------------------------------------------
const        -381.3873     49.272     -7.740      0.000      -486.409   -276.365
gdpjpy         -1.0268      0.373     -2.751      0.015        -1.822     -0.231
workpop        23.3357      3.352      6.962      0.000        16.191     30.480
==============================================================================
Omnibus:                        1.548   Durbin-Watson:                   1.316
Prob(Omnibus):                  0.461   Jarque-Bera (JB):                0.983
```

| Skew: | 0.563 | Prob(JB): | 0.612 |
| Kurtosis: | 2.791 | Cond. No. | 4.33e+04 |

R^2は0.94とすべての期間の分析から大きく改善した。また、AIC,BIC,*JB*ともに改善していることが分かる。回帰係数の*p*-値もすべて5%以下に収まっている。分析から得られた日経平均株価の期待値とともに、グラフで表現してみよう。

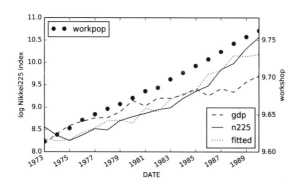

*JB*で0.612となった残差の状態をグラフで確認しよう。

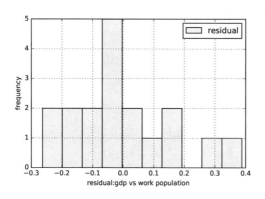

11.5.1 バブル崩壊後

つぎにバブル崩壊後について崩壊前と同じ分析を行ってみよう。結果はつぎのとおりである。

```
In [33]: #バブル崩壊後
         port_a=port['1990/1/1':]
         results_a=(sm.OLS(port_a.n225,port_a.ix[0:,['const','gdpjpy','workpop']])).fit()
         print(results_a.summary())
```

```
                          OLS Regression Results
==============================================================================
Dep. Variable:                   n225   R-squared:                       0.083
Model:                            OLS   Adj. R-squared:                  0.003
Method:                 Least Squares   F-statistic:                     1.039
Date:                Fri, 30 Sep 2016   Prob (F-statistic):              0.370
Time:                        20:34:57   Log-Likelihood:                 -4.9610
No. Observations:                  26   AIC:                             15.92
Df Residuals:                      23   BIC:                             19.70
Df Model:                           2
Covariance Type:            nonrobust
==============================================================================
                 coef    std err          t      P>|t|      [95.0% Conf. Int.]
------------------------------------------------------------------------------
const        -47.9044     40.035     -1.197      0.244    -130.724      34.915
gdpjpy         0.6263      0.734      0.853      0.402      -0.892       2.145
workpop        1.9894      1.651      1.205      0.241      -1.427       5.405
==============================================================================
Omnibus:                        1.723   Durbin-Watson:                   0.584
Prob(Omnibus):                  0.423   Jarque-Bera (JB):                1.022
Skew:                          -0.004   Prob(JB):                        0.600
Kurtosis:                       2.029   Cond. No.                     2.52e+04
==============================================================================
```

R^2、AIC、BICともに悪化している。回帰係数の p -値もすべて20%以上である。これはどの説明変数も被説明変数の動きをとらえていない可能性を示唆しているのである。このように経済はある時点を境に大きく変化する可能性があるのである。

そこで説明変数としてドル円の為替レートを加えてみよう。特にバブル崩壊後は強い円高に日本経済は苦しめられてきた。

第11章 季節性とマクロ変数を加える？

```
In [16]: #バブル崩壊後：要素にドル円の為替レートを追加
         port1_a=port1['1990/1/1':]
         results1_a=(sm.OLS(port1_a.n225,port1_a.ix[0:,['const','gdpjpy','workpop','fx']])).fit()
         print(results1_a.summary())
```

```
OLS Regression Results
==============================================================================
Dep. Variable:                   n225   R-squared:                       0.319
Model:                            OLS   Adj. R-squared:                  0.226
Method:                 Least Squares   F-statistic:                     3.434
Date:                Fri, 30 Sep 2016   Prob (F-statistic):             0.0346
Time:                        23:33:00   Log-Likelihood:                -1.0917
No. Observations:                  26   AIC:                             10.18
Df Residuals:                      22   BIC:                             15.22
Df Model:                           3
Covariance Type:            nonrobust
==============================================================================
                 coef    std err          t      P>|t|      [95.0% Conf. Int.]
------------------------------------------------------------------------------
const         -0.5734     39.218     -0.015      0.988     -81.906     80.759
gdpjpy        -0.0063      0.686     -0.009      0.993      -1.429      1.417
workpop        0.2654      1.583      0.168      0.868      -3.018      3.549
fx             1.1781      0.427      2.762      0.011       0.293      2.063
==============================================================================
Omnibus:                        2.471   Durbin-Watson:                   0.800
Prob(Omnibus):                  0.291   Jarque-Bera (JB):                1.518
Skew:                          -0.588   Prob(JB):                        0.468
Kurtosis:                       3.134   Cond. No.                     2.83e+04
==============================================================================
```

ドル円の為替レートを加えたことで大きな変化が現れた。それはそれ
ぞれの回帰係数の p -値である。切片、国内総生産、そして労働人口
の回帰係数が大幅に上昇し、一方でドル円の為替レートの回帰係数
は5％以下に収まっている。また、R2、AIC、BICともに前のモデル
よりかは改善している。しかし*JB*に関しては若干の悪化がみられる。
モデルが示している期待値と実際の日経株価平均、ドル円の為替レー
トをプロットしてみよう。

211

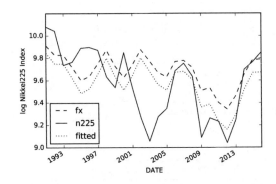

グラフからはリーマンショック以降に期待値は実際の動きをよく説明している。

11.5.2 経済は生き物

バブル崩壊後の経済をもう少し細かくみてみよう。これらは過去を振り返った分析であるので注意が必要である。期間は1990/1/1から2000/1/1、2000/1/1から2008/1/1、2008/1/1以降の3つに分割した。結果をつぎの表にまとめた。

第11章　季節性とマクロ変数を加える？

	1990 以前	1990 以後	1990-2000	2000-2008	2008 以後
R^2	0.94	0.32	0.69	0.93	0.95
F p-値	0.00	0.03	0.05	0.01	0.00
AIC	-7.45	10.18	-12.13	-13.76	-12.37
BIC	-4.78	15.22	-10.92	-13.45	-12.05
回帰係数　p-値					
切片	0.00	0.99	0.01	0.05	0.17
国内総生産	0.02	0.99	0.13	0.01	0.76
労働人口	0.00	0.87	0.01	0.01	0.11
ドル円	-	0.01	0.06	0.06	0.05
JB p-値	0.61	0.47	0.84	0.73	0.60

表からわかるようにそれぞれの期間で説明変数のp-値は大きく異なり、被説明変数に与える影響が異なるという結果になっている。1990－2000の期間では労働人口とドル円の為替レートが日経平均株価の有力な説明変数になっている一方、2000－2008の期間ではそれに国内総生産が加わる。2008以降ではドル円の為替レートだけが有力な説明変数である。これは期間の取り方により微妙に変化する。

```
In [46]:  #バブル崩壊後：細分化
          def report(port):
              results1_a=(sm.OLS(port1_a.n225,port1_a.ix[0:,['const','gdpjpy','workpop','fx']]))¥
              .fit()
              print("R-squared: ",results1_a.rsquared," F-pvalue: ",results1_a.f_pvalue," AIC: "¥
              ,results1_a.aic," BIC: ",results1_a.bic)
              print("pvalues: ")
              print(results1_a.pvalues)
              from statsmodels.compat import lzip
              import statsmodels.stats.api as sms
              test=sms.jarque_bera(results1_a.resid)
              print("jbpv: ",test[1])
          port1_a=port1['1990/1/1':'2000/1/1']
          report(port1_a)

          R-squared: 0.694520165892 F-pvalue: 0.0547118070768 AIC: -12.1319255907 BIC: -10.
          9215852187
          pvalues:
          const    0.012518
          gdpjpy   0.133545
          workpop  0.013761
          fx       0.056421
          dtype: float64
          jbpv: 0.840884157991
```

213

```
In [41]:  #バブル崩壊後：細分化2
          port1_a=port1['2000/1/1':'2008/1/1']
          report(port1_a)

          R-squared:  0.926548940777  F-pvalue:  0.00986454831986  AIC:  -13.7685628969  BIC: -1
          3.4507967302
          pvalues:
          const      0.049117
          gdpjpy     0.006289
          workpop    0.006525
          fx         0.058488
          dtype: float64
          jbpv:  0.738408350474

In [42]:  #バブル崩壊後：細分化3
          port1_a=port1['2008/1/1':]
          report(port1_a)

          R-squared:  0.949248873098  F-pvalue:  0.00474690144074  AIC:  -12.3679775295  BIC: -1
          2.0502113628
          pvalues:
          const      0.173036
          gdpjpy     0.757946
          workpop    0.114835
          fx         0.051445
          dtype: float64
          jbpv:  0.599301684508
```

プログラムの解説（report 関数）

```
print("R-squared: ",results1_a.rsquared," F-pvalue:",
results1_a.f_pvalue, " AIC: ",results1_a.aic," BIC: ",results1_a.bic)
 演算結果の受け渡し
 R-squared: self.rsqaured
 F-p-値: self.f_pvalue
 AIC: self.aic
 BIC: self.bid
print("pvalues: ")
print(results1_a.pvalues)
 回帰係数の出力:self.pvalues
from statsmodels.compat import lzip
import statsmodels.stats.api as sms
test=sms.jarque_bera(results1_a.resid)
 JBに関してはOLS.fit()で演算されているにもかかわらず、
 取り出すことができないので別途計算した。演算結果を test に格納。
print("jbpv: ",test[1])
 [0]は統計量、[1]はp-値である。
```

11.5.3　多変量解析の原理

　ここで用いた多変量解析のモデルは、実は自己回帰移動平均（ARMA）モデルで使用したものと同じ原理である。第8章での編自己相関を思い出してほしい。自己回帰モデルAR

（n）とは実現値となる被説明変数がn個の自己の過去の変数の和の
モデルであった。このように複数の要因(確率変数)があり、２つの特
定の組となる変数の間の相関を求めたいときに、他の確率変数の動き
を固定して、編自己相関なるものを求めた。これは条件付確率とよば
れる方法を用いている。同じ方法が多変量解析にも用いられているの
である。

11.6　ついに、スタートラインについた！

長期投資の収益源である確定的トレンドの存在と短期の収益源であ
る季節性の存在が、統計的には必ずしも有意だとは限らない事実をみ
てみよう。

確定的トレンドや季節性、マクロ経済指標との関係などの判断は統
計的手法、数学的モデルだけではなく、その現象の背後にある事実関
係を知る必要がある。統計的にモデルの正当性が今説明できなくとも、
現実を見て人々が経済の発展(回復)をもたらす強い政策と意思と努力
があるのだと確信できればそのモデルは正しくなる。これらすべての
問題点を認識した時点が出発点である。

第12章　取引戦略の第一歩

　時間トレンドがなければ日経平均株価を長期保有する理由は何もない。季節性やアノマリーが無ければ短期売買で収益を上げる可能性は少ない。長い期間の投資では、大きな収益と大きな損失を被る可能性がある。大きな収益がラッキーで、大きな損失が運の悪さの象徴ではない。長期投資ではどの水準のリターンも同程度の確率で生じる可能性がある。AR（1）の回帰係数が1未満であれば価格は定常時系列となり、将来をやすやすと予測できる。しかし、その期間は短い。回帰係数が1より大きければ価格は発散する可能性がある。しかし、その期間は非常に短い。そして、実際の価格の動きが高度な数学的な手法を用いてもモデル化できないのであれば、その取り扱いは簡単ではない。しかし、今ここにある問いや注意こそが道しるべとなる。やたらに疑問を発するのではなく、一定の方式を確立しなければならない。虚心坦懐に現象を分析すれば、機会を見失うことはない。試行錯誤と経験からの学習と熱望と緊張をもって問題に立ち向かう態度は、必ず道を開く。

生兵法は危うい！

　第5章を思い出してほしい。日経平均株価の日中の取引時間帯にど

のような価格の動きがあるのか、取引が行われない時間帯にはどのような価格の動きがあるのかを分析した。日中の価格は下落しやすく、取引の行われない時間帯で価格が上昇しやすい現象を紹介した。次のグラフを見てほしい。

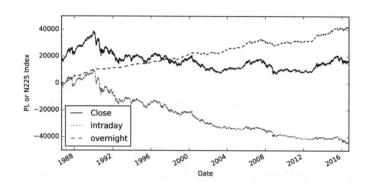

思い出していただけただろうか？

　しかし、日経平均株価は日本を代表する株価指標であるが、それを直接売買できない。実際の取引は、指数採用全銘柄を売買するか、指数に連動する投資信託か先物を売買して行われる。そこで、日経225先物取引のデータを利用して同じ現象が見られるか否かを調べ、取引戦略を考えてみよう。

　先物とは、定められた場所（取引所）で、特定の商品（原資産）を将来のある時点で売買する枚数と価格を現時点で取り決める取引である。ここでいう将来のある時点は、取引所により予め定められている。また、取引価格の単位（呼び値のきざみ）、取引金額の単位（取引単位）もあらかじめ定められている。さらに、取引には証拠金とよばれる担保を差し入れる必要があり、この制度により証拠金以上の額面の取引

が可能になる。これをリバレッジ効果とよぶ。取引に損失が発生した場合には、さらなる証拠金の差し入れが必要になるリスクを忘れてはならない。

現在（2016/9/30）、日経平均株価に連動する先物は大阪取引所（大証）、シカゴ商業取引所（CME）、そしてシンガポール証券取引所（SGX）に上場されている。大証では、取引単位と呼び値の刻みが異なるラージとミニの2つの先物が上場されている。ラージの取引単位は指数の1000倍、呼び値の刻みは10円である。一方、ミニでは取引単位は指数の100倍、呼び値の刻みは5円である。原資産は日経平均株価であるが、決済はすべて差金決済される。

日経225先物の原資産が日経平均株価であるので、この2つは似た動きをするが、特別清算価格などが価格の算出に影響する場合にはかい離幅が大きくなる傾向がある。また、寄付きでは、日経平均株価に採用されている個別銘柄のすべてが約定するわけでは無いので、日経平均株価とその先物価格の間に大きなかい離が生じるときがある。そのためか、一般的にはバックテストやシミュレーションで取引戦略の成果の評価を行ってみると、日経平均株価を用いたほうが利益は出やすい傾向にある。

12.1　原点の確認

第3章において本書の目的は、

ネットワーク上にあるデータベースから金融経済関連データをダウンロードし、そのデータを分析し、安定した収益を生み出す投資・取引戦略を構築したい。

であった。これをさらに具体的に表現しておこう。

　ネットワーク上にある日経225先物取引のデータをダウンロードし、そのデータを分析し、先物１枚を用いて安定した収益を生み出す投資・取引戦略を構築したい。

と取引の対象を日経225先物一枚に絞り込むことにしよう。

　何が未知であるか？：将来の先物の動き
　何が与えられているか？：過去の取引データ
　条件は何か？　先物１枚を取引し、損失を最小に抑え安定した利益を得る。

12.2　一定の方式を確立する

　どのような現象を分析するときにもまずは標準となる方法があるはずだ。成功のカギは、始める前にある。そこでここでは最も基本的なところを紹介してみよう。

12.2.1　相手をよく知る（先物取引の方式）

　先門取引には２つの方式がある。１つは通常の取引時間帯での約定価格を決定する方法であり、最も高い価格の買い注文と最も低い価格の売り注文が出会うことで取引が成立する方法である。これをザラバ方式とよぶ。もう１つは市場の寄付きと引けのときに行われるオークション方式で板寄せとよばれる。こちらは価格優先、時間優先の規則にしたがい、取引の数量が最も多く、取引の成立しない数量が最も少なくなるように、約定価格を定める方式である。2016年７月19日から

立会時間が変更になり、オープニング・オークションが板寄せにより
8：45に行われ、その後レギュラー・セッションに移行しザラバ方式
で取引が行われる。そして、15：15にクロージング・オークションが
板寄せで行われ、日中立会は終了する。つぎにナイト・セッション（夜
間立会）が16：30のオープニング・オークションで始まる。その後ザ
ラバ方式に移行し、日本時間で翌日の5：25まで取引が行われ、5：
30のクロージング・オークションでナイト・セッションは終了する。

　この新しい取引時間帯に移行する前の見直しは2011年7月19日に行
われたが、その旧取引時間帯に比べると現在の時間帯は日中立会はオ
ープニング・オークションが15分早まり、夜間立会のクロージング・
オークションは2時間半延長されている。すなわち、2011年7月19日
から2016年7月15日までは日中立会は9：00 － 15：15、夜間立会は
16：30 － 翌日3：00までであった。そして2016年7月19日以降、日
中立会は8：45－ 15：15、夜間立会は16：30 － 翌日5：30までとな
った。新取引時間帯移行後の現在、取得できる多くの過去データは旧
取引時間帯での取引データであることに注意してほしい。

12.1.2　相手のデータを手にいれる（日経225先物デー タの取得）

　最近はインターネットから自由にダウンロードできる価格データは
かなり増えてきたが、それでも日経225先物のデータをダウンロード
できるWEBサイトの数はそう多くはない。また、そのようなサイト
の多くが設立から間もなくその信頼性においてYahoo、Fredと同等
であるとはいえない。そこでデータのダウンロードは各自で試みても
らうことにして、データのフォマットは次によようにしてほしい。

日時　＋　取引時間	始値	高値	安値	終値	出来高	売買代金
2016-07-14 09:00:00	16235	16400	16205	16400	391639	6389705285
2016-07-14 16:30:00	16485	16630	16425	16500	438762	7257550975
2016-07-15 09:00:00	16450	16590	16385	16560	532406	8780384530
2016-07-15 16:30:00					0	0

　取引時間は立会の始まる時間であり、日中立会は9：00、夜間立会は16：30とする。2016年7月19日以降に日中立会の始まりは8：45となったが、表記上は9：00とすることにする。付録12Aと付録12BにはURLからのデータのダウンロードとパンローリングの日経225先物ザラ場版（有料）を利用して、日中立会と夜間立会の4本値を作るプログラムを紹介する。2016年7月15日の夜間立会は例外扱いとして4本値を空白として出来高、売買代金には0を格納することとする（上記サンプルを見てほしい）。

　csvファイル（付録12A参照）として作成された日経225先物のデータを用いて分析を行う。データは2015年の日経225先物miniの4半期期近つなぎ足（ここで注意してほしいのは先物をつなぐときに限月間スプレッドの調整は行っていない。）である。

12.2.3　目による確認。

　それぞれの立会で価格の動きに何か特徴があるかどうか調べてみよう。

＊日中取引の寄りから引けまでの価格の動き（s1）

＊日中立会の引けから夜間立会の寄りまでの価格の動き（s12）

＊夜間立会の寄りから引けまでの価格の動き（s2）

＊夜間立会の引けから日中立会の寄りまでの価格の動き（on）

について調べよう。( ) の中はプログラムのコードで使う記号である。

　各種変数（s1,s12,s2,on）をチャートとヒストグラムを用いてその変化の様子を調べてみよう。手順はcsvファイルからデータを読み込み、つぎにs1,s12,s2,onを計算し新しいデータベースを作る。そしてそれをグラフに描くという順である。ではプログラムコードを見てほしい。

```
In [2]:  #csvファイルからのデータの読み込み
         import pandas as pd
         path = "c:/users/moriya/documents/ipython notebooks/"
         fname="nikkei225fm_2_2015.csv"
         pathfname=path+fname
         n225fm=pd.read_csv(pathfname,index_col=0,parse_dates=True)
         #n225fm.head()
```

ここでデータが読み込まれたので、つぎにそのデータを加工する。

```
In [4]:  #on, s1, s12, s2, onのデータベースの構築
         from datetime import date, time,datetime
         c0=int(n225fm.iloc[0].Close)
         da0=n225fm[0:1].index.date
         r=[];da=[];j=0;on=0;s1=0

         cost=2
         for i in range(1,len(n225fm)):
             d=n225fm[i:i+1].index
             t=n225fm[i:i+1].index.time
             o=int(n225fm.iloc[i].Open)
             c=n225fm.iloc[i].Close
             if t==time(9,0):
                 s1=c-o
                 on=o-c0
             if t==time(16,30):
                 s2=c-o
                 s12=o-c0
                 da0=datetime(d.year,d.month,d.day)
                 if da0==datetime(2016,7,15):
                     s12=0
                     s2=0
                     c=c0
                 da.append(da0)
                 r.append([])
                 r[j].append(on)
                 r[j].append(s1)
                 r[j].append(s12)
                 r[j].append(s2)
                 j+=1
             c0=c
         session=pd.DataFrame(r,index=da)
         session.columns=['on','s1','s12','s2']
```

223

ここでは得られたデータの累積和（cumsum）をグラフに表示している。特に2015年の8月には中国ショックがあったので注意してそれらの推移を把握してみよう。

```
In [29]: #累積損益のグラフ表示
         %matplotlib inline
         import matplotlib.pyplot as plt
         session.on.cumsum().plot(label='$on$',linestyle=':')
         session.s1.cumsum().plot(label='$s1$',style='.')
         session.s12.cumsum().plot(label='$s12$',linestyle='-')
         session.s2.cumsum().plot(label='$s2$',linestyle='--')
         plt.legend(loc='upper left')
         plt.ylabel('P&L')
         #linestyleは線のタイプをしている。4つのタイプがある。
         #線(-),点線(:),破線(--),破断線(-.)
         #styleは線のスタイルを設定します。
```

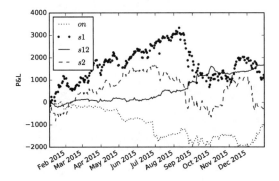

つぎにヒストグラムでそれぞれの特徴を確認してみよう。

```
In [7]: #s,s12のヒストグラム
        session.s1.hist(label='$s1$',histtype='step',linewidth=3,color="darkblue")
        session.s12.hist(label='$s12$',color="lightgreen",rwidth=0.5)
        plt.legend()
```

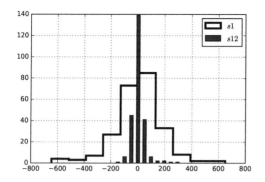

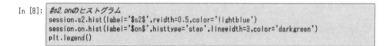

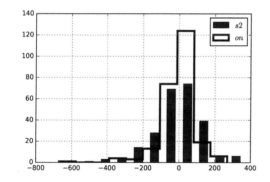

目視の確認では $s1$、onのすそ野がマイナス側に伸びているので、尖度が高いだろう。また、onはマイナス側にすそ野が伸び、プラス側へのすそ野がしぼんでいるので負の歪度をもつ可能性が高い。$s12$はほぼ左右対称だが、すそ野がプラス方向に伸びているので尖度は高く、歪度はプラスになるだろう。統計量を用いて確認してみよう。

12.2.4　記述統計

Pandasのdescribeメソッドを用いると便利である。

```
In [5]:  #それぞれのセッション、セッション間の記述統計
         print(session.s1.describe())
         print(session.s12.describe())
         print(session.s2.describe())
         print(session.on.describe())
```

	S1	S12	S2	ON
平均	4.67	6.95	-0.70	-4.24
標準偏差	175.60	48.51	133.13	94.17
最小値	-645.00	-170.00	-545.00	-670.00
4分位点(25%)	-90.00	-15.00	-70.00	-30.00
4分位点(50%)	15.00	5.00	5.00	0.00
4分位点(75%)	105.00	25.00	80.00	31.25
最大値	650.00	320.00	365.00	270.00
取引の長さ	6時間15分	1時間15分	10時間半	6時間

記述統計から基本的な特性が見て取れる。先物データは何時でも複数の限月が取引されている。分析には四半期期近つなぎ足を用いている。そのために限月交代の影響は極力抑えられている。2015年を通しては日中立会（s1）では累積価格差はプラスであり、日経平均株価の過去の傾向を継続していない。日中立会の引けから夜間立会の寄りまで（s12+s2+on）の累積価格差はプラスとなり、日経平均株価の過去の傾向を継続している。

12.2.5　各種統計量による確認

ADF検定で非定常性を確認し、t検定で平均値の状態を調べ、JBで正規性の検定を行った。

第12章　取引戦略の第一歩

```
In [10]:  #各種統計量の算出、比較
          import statsmodels.api as sm
          import numpy as np
          from statsmodels.compat import lzip
          import statsmodels.stats.api as sms
          print(sm.tsa.adfuller(session.s1,regression='nc')[1]) #[1]はp値の検定結果
          print(sm.tsa.adfuller(session.s1,regression='c')[1]) #[1]はp値の検定結果
          print(sm.tsa.adfuller(session.s1,regression='ct')[1]) #[1]はp値の検定結果
          print(session.s1.mean()/session.s1.std()*np.sqrt(session.s1.count()))
          estimator = ['JB', 'Chi-squared p-value', 'Skew', 'Kurtosis']
          test = sms.jarque_bera(session.s1)
          print('s1: ',lzip(estimator, test))
```

```
7.62302611269e-29
4.13255996722e-30
0.0
0.415600274753
s1:  [('JB', 53.590098117753925), ('Chi-squared p-value', 2.3070555482916878e-12), ('Ske
w', -0.34748611110722777), ('Kurtosis', 5.1881889320304415)]
```

その結果を表にまとめた。

検定	s1	s12	s2	on
t	$\mu = 0$	$\mu > 0$	$\mu = 0$	$\mu = 0$
JB	正規性の棄却	正規性の棄却	正規性の棄却	正規性の棄却
歪度	-0.35	1.70	-0.47	-1.64
尖度	5.19	12.96	4.4	14
ADF nc	非定常性の棄却	非定常性の棄却	非定常性の棄却	非定常性の棄却
ADF c	非定常性の棄却	非定常性の棄却	非定常性の棄却	非定常性の棄却
ADF ct	非定常性の棄却	非定常性の棄却	非定常性の棄却	非定常性の棄却

ここでの尖度はFisherの定義を用いている。正規分布の場合は3である。

それぞれの立会、立会間の価格差は非定常確率過程ではない可能性が高い。そして、条件次第では定常性を仮定できることを示している。s12は日中立会の引けから夜間立会の寄りまでの価格差の平均がプラスに有意である可能性があることから、またs12は歪度がプラスであるので、s12のマイナス側にコブがあり、プラス側に大きく伸びている可能性がある。すなわちこれが大きな尖度の原因であり、戦略次第では安定した収益に結び付く可能性がある。

12.2.6　取引戦略

日中立会の引けから夜間立会の寄付きまでの間で価格差の平均値が

有意にプラスである可能性がある。日中立会の引けから夜間立会の寄付きまでの時間は1時間15分と他と比べて短いこともあり、価格差のボラティリティは低い。ただし、取引の間隔の長さを考慮すると他の立会の値動きの特性と大きな違いはない。日中の引けで買い、夜間立会の寄付きで売る戦略は有効である可能性が高い。価格差の平均が約7であるので、取引費用の往復費用2を引いてもプラスである。ただし、板寄せ方式の仕組みを考慮して売買スプレッドをゼロとした。

12.2.7 リスク管理戦略

$s12$で常にロングのポジションをもつことによるリスクを考えてみよう。次のグラフはこの戦略を1日、2日、…、と120日まで継続した場合の収益の最大値、最小値、平均値をプロットしている。第10章を思い出してほしい。

```
In [15]:  #s12におけるロングオンリー戦略のリターンの期間構造
          plt.figure(figsize=(5,2.8))
          high=[0]*120
          low=[0]*120
          ave=[0]*120
          for i in range(120):
              high[i]=float(pd.Series.rolling(session.s12,i).sum().max())-2*i
              ave[i]=float(pd.Series.rolling(session.s12,i).sum().mean())-2*i
              low[i]=float(pd.Series.rolling(session.s12,i).sum().min())-2*i
          plt.plot(high,label="high",linestyle=':')
          plt.plot(ave,label='ave',color='darkred')
          plt.plot(low,label='low',linestyle='--')
          plt.legend(loc='upper left')
          plt.xlabel('$t$')
          plt.ylabel('PL')
```

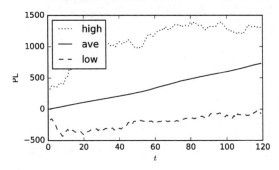

グラフから120日間の取引では利益が出ない確率があり、最大のドローダウンは500ポイント近くになる可能性が読み取れる。本質的な部分を見逃している可能性がある。すべてを調べるわけにはいかないが、大きな見逃しがあるはずだ。

12.2.8　戦略の改良

s12の時系列はボラティリティも低く、チャートでの確認においても安定した上昇トレンドを示していた。そこで動的分析を用いてドローダウンの原因を探ってみよう。次のグラフは移動標準偏差で移動期間は5日である。

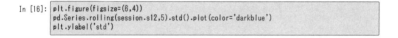

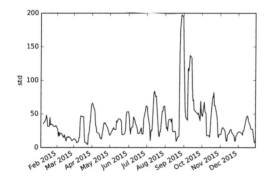

中国ショックのときに急激なボラティリティの上昇が見られ、その後の数か月はボラティリティが高いことが分かる。4月ごろから年初から続く移動標準偏差の下落が止まり上昇に転じている。そして中国ショックのときに急上昇している。これはT検定にどのような影響を与えるのだろうか？　そこで累積価格差が短い期間であっても有意にプラ

スであるか否かをチェックしてみよう。移動T検定を移動期間を5日とて作ってみよう。そして累積損益と共に表示してみよう。

```
In [30]: #t統計量と累積損益
plt.figure(figsize=(6,4))
n=5 #移動t値の計算に使うデータの個数
#移動t統計量の推定値の算出
ax=(pd.Series.rolling(session.sl2,n).mean()/pd.Series.rolling(session.sl2,n).std()¥
    *np.sqrt(n)).plot(label='$t$',color='darkblue')
plt.ylabel('$t$ estimator')
plt.legend(loc='lower right')
ax2 = ax.twinx() #2番目の目盛りの設定
session['sl2c']=session.sl2-2
ax2=session.sl2c.cumsum().plot( style="r--",label='cum PL' )
ax2=session.sl2.cumsum().plot( style="r:",label='cum no cost' )
plt.ylabel('PL')
plt.legend(loc='upper left')
```

t値のゆらぎの具合がよく分かる。累積損益（cum PL）のグラフからドローダウンの原因が中国ショックにともなう下落だと分かる。また累積損益は取引費用を差し引いてある。

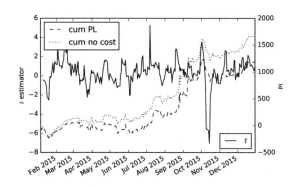

図のTは移動t値である。統計的仮説の検定を用いて$T \geq t_{p,5}$が満たされる場合にロングポジションをもつように戦略を改良してみよう。有意水準をいくらに設定するかが問題である。そこで上昇のトレンドは構造的に頑健であるという立場から、有意水準を90％とした。

```
In [18]: #t統計量を利用した戦略
         from scipy.stats import t
         plt.figure(figsize=(6,4))
         n=5 #移動t値の計算に使うデータの個数
         #移動t値の算出
         tt=(pd.Series.rolling(session.s12,n).mean()/pd.Series.rolling(session.s12,n).std()\
            *np.sqrt(n)).shift(1).dropna()
         #shift(1)を用いて1単位時間前にずらしていることに注意。
         #この操作をしないと将来の情報を今使っていることになる。
         port=pd.concat([session.s12c,tt],axis=1).dropna()
         port.columns=['s12c','t']
         t0=t.ppf(0.1,n-1) #t.ppf(x,n)=累積分布関数の逆関数
         #n=採択域、nは標本数
         port.s12c[port.apply(lambda x:x['t']>t0,axis=1)].cumsum().plot(label='$s12$',\
                                                                        linestyle='--')
         session.s12c.cumsum().plot(label='$ror$',color='darkgreen')
         plt.ylabel('PL')
         plt.legend(loc='upper left')
```

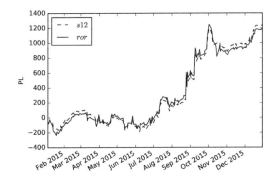

グラフにはこの戦略の結果を s12、単純なロングポジションの結果を ror で表した。取引タイミングの選別は取引費用の削減に貢献している。しかし、この戦略の結果は単純なロングポジションをもつ戦略のものと大して変わらない。実際の8月の中国ショック後の下落は残っている。そこで分散不均一性に直接焦点を当て、ボラティリティが急上昇した時点で取引を一旦停止する戦略に変更してみよう。

```
In [31]: #カイ二乗統計量を利用した戦略
         from scipy.stats import chi2
         plt.figure(figsize=(6,4))
         n=5
         #1日前の移動標準偏差の算出
         ss=pd.Series.rolling(session.s12,n).std().shift(1).dropna()
         port=pd.concat([session.s12c,ss],axis=1).dropna()
         port.columns=['s12c','s'] #列に名前を付ける
         s0=chi2.ppf(0.8,n-1)*35/(n-1) #35は真の値の推定値
```

```
#採択域は0.8、有意水準は0.1
t0=t.ppf(0.1,n-1)
port.s12c[port.apply(lambda x:(x['s']<s0),axis=1)>0].cumsum().plot(label='$s12$',¥
                                                                  linestyle='--')
plt.ylabel('PL')
session.s12c.cumsum().plot(label='$ror$',color='darkgreen')
plt.legend(loc='upper left')
```

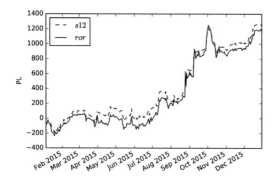

結果に大きな違いは見られない。標準偏差の初期値を35としてあるが、これは経験と勘により設定する部分である。また、有意水準の設定にも戦略の結果は影響を受ける。

さらに改良が可能である。T検定を行う場合でも標準偏差が一定でなければそれを基準に将来のポジションを取ることに意味はない。そこで、分散不均一性が無いと判断されたときにT検定を用いる方式に変更してみよう。

```
In [32]: #トレンドの発生とボラティリティの安定性の判定
         def long_stat(s,s0,t,t1):#統計的検定による買いポジションの判定
             stat=False
             if s<s0:#ボラティリティの安定性の判定
                 if t>t1:#トレンドの有無の判定
                     stat=True
             return stat

         def create_port(session,session2,n):
             tt=(pd.Series.rolling(session,n).mean()/pd.Series.rolling(session,n).std()¥
                 *np.sqrt(n)).shift(1).dropna()
             ss=pd.Series.rolling(session,n).std().shift(1).dropna()
             #費用込みの損益、t値と標準偏差のデータベースの作成
             port=pd.concat([session2,ss,tt],axis=1).dropna()
             port.columns=['ror','s','t']
```

```
    return port
port=create_port(session.s12,session.s12c,n)
plt.figure(figsize=(6,4))
n=5
t0=t.ppf(0.4,n-1)#t統計量の算出
s0=chi2.ppf(0.7,n-1)*35/(n-1)#標準偏差の統計量の算出、35は真の値の推定値
port.ror[port.apply(lambda x:long_stat(x['s'],s0,x['t'],t0),axis=1)].cumsum()¥
.plot(label='$s12$',linestyle='--')
session.s12c.cumsum().plot(label='$ror$',color='darkgreen')
plt.ylabel('PL')
plt.legend(loc='upper left')
```

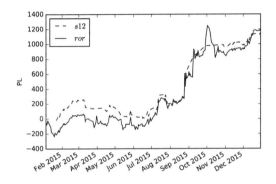

結果はそれなりに目的を達した。

12.2.9 戦略の確認

　上述の戦略では慎重さを反映している結果となった。しかし、有意水準を含むその他のモデルのパラメータは試行錯誤の結果である。このままでは戦略の有効性の成否を判断できない。そこで、さらに似たような市場で同じ効果が出るかどうかをチェックしてみよう。結果は順に夜間と日中立会の間（on）、日中立会（$s1$）、夜間立会（$s2$）である。結果の判断は読者の方々にお任せする。パラメータはどの立会でも変更することなく使っていることに注意してほしい。それぞれの立会でパラメータを調整することも可能。どの市場においても戦略が機能するようにパラメータを設定することが定石である。

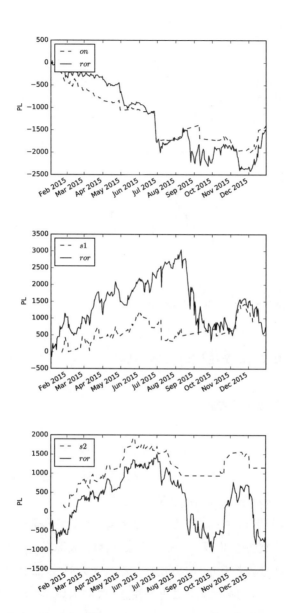

12.3 視点を変える

　時間トレンド、確率的トレンド、定常時系列と統計的手法を駆使して戦略を組み立てて来た。ここで視点を変えて、経験から得られた長い間にわたり採用されている戦略を考えてみよう。そのような戦略の1つがブレイクアウト戦略である。これはトレンド追随型（トレンドフォロー）戦略の代表格である。これを立会における戦略に適用してみよう。

12.3.1　ブレイクアウト戦略

　ブレイクアウト戦略では直前の立会の高値を今の高値が上回ったらポジションを建て、その立会の引けでポジションを閉じるという単純な戦略を考えて見よう。ここで寄付きが前の立会の高値を上回っていたら、前の高値で買えないので、戦略は成り立たないので注意してほしい。

```
In [42]: #ブレイクアウト戦略の関数
         def upperbreakout(price,cost):
             j=0;s1=0;s1ch0=0#初期値設定
             r=[]#初期値設定
             da=[]#初期値設定
             for i in range(len(price)):
                 d=price[i:i+1].index
                 hm=price[i:i+1].index.time
                 o=price.iloc[i].Open
                 h=price.iloc[i].High
                 c=price.iloc[i].Close
                 if i>0:
                     if hm==time(9,0):#日中立会
                         s1=c-o#立会の間の値動き
                         if h>h0>o:
                             s1ch0=c-h0-cost#ブレイク時の損益
                         else:
                             s1ch0=0
                     if hm==time(16,30):#夜間立会
                         s2=c-o#立会の間の値動き
                         if h>h0>o:
                             s2ch0=c-h0-cost#ブレイク時の損益
                         else:
                             s2ch0=0
                     da.append(datetime(d.year,d.month,d.day))
                     r.append([])
                     r[j].append(s1)
```

235

```
            r[j].append(s1ch0)
            r[j].append(s2)
            r[j].append(s2ch0)
            j+=1
    h0=h
result=pd.DataFrame(r,index=da)
result.columns=['s1','s1ch0','s2','s2ch0']
return result
```

また、戦略を構築する際には決して将来の情報を使わないようにすることが鉄則である。これを間違えると簡単に収益が得られる戦略ができてしまう。ポジションを建てるときはザラバ方式なので売買スプレッドを取引費用として考慮しなければならない。その費用を5とした。ポジションを閉じる際は板寄せ方式なので売買スプレッドはゼロとしている。取引費用は売りと買いの往復で2とした。

In [37]:
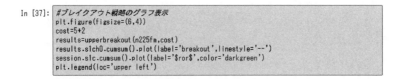

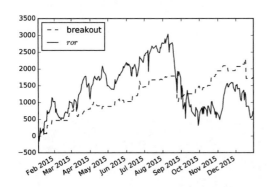

上述のグラフは日中立会の結果である。この戦略の損益の標準偏差は81であり、分散不均一性と上昇トレンドの判定からなるこの前の戦略の標準偏差129よりも低い。

12.3.2 リスク管理戦略

しかし、ここでリスクについて見てみよう。

```
In [38]: #120日間におけるドローダウン、リスク分析
         plt.figure(figsize=(6,4))
         high=[0]*120
         low=[0]*120
         ave=[0]*120
         for i in range(120):
             high[i]=float(pd.Series.rolling(results.slch0,i).sum().max())
             ave[i]=float(pd.Series.rolling(results.slch0,i).sum().mean())
             low[i]=float(pd.Series.rolling(results.slch0,i).sum().min())
         plt.plot(high,label="high",linestyle='--')
         plt.plot(ave,label='ave',color='darkred')
         plt.plot(low,label='low',linestyle=':')
         plt.legend(loc='upper left')
         plt.xlabel('$t$')
         plt.ylabel('PL')
```

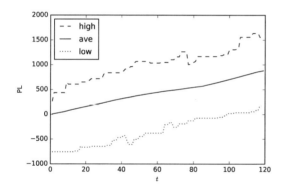

上図からブレイクアウト戦略では半年間の戦略の継続で収益が見込める可能性がある。また、ドローダウン中の最大損失は大きいので注意が必要である。

12.3.3 戦略の改良

さらにリスクの軽減が図れないか試してみよう。統計的手法と共にブレイクアウト戦略を用いるとどうなるであろうか？ 興味の湧く実

験である。

```
In [40]: #統計的検定を用いたブレイクアウト戦略
plt.figure(figsize=(6,4))
results.slch0.cumsum().plot(label='breakout',linestyle=':')
session.slc.cumsum().plot(label='$ror$',color="darkgreen")
n=5
t0=t.ppf(0.1,n-1)
s0=chi2.ppf(0.7,n-1)*140/(n-1)
tt=(pd.Series.rolling(results.sl,n).mean()/pd.Series.rolling(results.sl,n).std()¥
    *np.sqrt(n)).shift(1).dropna()
ss=pd.Series.rolling(results.sl,n).std().shift(1).dropna()
results['t']=tt
results['s']=ss
results.slch0[results.apply(lambda x:long_stat(x['s'],s0,x['t'],t0),axis=1)]¥
.cumsum().plot(label='quants',linestyle='--')
plt.legend(loc='upper left')
```

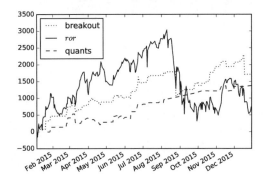

収益は下がるがリスクは軽減されるという期待通りの結果になった。

12.3.4 戦略の確認

戦略の確認に最も良い方法はそのまま他の市場で使ってみることである。ここでは夜間立会に新戦略を適用してみよう。

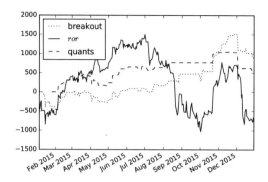

統計的手法の採用でリスクを軽減できる可能性は高い。パラメータは日中立会のときと同じでありパラメータの調整は何もしていない。

12.4　良い制度の利用

調整不可能な戦略パラメータとして売買スプレッドと取引費用がある。日本の先物取引の取引費用は最近低下傾向にある。また、売買スプレッドも国際競争力がある。ここで日経225先物とS&P500先物を比べてみよう。

	S&P500E mini	日経 225mini
取引単位	$50・SP500 指数	100・日経平均株価
呼値の単位	$12.5	500 円
指数 2016/5/30	2099.06	17068.02
呼値の単位/取引単位	0.000119	0.000293

	S&P500 先物	日経先物取引
取引単位	$250・SP500 指数	1000・日経平均株価
呼値の単位	$25.0	1000 円
指数 2016/5/30	2099.06	17068.02
呼値の単位/取引単位	0.000048	0.000059

2つの表から明らかなように、呼び値の単位（きざみ）を取引単位と比較した場合、一般に取引単位が大きいほうが有利である。日本の日経平均株価の先物はラージもミニもS&P500の先物と比較して決して高くはなく、むしろ割安である。この優位性は生かすしかない。

12.5 残差の正規性

第6章で確定的トレンドのモデルの回帰係数を推定するときに最小二乗法を用いたことを思い出してほしい。そのときにかく乱項の平均と分散は一定であるという条件があった。また、第7章のランダムウォークではかく乱項は正規分布にしたがうとしてモデル化された。実は確定的トレンドにおいてもかく乱項は正規分布とした方が便利なのである。標準的な回帰分析ではかく乱項は平均、分散が一定の正規分布にしたがう確率変数である。

また、第8章の自己回帰移動平均モデルではかく乱項はエンジニアリングの世界ではホワイトノイズと呼ぶと説明した。ホワイトノイズは定常独立な不規則なノイズであり、実際上、ホワイトノイズは正規乱数から作られることが多いため、ホワイトガウスノイズとも呼ばれる。このようにかく乱項は正規分布として仮定されることが多く、それは便利だからである。そして、残差項が正規分布にしたがうという

ことを明らかにすることでモデルを尤もらしいと判断するのである。そしてこの性質を用いた分析が第11章のJarque－Bara検定であった。

12.6　中心への回帰

　自己回帰モデルの中心への回帰を思い出してほしい。第10章のモンテカルロシミュレーションで回帰係数をゼロに近づけると中心回帰の性質が強くなった。そして回帰係数が1であればランダムウォークになってしまう。つまり中心回帰とは価格が過去の価格と比べたときに完全相関ではない場合に生じる性質であると考えることができる。

　統計学的には多くの周期やパターンをともなう価格の動きは、現在と過去の価格の相関関係で多くが説明されてしまう。

12.7　トレンドを発生させる要因と周期性

　本書ではトレンドの発生、そして波動の起きる要因として経済成長であるとか、技術革新であるとか、また政府などが行う各種政策を上げてきた。そして、このような要因で発生する確定的なトレンドがあるのではないかと統計的手法で過去のデータを分析してきた。確定的トレンド、確率的トレンド、そして自己回帰モデルを分析して行くにしたがい、価格のトレンドや周期的な変動が、確率的な要素だけで説明できそうだということも分かってきた。ということはこの2つの接点はいったい何なのだろうか？　それは紛れもなく、現在と過去の価格の間の相関関係だ。そしてこの相関関係を決めるのが経済、社会、政治、国際的な要因だと考えることはできないだろうか？　しかし、すでに何度も説明してきたように、相関関係は因果関係を意味しない。

241

付録12.A　日経先物ティックデータから日中、夜間立会の４本値を作る

　パンローリングの日経先物ザラバ場版から取引データを読み込み、日中、夜間立会ごとに４本値を作るプログラムを構築する。一般に日経225先物のティックデータは、時間、取引価格、取引数量から構築されていることが多い。データ量が非常に多いことから、１日の取引が１つのファイルとして保存され、それが限月ごとに同じフォルダーに保存されている。そしてパンローリングのデータも同じ構造をもっている。従って、限月と必要な日時を指定してその期間のデータベースを構築するのが第一段階である。そしてつぎにこの限月のデータをつないでつなぎ足を作るのである。

ここでは４つの関数：
1. yymmdd_split: 年、月、日に日付データを分割する。
2. dir_file_get: 指定されたフォルダー内の指定されたファイルを取り出す
3. read_pan_tick: 指定されたファイルからデータを読みこむ。
4. file_concat_pan_tick: 読み込んだデータをつなぐ。
5. file_conv_tick_2session：ティックのつなぎ足から４本値を作る
を構築する。

File_concat_pan_tickで指定された限月のティックデータを取得する。その際に指定された期間のファイルを指定されたフォルダーから得るのがdir_file_getである。ここで必要なファイルのリストが作られる。つぎにそのリストにあるテキスト・ファイルのデータをread_pan_tickで読み込みに行き、得られたデータをつなぐ。yymmdd_splitはread_pan_tickがテキストファイルから読んだ日付のデータを年月日

第12章　取引戦略の第一歩

に分割する際に用いる。

```
#付録 12.A: パンローリングのティックデータの呼び込み
from datetime import datetime, date, timedelta
from datetime import time
def yymmdd_split(yymmdd):#日時インデックスから年、月、日に分類する関数
    yy=int(yymmdd[:2])+2000
    mm=int(yymmdd[2:4])
    dd=int(yymmdd[4:6])
    return yy,mm,dd
```

テキストファイルから得られるデータは文字列であるので、その文字列から年月日を取得するのにスライスという機能を用いている。ここでは3つの返り値があることに注意してほしい。

```
import os
def dir_file_get(path,date1,date0):#指定されたフォルダーにあるファイル名を取得
    list=os.listdir(path)
    lists=[]
    for i in range(len(list)):
        fname=list[i]
        date=fname[:6]
        if int(date)>=date0 and int(date)<=date1:
            lists.append(fname)
    return lists
```

ここではosモジュールのlistdirを用いて指定されたパスにある全ファイル名を取得し、それをリストに保存している。そして指定された期間にそうとうするファイルをlistsというリストに格納している。

つぎは指定されたファイルからデータを取得するプログラムである。

```
import pandas as pd
import csv
def read_pan_tick(path,yy,mm,dd):#テキストファイルの読み込み
    with open(path,'r',encoding='UTF-8') as f:
        line=f.readline()
        da=[]
        price=[]
        i=0
        while line:
            elements=line.rstrip()
```

243

```
    e=elements.split()
    hhmmss=e[0]
    hms=hhmmss.split(':') #hms[0]:hour;hms[1]:minute;hms[2]:second
    da00=datetime(yy,mm,dd)
    if da00.weekday()==0: #月曜=0
        da00=datetime(yy,mm,dd)+timedelta(days=-3)
    else:
        da00=datetime(yy,mm,dd)+timedelta(days=-1)
    if int(hms[0])>=16 and int(hms[0])<=23: #16:30 - 23:59:99
        pass
    if int(hms[0])>=0 and int(hms[0])<=3: #00:00 - 3:00
        da00=da00+timedelta(days=1)
    if int(hms[0])>=9 and int(hms[0])<=15: #09:00 - 15:00
        da00=datetime(yy,mm,dd)
    dd0=da00.day
    mm0=da00.month
    da0=datetime(yy,mm0,dd0,int(hms[0]),int(hms[1]),int(hms[2]))
    da.append(da0)
    price.append([])
    price[i].append(int(e[1]))
    price[i].append(int(e[2]))
    i+=1
    line=f.readline() #テキストファイルの行の読み込み
ts=pd.DataFrame(price,index=da,columns=["price","volume"])
#da をインデックスに設定。
ts.index.name='date' #インデックスに名前を付与する。
return ts
```

ここではリストデータ構造を用い日時のデータベースと取引価格と約定枚数のデータベースと2つ作成し、pandasのDataFrameに変換する。その際に日時データベースをインデックスに指定する。

つぎに新しいファイルのデータベースが構築されると古いファイルの後にそのファイルを結合する。

```
def file_concat_pan_tick(path,date1,date0): #date1、date2 で指定された日時の間のデー
タを data2 から detal まで垂直に結合する。
    dates=dir_file_get(path,date1,date0)
    for i in range(len(dates)):
        date=dates[i]
        fname=path+date
        date0=date[:6]
        yy,mm,dd=yymmdd_split(date0) #ファイルの年、月、日を取得
        if i==0:
            ts=read_pan_tick(fname,yy,mm,dd)
        else:
            ts0=read_pan_tick(fname,yy,mm,dd)
            ts=pd.concat([ts,ts0])
    return ts
```

第12章　取引戦略の第一歩

　ティックのデータベースが出来上がるとそれを日中、夜間立会の4本値に変換する。この関数には内部にさらに3つの関数が提示されていることに注意してほしい。それは

1．Max_min_volume_value

2．Dat_trade_append

3．Init_trade

である。これらはそれぞれ高値、安値、取引高、売買代金の算出、日付、4本値、売買高、売買代金の更新、取引の初期化を行う。

```python
def file_conv_tick_2session(fname, ts):
#ティックデータを4本値に変換、csvファイルとして保存
    nss_flg=False #夜間立会のフラグ
    dss_flg=False #日中立会のフラグ
    dat=[]
    trade=[]
    yy=mm=dd=0
    o=h=l=p=int(ts.iloc[0].price)
    j=0
    v_s=tv_s=0
    #関数内の関数の定義──────────────────────
    def max_min_volume_value(i, h, l, v_s, tv_s): #高値、安値、取引高、売買代金
        p=int(ts.iloc[i].price)
        v=int(ts.iloc[i].volume)
        h=max(h, p)
        l=min(l, p)
        v_s+=v
        tv_s+=v*p
        return p, h, l, v_s, tv_s
    def dat_trade_append(j, da0, o, h, l, c, v_s, tv_s): #情報の追加
        dat.append(da0)
        trade.append([])
        trade[j].append(o)
        trade[j].append(h)
        trade[j].append(l)
        trade[j].append(c)
        trade[j].append(v_s)
        trade[j].append(tv_s)
        v_s=0
        tv_s=0
        j+=1
        return dat, trade, v_s, tv_s, j
    def init_trade(i, da): #データの初期化
        o=int(ts.iloc[i].price)
        h=o
        l=o
        yy=da.year
        mm=da.month
        dd=da.day
        return o, h, l, yy, mm, dd
```

245

```python
#メインループ────────────────────────────────
for i in range(len(ts)):
    da=ts[i:i+1].index
    t=ts[i:i+1].index.time
    if t==time(16,30) and dss_flg:#日中立会のデータの更新
        dss_flg=False
        da0=datetime(yy,mm,dd,9,0)
        sat,trade,v_s,tv_s,j=dat_trade_append(j,da0,o,h,l,c,v_s,tv_s)
    if t==time(16,30) and not nss_flg:#夜間立会開始
        dss_flg=False
        o,h,l,yy,mm,dd=init_trade(i,da)
        nss_flg=True
    if t>=time(16,30) and t<=time(23,59,59) and nss_flg:#夜間立会、
                                                       #当日ザラバ取引
        p,h,l,v_s,tv_s=max_min_volume_value(i,h,l,v_s,tv_s)
    if t>=time(0,0) and t<=time(2,55) and nss_flg:#夜間立会、翌日ザラバ取引
        p,h,l,v_s,tv_s=max_min_volume_value(i,h,l,v_s,tv_s)
    if t==time(3,0) and nss_flg:#夜間立会、翌日板寄せ取引
        c,h,l,v_s,tv_s=max_min_volume_value(i,h,l,v_s,tv_s)
    if t<=time(9,0,2) and t>=time(9,0) and nss_flg:#夜間立会のデータの更新
        nss_flg=False
        da0=datetime(yy,mm,dd,16,30)
        sat,trade,v_s,tv_s,j=dat_trade_append(j,da0,o,h,l,c,v_s,tv_s)
        print(da[0],t,da0)
    if t<=time(9,0,2) and t>=time(9,0,0) and not dss_flg:#日中立会の開始
        o,h,l,yy,mm,dd=init_trade(i,da)
        dss_flg=True
    if t>=time(9,0) and t<=time(15,10) and dss_flg:#日中立会のザラバと
                                                   #寄り板寄せ取引
        p,h,l,v_s,tv_s=max_min_volume_value(i,h,l,v_s,tv_s)
    if t==time(15,15) and dss_flg:#日中取引の引け板寄せ取引
        c,h,l,v_s,tv_s=max_min_volume_value(i,h,l,v_s,tv_s)
    if t==time(15,15) and dss_flg:#日中取引のデータの更新
        da0=datetime(yy,mm,dd,9,0)
        sat,trade,v_s,tv_s,j=dat_trade_append(j,da0,o,h,l,c,v_s,tv_s)
        print(da[0],t,da0)

tsnew=pd.DataFrame(trade,index=dat,columns=['Open','High','Low','Close','Volume',
'Value'])
    tsnew.index.name='Date'
    tsnew.to_csv(fname)
    return tsnew
```

ここではデータベースからの要素の取得にはスライス機能とilocを用いている。インデクスにはスライスを、その他の要素にはilocを用いている。

つぎに実際にティックデータを読み込んで日中夜間立会の4本値をn225m1503.csvとして保存してみよう。限月は2015年3月

限、期間は1月5日から3月12日までである。

```
if __name__ == "__main__":
    t1=datetime.now()
    path =
"c:¥¥users¥¥xxxxx¥¥documents¥¥database¥¥pan¥¥n225¥¥TICK¥¥1001¥¥1503
¥¥"
    path2 =
"c:¥¥users¥¥xxxxx¥¥documents¥¥database¥¥pan¥¥n225¥¥TICK¥¥1001¥¥"
    fname= "n225m1503.csv"
    entry=150105
    exit=150312
    pan=file_concat_pan_tick(path,exit,entry)
    fname=path2+fname
    pan2=file_conv_tick_2session(fname,pan)

    print(len(pan))
t2=datetime.now()
print(t2-t1)
```

この操作を次の限月について行う。

2015年6月限、期間2015年3月13日−2015年6月12日

2015年9月限、期間2015年6月14日−2015年9月10日

2015年12月限、期間2015年9月11日−2015年12月10日

2016年3月限、期間2015年12月11日−2016年1月4日

そして、次のプログラムを実行すればn225m2015_2session.csvという
ファイルが出来上がる。

```
if __name__ == "__main__":
    t1=datetime.now()
    path2 =
"c:¥¥users¥¥xxxxx¥¥documents¥¥database¥¥pan¥¥n225¥¥TICK¥¥1001¥¥"
fname=["n225m1503.csv","n225m1506.csv","n225m1509.csv","n225m1512.c
sv","n225m1603.csv"]
    ts=pd.read_csv(path2+fname[0],index_col=0,parse_dates=True)
    for i in range(1,len(fname)):
        pathfname=path2+fname[i]
        ts0=pd.read_csv(pathfname,index_col=0,parse_dates=True)
        ts=pd.concat([ts,ts0])
    pathfname=path2+'n225m2015_2session.csv'
    ts.to_csv(pathfname)
    print(ts)
t2=datetime.now()
print(t2-t1)
```

付録12.B　URLのデータをダウンロードするプログラムの構築

URLで指定されたネットワーク上のファイルをダウンロードし、それをハードディスク上に保存するプログラムを構築する。ここでは2つの関数をdef文を用いて作成する。1つ目はデータの日付が正しいフォーマットになっているかどうかを判断する関数である。2つ目はURLで指定されたネットワーク上のファイルをダウンロードして、テキストファイルとして保存する関数である。

12.B.1　datetime_parser

datetimeのstrptime関数を用いて、与えられた日付str_dateがフォーマット'%Y-%m-%d'に即したものであるかどうかを判断する。フォーマットが適切でない場合にはdatetime_parserはゼロを返す。

```python
from datetime import datetime, date
def datetime_parser(str_date):
    try:
        return datetime.strptime(str_date,'%Y-%m-%d')
    except( Exception):
        return 0
```

12.B.2　xxx_retrieve_2session

URLで指定されたネットワーク上のファイルをurlretrieveで読み込み、保存する。ダウンロードするファイルにはカナ漢字が含まれているので、utf-8の文字コードを用い、codecs.openでファイルを読み込む。データベースの構築にはPythonのデータ構造の1つであるリストを用いる。リストを用いて日付のデータベースと4本値、取引高、取引代金から成る多変量データベースを構築する。

ファイルには日付と、日中、夜間の区別と、4本値、取引高、取引代金が含まれている。読み込んだ行に書き込まれているそれぞれの要素を分離するために、splitを用いる。最後に多変量データベースを日付をindexとして1つのデータベースにまとめPandasデータフレームに変換し、csvファイルとして保存する。これらの操作に必要なモジュールをまず準備する。

```
import urllib
import codecs
import pandas as pd
```

urlで指定されたURL上のファイルは1行1行 urlretrieveで読み込まれ、pathで指定されたアドレスに保存される。　次にcodecs.openで文字コードをshift_jisに指定してpathに保存されたファイルをfutに読み込む。　ここで'r'は読み込みのモードを指定している。　次にfor文を用いて1行1行（レコード）の内容をlineに抽出する。　lineの内容を各要素に分離するためにsplitを用い、結果を変数a[ ]に保存する。　最初のa[0]は日付である。　2番目のa[1]はセッション情報である。a[2]からa[7]までは価格、取引情報である。日付のフォーマットが正しいかどうかはdatetime_parser関数で判断される。　それが真であれば、その日付のテキストデータからスライスを用いて年月日を切り取る。　そして新たな日付時間型をdatetimeオブジェクトを用いてdとして設定する。　セッションが「日中」であれば9時を、「夜間」であれば16時半を返す。

　2つのデータベースをリストを用いて構築する。1つは日付のデータベースであり、もう1つは価格関連情報を格納する。　前者をda、後者をfとする。　次にappendメソッドを用いてリストのデータ（オブジェクト）の更新を行う。　1変量データベースのリストは

249

appendで追加できるが、多変量の場合にはappend（[ ]）を用いて行を追加していくことに注意。 ここでは日付のデータベースdaは1変量、価格関連のデータベースfは多変量である。 次に構築したデータベースをpandasデータフレームに変換し、列（要素）に名前を付ける。 それらの名前はOpen、High、Low、Close、Volume、Valueである。 またdaはインデックスとして使用される。 そしてインデックスの名前をDateとする。 すべての行をインデックスに従って古い順に並べ替える。 できたデータフレームのファイルをテキストファイルとして保存する。 これらの手続きをdef文を用いて関数xxx_retreive_2sessionをとして定義する。

```python
def retrieve_2session(url, path):
    urllib.urlretrieve(url, path)
    fut=codecs.open(path,'r','shift_jis')
    f=[]
    da=[]
    i=0
    for line in fut:
        a=line.split(',')
        b=a[0]
        if datetime_parser(b):
            y=int(b[:4])
            m=int(b[5:7])
            d=int(b[8:])
            x=a[1]
            if x==(u'日中'):
                d=datetime(y, m, d, 9, 0)
            else:
                if x==(u'夜間'):
                    d=datetime(y, m, d, 16, 30)
            da.append(d)
            f.append([])
            for j in range(2, 7):
                f[i].append(a[j])
            f[i].append(a[7][:-2])
            i+=1
    f1=pd.DataFrame(f, columns=['Open','High','Low','Close','Volume','Value'], ¥
        index=da)
    f1.index.name='Date'
    f1=f1.sort_index()
    f1.to_csv(path)
    return f1
```

retrieve_2session関数を用いて、指定したURLからデータをダウン

ロードしPC上に保存するプログラム

```
url = "http://...?download=csv"
path = "c:/users/xxxxx/documents/ipython notebooks/temp.csv"
ts=retrieve_2session(url,path).dropna()
```

第13章　歩み値の世界へようこそ

　取引単位、売買契約締結方法、更新値幅または制限値幅の呼び値の刻み（単位）などは金融商品の規格の代表である。金融商品の価格はこの呼び値の刻みが長い間蓄積された累積和であると考えることができる。このように予め定められた規則の下で、多種多様な人びとがさまざまな取引戦略をもち市場に参加することで、次から次へと取引が約定し、そしてその意思決定の結果が次の価格に蓄積され市場は成り立っていく。この一連の取引の記録を歩み値という。

　このようにいつでも取引が成立するためには、取引を実行しようとしている人びとに対してその取引に応じる可能性のある取引相手が多数待機している必要がある。多様な取引戦略が必要な理由である。同時に、多種多様な人びとが取引をしているために、そこで観測される価格の動きはほとんど予想不可能だ。なぜなら市場参加者は常に合理的であるとは限らないし、個人、企業、機関投資家、政府関係機関などは、それぞれが異なる目的をもって市場で取引を行っているからである。

計り知れない不確実性の世界へ挑む

253

13.1　拘束された人びとの行動

　市場参加者はさまざまな拘束条件のもとで行動をしている。 また、市場参加者独自の拘束条件だけではなく、市場参加者として義務付けられている市場の規制、規則、経済、社会全体からの影響もある。経済現象は市場の構造、市場・経済環境、経済主体の行動の3つの要素の複合的な結果である。

　このような市場では、市場参加者の行動がそのまま価格の動きに反映される。したがって、たった一枚の先物取引であっても価格を大きく動かす可能性があることを忘れてはならない。バブルも暴落も市場と市場の参加者が作り上げる現象である。規制当局の課す最低証拠金は、価格の急落時にはポジションの解消を余儀なくする。その行動はさらなる価格の下落を引き起こす。正のポジティブフィードバックが機能する。そして、リスク管理を目的に、または市場参加者の破たんを回避するために作られたシステムが、大きな下落を引き起こす引き金になる可能性がある。良くも悪しくも市場参加者の行動や金融システムの構造が直接、価格形成に影響を与える。

　市場参加者の共通な拘束条件である呼び値の刻みが価格の動きの出発点だ。次に市場参加者の個別の拘束条件が市場・経済の変化に反応して取引に至る。その取引に緊急性があれば、取引のスピードが上昇したり、取引相手となる経済主体の多様性が十分でないと数ティック価格が動いたりする。そして、さらにその不十分な多様性がティックの大きな取引を継続させてしまうかもしれない。これが歩み値の世界の計り知れない不確実性の源である。したがって、歩み値の世界では、価格差の大きさと取引のスピードの変化を常に注視しておく必要がある。

254

13.2 多様な取引戦略

株式（危険資産）の保有と現金（非危険資産）の投資の組み合わせにより、多種多様な投資戦略が構築可能となる。取引戦略を3つの要素で分類してみよう。

13.2.1 取引のタイミング

取引のタイミングが価格のレベル、損失限度額、損益の度合い、時間などの関数で表現できる取引戦略を1つのグループとしてとらえることができる。

ストップロス戦略：株式の価格が予め定められた水準に下落するとポジションを閉じる。売買を繰り返す戦略から、長期のシナリオ分析を用いる投資家まで、使用者は多種多様である；

時間ストップ戦略：株式のポジションを一定時間経過後、または特定の時刻に閉じる。マーケットメイカーが立会の引けに一旦ポジションを閉じるなどの行動は時間ストップ戦略と考えることができる；

買いもち戦略：一定量の株式と現金を保有する。資本資産価格モデルでは長期の確定的トレンドがあればマーケットポートフォリオのようなインデックスファンドを保有することが理に適う；

ドルコスト平均法：時間の経過とともに株式の保有を増やす。投資戦略としては長い歴史をもち、積み立て型のファンドは、この戦略である；

255

リバランス戦略：株式の保有と現金の保有の割合が一定の値になるように、株式の価格が変化した時に、調整を行う。機関投資家に最も普及している戦略である。インデックス（ファンド）そのものも実はこの形になっていることが多い；

ペイオフ複製戦略：株式の価格等の変化に応じて株式と現金の比率を調整することにより 目標とする損益曲線を複製する。コールオプションの複製は、損失限定型のペイオフ複製戦略の代表である。テクニカル分析、計量モデルなどによる取引戦略もペイオフ複製戦略と考えられる；

などがある。

13.2.2　利用する情報の種類による分類

株式の真の価値を判断するために用いられる情報は、公開情報と非公開情報に分けられる。

公開情報：誰でも取得可能な一般公開された情報である。無償化が急速に進んでいる：

<u>ファンダメンタル情報</u>：企業や経済の過去の状態を表す企業の財務情報、マクロ経済情報など；

<u>ネット情報、ニュース</u>：ブログ、インタネット上のつぶやきなどのネット上のニュース。うわさなどの不確実性の高い情報も含まれる。また、メディアも情報の非対称性の問題に直面しているので注意が必要である；

<u>過去の価格情報</u>：高頻度取引データから古い情報では月足のデータ
など、さまざまな履歴データがある；

に分類できる。

非公開情報：企業内部の私的な情報、そしてマーケットメイカーなど
がもつ注文情報などである。過去情報、リアルタイムな情報で機密性
のある情報はこの部類に入る。企業の財務情報でも将来の企業戦略の
中核に影響するような情報は機密扱いされ外部に公表されることはな
い。上場企業であってもすべての財務情報を公開する必要はないのだ。

13.2.3 情報の所持による分類

市場参加者（トレーダー）は情報をもつ、もたないで分類できる。
この分類は市場の構造（マーケットマイクロストラクチャー）の分析、
マーケットメイカーの在庫管理の最適化を可能とする戦略の分析など
に用いられる：

情報トレーダー：取引対象の金融資産の真の価値に関する情報をもつ
経済主体である；

情報をもたないトレーダー：
<u>流動性トレーダー</u>：市場の公開価格情報などから金融資産の真の価
格を推定し取引に参加する経済主体。流動性の消費者である。機関
投資家などが流動性トレーダーに分類される；

<u>ノイズトレーダー</u>：金融資産の真の価格の推定を行わずに取引を行
う。噂をベースに取引を行ったり、セールストークにしたがって取

引に参加したりする人たちである；

マーケットメイカー：自らが受ける注文情報から真の価格を推定し、市場に流動性を供給する。最近では取引の高速化、自動化が進んでいる分野である；

などから構成される。

13.3　なぜマーケットは動くのか？

トイマーケットを考えてみよう。時間ストップ戦略では、価格の水準に関係なく特定の時刻になるとポジションを閉じるための成行注文を発注する。 その注文にマーケットメイカーが応じると取引は成立する。必要に応じて価格は取引が成立する方向に変化する。 その価格変動により、ストップロス戦略の投資家、リバランスが必要な投資家、ペイオフ複製戦略の投資家が市場の取引に参加する。また、流動性トレーダーは新しい価格にもとづき真の価格を推定し取引に加わる。マーケットメイカーは、最新の注文状況を反映して真の価格を推定する。ノイズトレーダーは価格の動きに反応する。

マクロ経済指標、財務情報などの公的な情報が公開されると、市場参加者はそれぞれの真の価格の推定値を修正し、必要があれば市場に参入する。

このように市場参加者がそれぞれの戦略、投資目的にしたがって行動する過程で、真の価格の推定値は取引価格に反映される。そして、人びとは必要に応じて市場に参入してくるために、必要があれば取引量が増え、取引のスピードが上がり、価格のボラティリティは大きく

258

なる。取引の必要が無ければ取引のスピードは下がり価格のボラティ
リティは下がる。

13.4　取引成立のメカニズム

日経225先物は、注文駆動型、オープンオークション型の市場に分類
される。さまざまな価格の指値注文の情報は板として提示される。そ
の提示された売り手、買い手の指値注文の板情報を付け合わせる形で
取引が成立する市場を注文駆動型という。オープンオークションとは
市場参加者に指値注文の情報が開示される価格決定方式である。つぎ
の表は日経225mini 6 月限の2016年 6 月 1 日午後 1 :02の板情報である。

	売気配	成行	買気配	
最良気配外指値注文	641	17140		
最良気配指値注文	331	17135		即時約定指値注文
即時約定指値注文		17130	138	最良気配指値注文
		17125	499	最良気配外指値注文

17130で138枚の買い指値が置かれていて、これを最良買気配指値注文
という。17130以下の価格は最良買気配外指値注文とよばれる。即時
に取引を成立させる場合には、成行の買注文を出すか、17135の買い
指値注文を出す必要がある。これを即時約定指値注文という。成行注
文の場合には17135で約定する可能性もあるが、約定が保証はされて
いない。また、即時約定指値注文の場合であっても17135の最良売気
配指値注文が消えてしまえば取引は成り立たない。

　マーケットメイカーは最良気配値外に指値注文を置くことで、取引
を必要としている市場参加者が成り行き注文、または即時約定指値注
文を出すことで、速やかに取引を行えるように手助けをしている。こ

れをマーケットメイカーは市場に流動性を供給しているという。同じような行動、戦略を取る市場参加者として機械的流動性供給戦略を取る高頻度取引業者がある。マーケットメイカーや高頻度取引業者が市場に流動性を供給する際には、市場の方向とは逆向きのポジションを取ってしまう逆選択リスクに常にさらされる。ただし、高頻度取引業者はマーケットメイカーとは違い、高い自由度を取引戦略にもっているのでその点有利である。例えば、高速取引を利用して、市場の流れとは逆のポジションをマーケットメイクで取ってしまう逆選択リスクを軽減したり、ニュースや経済統計に素早く反応することで、予期せぬ出来事がもたらす市場へのインパクトから収益を得るイベント戦略を用いることができる。また、高速取引は限月間のサヤ（鞘）取りであるとか、統計理論を駆使した統計的裁定を可能とする。高頻度取引業者は幅の広い戦略を取ることができるのである。

13.5　歩み値の世界をグラフィカルに分析

　市場ではマーケットメイカーと高頻度取引業者が流動性を市場に供給し、機関投資家などのそれ以外の市場参加者が流動性の消費者である。機関投資家はポートフォリオ構築の際に、そしてその資産配分を変更する際に、多くの取引費用を必要とするという問題を抱えている。その費用の削減に、アルゴリズム取引を用いている。最良執行を目的としたアルゴリズム取引は流動性の需要者であり、マーケットメイカーと高頻度取引業者がそこに流動性を供給している。そして多様な市場参加者が売買を繰り返すうちに、価格は安定性を確保していく。

13.5.1　実際の過去データを見る

　実際のデータを用いて市場の取引の状態を分析して行こう。用いる

データはCQGから購入したティック毎のデータである。期間は2015年7月31日の夜間立会から31日の日中立会までの41回の立会である。グラフではこの日付を0から40までの立会番号（session no.）で示している。この期間には8月10-12日（立会番号11-14）までの人民元ショック、8月24日（立会番号31-32）の中国ショックに大きく影響された時期が含まれている。ではまず立会の終値を見ておこう。

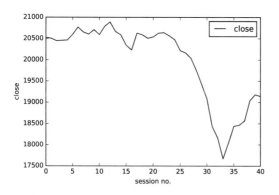

中国ショックのときはその前の週の金曜（立会番号29-30）から価格が下がり始めていることが分かる。

13.5.2 値動きをともなわない取引

実際の市場では多くの取引は価格が動くことなく取引されている。次の板を見てほしい。

	売気配	17:55	買気配	
		成行		
	361	16555		
	208	16550		
		16545	296	
		16540	369	

261

時刻	現在値	前回比	出来数量
17：55	16550	0	4
17：55	16550	0	8
17：54	16550	0	1
17：54	16550	0	5
17：54	16550	0	6
17：54	16550	0	2
17：54	16550	0	80

これは2016年6月限の日経225miniの6月2日17：55の板情報と歩み値である。連続して価格が動くことなく次々と取引が約定していく様子が見て取れる。指値板情報を見ると16550で208枚の売りがあるので、今、買いの成行注文を出すと16550で約定できる。それが連続しているので約定する度に売気配の注文数は新しい注文が入っていない限りにおいては出来数量分減っていく。

次のグラフは取引の際に価格が動くことなく取引される取引の数を取引全体の数で割ったものである。2015年8月1日から8月31日までの日中立会と夜間立会の結果である。

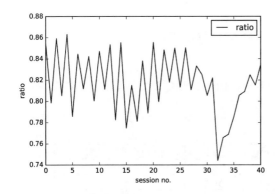

図の左端が8月1日の日中立会で、右端が8月31日の夜間立会であ

る。7－9割程度の取引が値動きをともなわずに約定している。この割合（raio）が急激に下げているのは人民元切り下げによる中国ショックのときである。8月24日の夜間立会と8月26日の日中立会のときには急速に下落したが、それでも値動きをともなわない約定の数は全体の7割強を占めている。中国は8月11日から12日の間にも人民元の切り下げを行っている。

13.5.3　各立会の取引の数

次のグラフを見てほしい。通常の市場と中国ショックのときの市場の状態を取引の数で比べている。

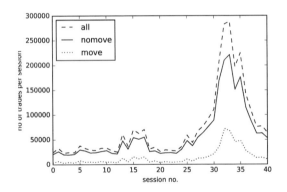

グラフがピークを形成しているのは中国ショックのときであり、数日前から約定取引の数が増えている。一般的には数万である約定取引（no of trade per session）がピーク時には10倍近くまで跳ね上がっている。濃い線（all）がすべての約定取引の数であり、薄い線（no move）が価格が動かずに約定した取引の数である。一番約定数の少ない線（move）は、取引の際にその前の価格とは異なる価格で約定した取引の数である。つまり、日経225先物市場には、自分の取引が

市場の価格形成に極力影響を与えないように取引を実行している人たちが多いことが分かる。

13.5.4　値動きのともなわない取引の連続する数

次に価格が動かずに続けて約定する数（average length of trades）を数えてみよう。その平均値（ave）を表したグラフが次の図である。

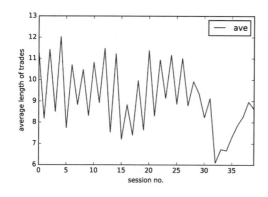

中国ショックのときでさえも、平均が6回であることに注目してほしい。通常のときは価格が動くことなく平均で7－12回の取引が続けて約定している。

13.5.5　価格差の大きさと頻度

ティックには2つの意味があり、1つは呼び値の刻み（単位）である。もう1つは2つの連続した約定取引の間の価格の動きの大きさである。ここでのティックは呼び値の刻みであり、価格差の大きさはこの約定と約定の間に動いた価格の大きさを指すことにする。日経225miniの呼び値の刻みは5円であるので、例えば、6ティック動いたといえば

30円である。約定と約定の間に価格が1ティック、2ティック、3ティック、4ティック動いた、または5、10、15、20円とジャンプしたときの頻度を分析してみよう。次の図はこのジャンプの大きさの最大値と最小値を円（price gap）で表示している。

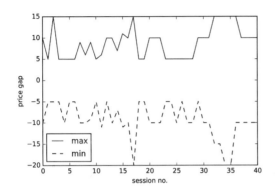

この結果を見て分かるように、多くの取引は最良気配指値注文をヒットすることで取引が成立している。通常の状態では呼び値の単位の5円差で約定している。そして、価格差が大きいときでも20円に収まっている。価格のジャンプ、または大きな価格差は市場参加者の取引の緊急性を表す尺度であるので、拘束条件が投資家の行動を制御している、または価格の動きが制御されていることが見て取れる。

13.5.6　価格差の大きさと頻度の分布

つぎにそれぞれの価格差の大きさの頻度（frequency）を見てみよう。この分析は価格が変化して約定したときだけを分析している。したがって、価格が変化し、それ以降価格が変化しないで約定した取引はこの分析には含まれていないことに注意をしてほしい。価格差が15円、20円のときは本当に無視できる程度の頻度である。

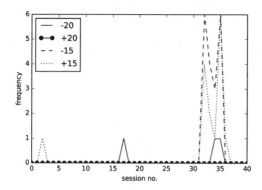

つぎにそれよりも幅の狭い価格差が10円の場合を見てみよう。

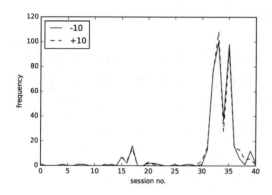

先ほどよりも頻度は多いが全体に占める比率で見たらやはり無いに等しい。次に1ティック5円を見てみよう。

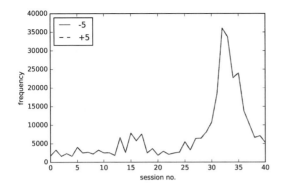

ほとんどの取引が1ティックで取引されている。また、上昇、下落の数の違いはこの程度の解像度では区別がつかない。

13.5.7 価格差の大きさと取引枚数の分布

前節の分析は約定時に価格が変化した取引の数に注目していたが、今回はそのときの取引枚数に注目している。それぞれの取引で取引の枚数は異なるからである。次のグラフは約定時の値幅が15、20円と比較的大きなときの取引枚数（volume:出来高）である。一回で500枚という取引があるがそれ以外の枚数は比較的少ない

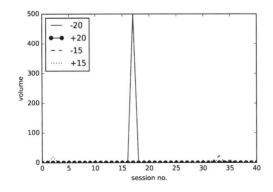

つぎに価格差の大きさが10円の場合を見てみよう。

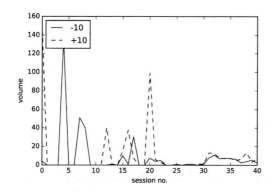

この際も少ない取引数の中で100 – 150枚程度の平均取引枚数が見られるが特に市場の価格にインパクトを与えるほど大きくない。次に最小の価格差の大きさの場合を見てみよう。

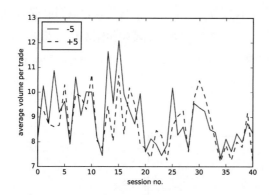

こちらは平均で7枚から12枚の間にありその数も安定している。注目に値するのは8月24日、26日の中国ショックのときに平均取引枚数が必ずしも大きくなっていないことである。

13.5.8 実現ボラティリティ

価格の変動性を見てみよう。高頻度の価格データでは実現ボラティリティがよく用いられる。その計算式は

$$RV = \sum_{t=1}^{T} (d_t S)^2$$

で与えられる。tは時間を、dtSは単位時間当たりの価格差である。本分析では時間単位を１時間としている。日経225miniの場合には日中立会と夜間立会では市場で取引が行われている時間の長さが異なるので、RVを取引時間の長さで割って調節している。８月24日、26日の中国ショックのときに実現ボラティリティが一気に上昇している。

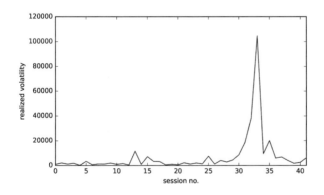

13.6　フラッシュ・クラッシュとその後の評価

2010年５月６日、朝方から神経質な展開をしていた米国の株式市場は2:32EDTに突然急落し始めた。米国の株式市場の構造は過去15年ほどで激変し、NYSEやナスダックで上場されている銘柄の多くが、電子取引所や証券会社の運営するダークプールで取引され、価

格形成の連動性は以前にもまして強くなっている。そのような状況の中、S&P500指数、ダウ・ジョーンズ工業平均株価指数、ナスダック総合指数が急落し、そして短時間のうちに元の水準まで回復した。その間に要した時間は30分強である。ダウ・ジョーンズは998.5ポイント（約9％）下落し、その内の大部分が数分間で下落した。E－mini S&P500は3分ほどで3％下落した。裁定取引はSPY（S&P500のEFT）も瞬時に下落させた。このかつて経験したことのない下落スピードは市場を混乱の渦に巻き込んだ。驚いた投資家は成行き注文でポジションを投げ売った。それを受けたブローカーも市場に投げ売った。市場はそんなものは取引したくないので、だれも取引したくない価格を提示した。成行注文はそのまま約定してしまうので、すべてがとんでもない価格で取引されてしまった。それらのほとんどが限りなくゼロに近い価格であった。幸いなことにこのような市場の混乱の中、価格が実勢からかい離しているとして326銘柄20000件以上の約定取引が取引所の規則により取り消された。このような状況に陥った原因として、プロクター＆ギャンブル株のファット・フィンガー・エラー（誤発注）という説が有力であったがすぐに否定された。規制当局が理由に挙げたのが高頻度取引業者であった。不可実性を認識した高頻度取引業者がリスクを回避するために市場への参加を取りやめたことで流動性が枯渇したというのがその理由であった。そして大規模な価格の方向性に賭けた取引が価格を急落させたというが別の理由であった。そして104ページから成る規制当局のレポートが公開されると分析が不十分であるとして大きな批判にさらされた。2011年7月にはフラッシュ・クラッシュのマーケットマイクロストラクチャー（オハラ等）という論文で、ヘッジファンドのような情報トレーダーが非情報トレーダーのマーケットメイカーを逆選択の状態に陥れ、マーケットメイカーがマーケットメイクから撤退してしまったと発表した。この論文も学会に大きな論争を引き起こした。これらの原因追及

の手は、突然新しい段階に入った。2015年4月21日米司法省がナビン
ダー・サラオをフラッシュ・クラッシュに関する容疑で逮捕したのだ。
容疑は詐欺と「スプーフィング（spoofing）」に対してだ。スプーフ
ィングとは偽の注文を出したり取り消したりを高速で繰り返し、市場
参加者に実態とは異なる市場の流動性をイメージさせ、その誤解から
利益を得る投資手法である。

　高頻度取引はジャーナリズム、規制当局から不適切に市場のボラテ
ィリティを増幅させるとして強く批判されている。しかし、イギリス
の政府機関のフォーサイト・プロジェクト

https://www.gov.uk/government/collections/foresight－projects

では、高頻度取引がいままで規制当局が導入してきたどのような取り
決めよりも、市場の効率性に貢献し、市場操作による犯罪摘発の件数
は近年急速に減少していると報告している。

付録13.A　プログラムコードの解説

　現在、口座を開くことで、歩み値をダウンロードできる取引業者は増えている。しかし、日経225先物取引の歩み値を無料でダウンロードできるサイトは無いので、ここでは事前の取得を前提としている。本章ではCQGのデータを前提にする。つぎのプログラムコードはテキストファイルからデータを読み込むプログラムである。

```
%matplotlib inline
import matplotlib.pyplot as plt
from datetime import datetime, date
import pandas as pd
import csv

def readcsv(file_name):
    trades=[]
    with open(file_name,'r') as f:
        series=csv.reader(f)
        n=0
        for line in series:
            trades.append([])
            for elements in line:
                trades[n].append(elements)
            n=n+1
        f.close()
    return trades
```

　12章で扱ったパンローリングのデータとは違い、CQGでは各限月の取引を1か月単位でファイルに収めている。従って、1か月分のデータを読み込み分析するプログラムが必要である。また、CQGは米国のデータベンダーであるために、時刻は米国時間であるが、ここではその米国時間の日本時間への変換は行っていない。つぎのプログラムコードは2015年8月の9月限のデータを用いて、各立会の終値のグラフ、値動き無しでの取引（非緊急性取引）の割合のグラフ、全取引、値動き無しの取引（非緊急性取引）、値動きあり（緊急性取引）の取引の数のグラフ、そして非緊急性取引の連続した取引の数のグラフを表示する

第13章 歩み値の世界へようこそ

```python
def analysis(trades):
    n_max=len(trades)
    forward=0
    yymmdd0=int(trades[0][0])
    results=[]
    ratio=[]
    p_c=[]
    zN=[]
    t=0
    for i in range(n_max-2):
        yymmdd=int(trades[i][0])
        hm=int(trades[i][1])
        if i>=forward:
            if hm==1900:# 米国時間、日本時間朝 9：00
                jmax=0
                p99=float(trades[i][2])
                for j in range(n_max-i-1):
                    yymmdd9=int(trades[i+j+1][0])
                    hm9=int(trades[i+j+1][1])
                    p9=float(trades[i+j+1][2])
                    if hm9>=229 and yymmdd9>yymmdd:#実際の引けは日本時間午後 3：15。
                        jmax=j
                        break
                price=trades[i:i+jmax+1]
            if hm==230:#日本時間午後 4：30
                jmax=0
                p99=float(trades[i][2])
                for j in range(n_max-i-1):
                    p9=float(trades[i+j+1][2])
                    hm9=int(trades[i+j+1][1])
                    if hm9==1301:#日本時間朝 3 時
                        jmax=j
                        break
                price=trades[i:i+jmax+1]
            if hm==1900 or hm==230:
                maxI=0
                minI=0
                count0=0
                count=0
                count1=0
                length=len(price)
                trade0=price[0][2]
                dp0=0
                for ii in range(1,len(price)):
                    trade=float(price[ii][2])
                    dp=int(trade)-int(trade0)
                    if trade==trade0:#価格の動きのない取引の計量
                        if dp0!=0:
                            count0+=1
                        count+=1
                    if trade!=trade0:
                        count1+=1
                    trade0=trade
                    dp0=dp
                p_c.append(trade)           #終値の保存
                results.append([])          #取引数の保存
                results[t].append(length)   #全取引数
                results[t].append(count)    #非緊急性取引
```

273

```python
            results[t].append(count1) #緊急性取引
            ratio.append(float(count)/float(length)) #非緊急性取引の割合
            count2=count0+count      #非緊急性の取引＋先頭の数
            if count2!=0:
                zN.append(count2/count0)
                t+=1
        forward=i+j+1

    pclose=pd.DataFrame(p_c,columns=['close']) # 各立会の終値
    plt.figure(figsize=(6,4))
    pclose[:-1].plot(color='darkblue')
    plt.xlabel('session no.')
    plt.ylabel('close')
    r=pd.DataFrame(ratio,columns=['ratio'])    # 非緊急取引の比率
    plt.figure(figsize=(6,4))
    r[:-1].plot(color='darkgreen')
    plt.xlabel('session no.')
    plt.ylabel('ratio')

    results=pd.DataFrame(results,columns=['all','nomove','move'])#
    plt.figure(figsize=(6,4))
    results['all'][:-1].plot(color='darkred',linestyle='—',label='all')
    results['nomove'][:-1].plot(color='darkgreen',linestyle='-',label='nomove')
    results['move'][:-1].plot(color='darkblue',linestyle=':',label='move')
    plt.xlabel('session no.')
    plt.ylabel('no of trades per session')   # 取引の数
    plt.legend(loc='upper left')

    plt.figure(figsize=(6,4))
    zN=pd.DataFrame(zN,columns=['ave'])
    zN[:-1].plot(color='darkgray')
    plt.xlabel('session no.')
    plt.ylabel('average length of trades')   # 非緊急取引の取引の連続数
```

つぎはデータを読み込み、分析を実行するメインプログラムである。

```python
buf_path0="C:\\users\\XXXXX\\documents\\Database\\n225\\tick\\"
if __name__ == "__main__":
    filenames=["n225m201508Sep.csv"]
    filename=filenames[0]
    file_name=buf_path0+filename
    trades=readcsv(file_name)
    yymmdd=trades[0][0]
    print(yymmdd,len(trades))
    analysis(trades)
```

付録13.B　最大最小価格差の算出

　2つの連続した約定価格の差（価格差）を表示するグラフ。価格差は価格差の最小単位の刻み（呼び値の刻み、ティック）の整数倍でよぶことがある。

```
def analysis(trades):
    n_max=len(trades)
    forward=0
    yymmdd0=int(trades[0][0])
    results=[]
    I=[]
    zN=[]
    t=0
    for i in range(n_max-2):
        yymmdd=int(trades[i][0])
        hm=int(trades[i][1])
        if i>=forward:
            if hm==1900:# 米国時間、日本時間朝 9：00
                jmax=0
                p99=float(trades[i][2])
                for j in range(n_max-i-1):
                    yymmdd9=int(trades[i+j+1][0])
                    hm9=int(trades[i+j+1][1])
                    p9=float(trades[i+j+1][2])
                    if hm9<-110:
                        jmax=j
                    if hm9>=229 and yymmdd9>yymmdd:#実際の引けは日本時間午後 3:15。
                        break
                price=trades[i:i+jmax+1]
            if hm==230:#日本時間午後 4：30
                jmax=0
                p99=float(trades[i][2])
                for j in range(n_max-i-1):
                    p9=float(trades[i+j+1][2])
                    hm9=int(trades[i+j+1][1])
                    if hm9<=1255:
                        jmax=j
                    if hm9>=1301:#日本時間朝 3 時
                        break
                price=trades[i:i+jmax+1]
            if hm==1900 or hm==230:
                maxI=0
                minI=0
                length=len(price)
                trade0=price[0][2]
                for ii in range(1,len(price)):
                    trade=float(price[ii][2])
                    dp=int(trade)-int(trade0)
                    if dp>maxI:
                        maxI=dp
                    if dp<minI:
```

```python
                    minI=dp
                trade0=trade
            I.append([])
            I[t].append(maxI)
            I[t].append(minI)
            t+=1
        forward=i+j+1
    I=pd.DataFrame(I,columns=['max','min'])
    I[:-1].plot(style=['-','--'],color=['darkgray','darkblue'])
    plt.xlabel('session no.')
    plt.ylabel('price gap')

#メインプログラム
buf_path0="C:\\users\\moriya\\documents\\Database\\n225\\tick\\"
if __name__ == "__main__":
    filenames=["n225m201508Sep.csv"]
    filename=filenames[0]
    file_name=buf_path0+filename
    trades=readcsv(file_name)
    yymmdd=trades[0][0]
    print(yymmdd,len(trades))
    analysis(trades)
```

付録13.C　約定価格差の大きさと取引頻度

　取引ごとの価格差は1ティック（5円,-5円）、2ティック（10円,-10円）、3ティック（15円,-15円）、4ティック（20円,-20円）と4つの大きさがこの期間で記録されている。4ティックと3ティックの取引の数、2ティックの取引の数、1ティックの取引の数をグラフにするプログラムコードである。

```
def analysis(trades):
    n_max=len(trades)
    forward=0
    yymmdd0=int(trades[0][0])
    results=[]
    I=[]
    zN=[]
    t=0
    for i in range(n_max-2):
        yymmdd=int(trades[i][0])
        hm=int(trades[i][1])
        if i>=forward:
            if hm==1900:# 米国時間、日本時間朝9：00
                jmax=0
                p99=float(trades[i][2])
                for j in range(n_max-i-1):
                    yymmdd9=int(trades[i+j+1][0])
                    hm9=int(trades[i+j+1][1])
                    p9=float(trades[i+j+1][2])
                    if hm9<=110:
                        jmax=j
                    if hm9>=229 and yymmdd9>yymmdd:#実際の引けは日本時間午後3:15。
                        break
                price=trades[i:i+jmax+1]
            if hm==230:#日本時間午後4：30
                jmax=0
                p99=float(trades[i][2])
                for j in range(n_max-i-1):
                    p9=float(trades[i+j+1][2])
                    hm9=int(trades[i+j+1][1])
                    if hm9<=1255:
                        jmax=j
                    if hm9>=1301:#日本時間朝3時
                        break
                price=trades[i:i+jmax+1]
        if hm==1900 or hm==230:
            length=len(price)
            trade0=price[0][2]
            tick=[0]*8
            for ii in range(1,length):
                trade=float(price[ii][2])
                dp=int(trade)-int(trade0)
```

277

```python
                    for iii in range(4):
                        if iii*5-20==int(dp):
                            tick[iii]+=1
                        if iii*5+5==int(dp):
                            tick[iii+4]+=1
                    trade0=trade
                I.append([])
                for iii in range(len(tick)):
                    I[t].append(tick[iii])
                t+=1
            forward=i+j+1
    I=pd.DataFrame(I,columns=['m20','m15','m10','m5','p5','p10','p15','p20'])
    plt.figure(figsize=(6,4))
    I[:-1].m20.plot(label='-20',color='darkgray',linestyle='-')
    I[:-1].p20.plot(label='+20',color='indianred',marker='o')
    I[:-1].m15.plot(label='-15',color='darkgreen',linestyle='--')
    I[:-1].p15.plot(label='+15',color='darkblue',linestyle=':')
    plt.legend(loc='upper left')
    plt.xlabel('session no.')
    plt.ylabel('frequency')
    plt.figure(figsize=(6,4))
    I[:-1].m10.plot(label='-10',color='darkgray',linestyle='-')
    I[:-1].p10.plot(label='+10',color='darkgreen',linestyle='--')
    plt.xlabel('session no.')
    plt.ylabel('frequency')
    plt.legend(loc='upper left')

    plt.figure(figsize=(6,4))
    I[:-1].m5.plot(label='-5',color='darkgray',linestyle='-')
    I[:-1].p5.plot(label='+5',color='darkblue',linestyle='--')
    plt.legend(loc='upper left')
    plt.xlabel('session no.')
    plt.ylabel('frequency')

#メインプログラム
buf_path0="C:¥¥users¥¥XXXXX¥¥documents¥¥Database¥¥n225¥¥tick¥¥"
if __name__ == "__main__":
    filenames=["n225m201508Sep.csv"]
    filename=filenames[0]
    file_name=buf_path0+filename
    trades=readcsv(file_name)
    yymmdd=trades[0][0]
    print(yymmdd,len(trades))
    analysis(trades)
```

第13章　歩み値の世界へようこそ

付録13.D　ティックの大きさと取引枚数

　頻度と同様に取引枚数も4ティックと3ティック、2ティック、1ティックについてグラフにしている。

```
def analysis(trades):
    n_max=len(trades)
    forward=0
    yymmdd0=int(trades[0][0])
    results=[]
    I=[]
    zN=[]
    t=0
    for i in range(n_max-2):
        yymmdd=int(trades[i][0])
        hm=int(trades[i][1])
        if i>=forward:
            if hm==1900:# 米国時間、日本時間朝9：00
                jmax=0
                p99=float(trades[i][2])
                for j in range(n_max-i-1):
                    yymmdd9=int(trades[i+j+1][0])
                    hm9=int(trades[i+j+1][1])
                    p9=float(trades[i+j+1][2])
                    if hm9<=110:
                        jmax=j
                    if hm9>=229 and yymmdd9>yymmdd:#実際の引けは日本時間午後3:15。
                        break
                price=trades[i:i+jmax+1]
            if hm==230:#日本時間午後4：30
                jmax=0
                p99=float(trades[i][2])
                for j in range(n_max-i-1):
                    p9=float(trades[i+j+1][2])
                    hm9=int(trades[i+j+1][1])
                    if hm9<=1255:
                        jmax=j
                    if hm9>=1301:#日本時間朝3時
                        break
                price=trades[i:i+jmax+1]
            if hm==1900 or hm==230:
                length=len(price)
                trade0=price[0][2]
                tick=[0,0]*8
                volume=[0,0]*8
                for ii in range(1,length):
                    trade=float(price[ii][2])
                    v=float(price[ii][5])
                    dp=int(trade)-int(trade0)
                    for iii in range(4):
                        if iii*5-20==int(dp):#ティックが-20から-5まで
                            tick[iii]+=1
                            volume[iii]+=v
```

279

```python
                    if iii*5+5==int(dp): #ティックが 5 から 20 まで
                        tick[iii+4]+=1
                        volume[iii+4]+=v
                trade0=trade
            I.append([])
            for iii in range(len(tick)):
                if tick[iii]!=0:
                    vv=volume[iii]/tick[iii]
                else:
                    vv=0
                I[t].append(vv)
            t+=1
        forward=i+j+1
    I=pd.DataFrame(I,columns=['m20','m15','m10','m5','p5','p10','p15','p20'])
    plt.figure(figsize=(6,4))
    I[:-1].m20.plot(label='-20',color='darkgray',linestyle='-')
    I[:-1].p20.plot(label='+20',color='indianred',marker='o')
    I[:-1].m15.plot(label='-15',color='darkgreen',linestyle='—')
    I[:-1].p15.plot(label='+15',color='darkblue',linestyle=':')
    plt.legend(loc='upper left')
    plt.xlabel('session no.')
    plt.ylabel('volume')
    plt.figure(figsize=(6,4))
    I[:-1].m10.plot(label='-10',color='darkgray',linestyle='-')
    I[:-1].p10.plot(label='+10',color='darkgreen',linestyle='—')
    plt.xlabel('session no.')
    plt.ylabel('volume')
    plt.legend(loc='upper left')
    plt.figure(figsize=(6,4))
    I[:-1].m5.plot(label='-5',color='darkgray',linestyle='-')
    I[:-1].p5.plot(label='+5',color='darkblue',linestyle='—')
    plt.legend(loc='upper left')
    plt.xlabel('session no.')
    plt.ylabel('average volume per trade')

#メインプログラム
buf_path0="C:¥¥users¥¥XXXXX¥¥documents¥¥Database¥¥n225¥¥tick¥¥"
if __name__ == "__main__":
    filenames=["n225m201508Sep.csv"]
    filename=filenames[0]
    file_name=buf_path0+filename
    trades=readcsv(file_name)
    yymmdd=trades[0][0]
    print(yymmdd,len(trades))
    analysis(trades)
```

第13章 歩み値の世界へようこそ

付録13.E 実現ボラティリティ

実現ボラティリティは特に高頻度データの解析用に開発された価格変動性の尺度である。

```
def analysis(trades):
    n_max=len(trades)
    forward=0
    yymmdd0=int(trades[0][0])
    results=[]
    I=[]
    zN=[]
    t=0
    for i in range(n_max-2):
        yymmdd=int(trades[i][0])
        hm=int(trades[i][1])
        if i>=forward:
            if hm==1900:# 米国時間、日本時間朝9：00
                jmax=0
                p99=float(trades[i][2])
                for j in range(n_max-i-1):
                    yymmdd9=int(trades[i+j+1][0])
                    hm9=int(trades[i+j+1][1])
                    p9=float(trades[i+j+1][2])
                    if hm9<=110:
                        jmax=j
                    if hm9>=229 and yymmdd9>yymmdd:#実際の引けは日本時間午後3:15。
                        break
                price=trades[i:i+jmax+1]
            if hm==230:#日本時間午後4：30
                jmax=0
                p99=float(trades[i][2])
                for j in range(n_max-i-1):
                    p9=float(trades[i+j+1][2])
                    hm9=int(trades[i+j+1][1])
                    if hm9<=1255:
                        jmax=j
                    if hm9>=1301:#日本時間朝3時
                        break
                price=trades[i:i+jmax+1]
            if hm==1900 or hm==230:
                length=len(price)
                trade0=float(price[0][2])
                hh0=int(int(price[0][1])/100)
                rv=0.0
                nrv=0
                for ii in range(1,length):
                    trade=float(price[ii][2])
                    hh=int(int(price[ii][1])/100)
                    if hh!=hh0:
                        rv+=(trade-trade0)**2
                        trade0=trade
                        nrv+=1
```

281

```python
                    hh0=hh
                    rv=rv/nrv
                    I.append(rv)
                    t+=1
            forward=i+j+1
    I=pd.DataFrame(I,columns=['rv'])
    plt.figure(figsize=(7,4))
    I.rv.plot(color='darkgray')
    plt.xlabel('session no.')
    plt.ylabel('realized volatility')


#メインプログラム
buf_path0="C:¥¥users¥¥XXXXX¥¥documents¥¥Database¥¥n225¥¥tick¥¥"
if __name__ == "__main__":
    filenames=["n225m201508Sep.csv"]
    filename=filenames[0]
    file_name=buf_path0+filename
    trades=readcsv(file_name)
    yymmdd=trades[0][0]
    print(yymmdd,len(trades))
    analysis(trades)
```

第14章　歩み値から学べ

　呼び値の刻みという拘束条件が約定価格差の大きさを決め、その価格差の大きさは、様々な経済主体の取引戦略を拘束条件として決まる。この取引戦略は、投資家のもつ投資期間、投資金額、投資の目的などを拘束条件として多様な選択肢の中から選ばれる。また、取引戦略は市場参加者のもつ情報とその種類に影響を受ける。そして、市場では一度約定した取引は取り消しがきかず、必ず決済されなければならない。My word is my bondと言われる所以である。機関投資家であろうが個人投資家であろうが市場参加者に二言は許されない。隠れた拘束条件である。また、行動に対しても同じである。大口の投資家であろうが、小口の投資家であろうがそれぞれの行動の1つ1つが同様に価格に影響を与える。そして一度価格に与えた影響は元に戻すことはできない。行動にたしなみが無ければ価格は荒れる。たしなみは投資家の行儀のよさではない。たしなみは累積される決断の数で決まる。

高速取引はたしなみを創造する

　金融市場をシステムとしてとらえ2つの市場に分けて考えてみよう。 経済を金融市場とそれ以外の外部環境に分け、資金と経済主体の出入りができない市場を遮断市場、そして、外部環境と資金の出し

入れ、経済主体等の参入退出が可能な市場を開放市場としよう。

　遮断市場では、外部環境と株式（危険資産）と現金（非危険資産）の移動が禁止され、これらの証券が新たに発行されることもない。価格の動きにトレンドが出たとしても、それは確率的トレンドである。価格の動きを説明する単純なモデルを考え、ボラティリティを一定とする仮定を置き、取引の量が無限に近い状態を仮定すると価格の動きは正規分布に従う。条件を緩和して、取引の量を無限とまではいかないまでも有限とし、ボラティリティの変動を許すと価格の動きは複雑性を増す。ただし、そこから生まれるトレンドは確率的トレンドである。

　開放市場では、外部環境との資金の流出入、市場参加者の増減が、確定的トレンドの発生、季節性、バブル、暴落などの価格変動を引き起こす原因となる。確定的トレンドが発生する場合には、外部からの新たな資金の流出入が必要である。テクニカル分析は、ある要因の参入、退出という形で特徴的な動きの原因を特定することを目的に使われる。この開放市場のモデル化は、投資戦略構築の第一歩である。

14.1　価格形成のメカニズムを深く理解する

　遮断市場と開放市場を導入したが、実際にはこの2つは同時に存在している。例えばマーケットメイカーの行動は遮断市場で行われる。追加の投資が無い限りマーケットメイカーの資金量は限定されている。一方、機関投資家は開放市場を形成している。新しい資金をもち込むのも別の市場に移すのも彼らの仕事である。

14.1.1　遮断市場のメカニズム（安定化の取り組み）

　日本取引所グループは円滑な取引機会の提供を目的にマーケットメイカー制度を導入している。マーケットメイカーは市場に流動性を供給するために日本取引所グループから指定され、グループが定める基準に従い気配値を提示する。マーケットメイカーはプライマリー・マーケットメイカーとリクイディティー・プロバイダーに分かれ、前者は恒常的に売値と買値を提示し、後者は取引を通じて流動性を供給する役割を担っている。プライマリー・マーケットメイカーの気配値提示の条件として最大スプレッドと最低提示数量がある。日経225miniでは最大スプレッドは6ティック（30円）、最低数量は10枚である。日経225先物取引（ラージ）ではプライマリー・マーケットメイカー制度は導入されずに、リクイディティー・プロバイダー制度が導入されている。一方、日経225miniではプライマリー・マーケットメイカーは導入されているが、リクイディティー・プロバイダー制度は導入されていない。マーケットメイカーであるインセンティブはどちらにとっても取引手数料の割引である。前章のグラフをもう一度見てみよう。次のグラフは約定時の値幅の大きさの推移のグラフである。

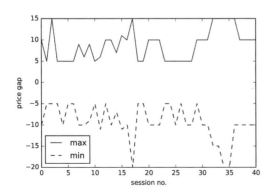

思い出していただけただろうか？　値幅の大きさが限定されている
のが見て取れる。これはマーケットメイカー制度の中で最大スプレッ
ドを6ティック、30円に限定した効果であると考えられる。拘束条件
が価格の動きを制御している例である。

　日本取引所グループの注文の種類には指値注文、成行注文、最良指
値注文、そしてストップ条件付き注文がある。指値注文は価格を指定
して発注し、成行注文は価格を指定せずに最良の売り呼び値、買い呼
び値で約定する注文である。最良指値注文は価格の限度を指定しない
指値注文である。ストップ条件付き注文は発注時の板登録条件を満た
した時に、発注時に指定した指値注文、成行注文、最良指値注文が板
に登録される。従ってストップ条件付き注文が条件を満たす前に板情
報に掲載されることはない。ただし、ブローカー経由で取引所に注文
を出している場合には、ブローカーはその注文を知る立場にあること
を忘れてはならない。

　サーキット・ブレーカー制度も市場を安定させる制度の1つである。
日経225先物、日経225miniの通常時の制限幅は8％である。また証拠
金制度も市場を安定させるメカニズムの1つである。

　マーケットメイカーは市場に流動性を供給する役割を担っている。
彼らは限れた資本で売り手、買い手の需要に応じるために、ポジショ
ンを保持する期間は非常に短い。また、情報トレーダーではないので、
情報の非対称性の問題を抱え、市場の流れとは反対のポジションを保
持してしまう場合もある。必要な情報が手に入るとはかぎらないので
ある。従って、それが許容量を超えると大きな損失につながる可能性
がある。この問題の解決策の1つとして取引の高速化がある。極力短
い時間でポジションを閉じ確実な収益を積み上げる戦略である。この

ような取引をできるだけ多く増やすことで逆選択から生じた損失を補っている。しかし、このような戦略は最良買気配と最良売気配の間を取引が行き来することで、価格の動きに自己相関をもたらす。この現象をビッド・アスク・バウンスという。

　高頻度取引とは高速で売買を繰り返す取引手法であり、その1つとして機械的流動性取引戦略がある。この戦略はマーケットメイクを目的に市場に流動性を供給している。背後にはマーケット・マイクロストラクチャーの分野での長年の研究成果がある。このような戦略は一般のマーケットメイカーが陥りやすい、市場の動きとは逆行するポジションを取らされる逆選択のリスクを避ける技術に優れていると考えられている。高速取引のスピードと市場内の情報の獲得が武器であるこれらの業者の中には、製造後であっても内部のプログラムの書き換えが可能な集積回路（FGPA: field−programmable gate array）を用いて取引の高速化を図っているところもある。

　このような市場の参加者が如何に価格形成を行っているかを別のグラフで見てみよう。そのグラフは第13章ですでに紹介している。

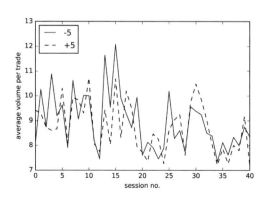

これは2015年8月の各立会の1ティックの値幅で約定した取引の約定枚数の平均値である。立会32-34は中国ショックのときである。立会31-34では取引の量が急激に増え、取引のスピードも上がっていた。グラフから見て分かる通り、取引のスピードが速く、緊急性を必要とするときであってもマーケットメイカーと高頻度取引業者は流動性を供給している。また、立会12-17は人民元ショックのときである。そちらの方は平均取引枚数が増えている。

14.1.2 開放市場のメカニズム

　流動性を消費する側は、取引費用の削減を目指す市場参加者と取引に緊急性を見出す参加者に大きく分かれる。前者の多くは機関投資家、ヘッジファンドなどの大口の投資家である。これらの投資家はポートフォリオの構築の際と、資産比率の変更の際に取引費用の問題に直面する。取引費用の構成要素はマーケット・インパクトと、タイミング費用に大きく分けることができる。このような問題の解決策として最良執行を目的にアルゴリズム取引が用いられる。これらの戦略には、VWAP（出来加重平均価格）とよばれる時間帯別日中出来高に応じて売買額を決める方法やマーケット・インパクトやタイミング費用の最小化を目指す方法などがある。前者はベンチマーク型とよばれる。また、指値板情報に応じて取引の金額を決め、市場の価格形成に極力影響を与えないような試みをしているアイスバーグ戦略とよばれる方法もある。市場の参加者に存在を気づかれないように行うステルス戦略もある。指値注文を置かずに即時約定指値注文や最良指値注文をうまく使う戦略で、取引が大量に約定しているにもかかわらず気配値の数が変化しないときなどがステルスの可能性が高い。

14.1.3 取引の緊急性（確率的トレンドの形成）

若干の価格の動き、取引費用にはこだわらない緊急性を要する市場参加者として、サヤ（鞘）取り・裁定取引業者、イベント戦略を取るトレーダーなどがいる。このようなトレーダーは流動性を消費するので流動性トレーダーに分類される。また、マーケットメイカーは通常は流動性の供給者であるが、逆選択リスクにさらされるとそのリスクを解消するために、若干の価格の動きにはこだわらずに取引を実行する。また、情報トレーダーも緊急性をもって取引に参加する。収益が確実に得られる戦略であれば、費用は二の次である。

緊急性をもつ取引と緊急性をもたない取引を区別するときにビッド・アンド・アスク・バウンス現象が問題となる。価格の水準は実質的には動いていないのだが、最良買気配と最良売気配の間を約定価格が行き来する現象である。そこでこのような取引を価格の動きをともなわない取引に分類し、価格の動きをともなわない取引を非緊急性取引とし、それ以外を緊急性取引として、それぞれの数がどれくらいになるかを見てみよう。つぎが非緊急性取引の全取引数（all）にしめる割合（ratio）である。

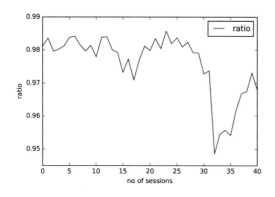

図は驚くような結果を示している。取引の98％程度が非緊急性の取引である。中国ショックの最中であっても約定取引の95％程度が価格が動かないように取引をしている。

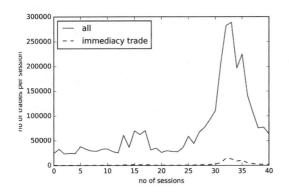

非緊急性取引はどのような経済主体の取引であろうか？　多くは機関投資家のVWAP、アイスバーグ、ステルス戦略であると考えられる。従って、この取引は主に流動性トレーダーと流動性トレーダー、または流動性トレーダーとマーケットメイカーの間で行われる取引と考えることができる。

　総取引数から非緊急性の取引数を差し引いた数が緊急性取引数（immediacy trade）である。逆選択ポジションをもつマーケットメイカーは緊急性トレーダーなので、ここでは情報トレーダー、マーケットメイカー、ノイズトレーダーが主要な参加者である。

14.2　需給のバランスか？　約定数か？

　わずか数％の取引が緊急性取引であれば、1日の価格を動かすには十分である。しかし、経済学では価格は需要と供給がバランスすると

ころで決まることになっている。そこで取引数を取引高に変えてみよう。

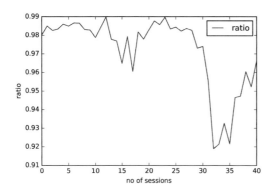

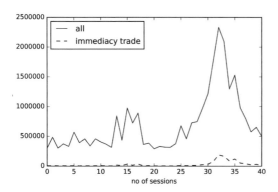

価格の動きが鈍いところでは非緊急性取引の取引高が多く、価格が大きく動いているところでは緊急性取引の取引高が多いことが分かる。

14.2.1 売り手主導、買い手主導の判定

買い手主導の取引なのか売り手主導の取引なのかの判断は実はそう簡単な話ではない。この分析は1980年代後半から始まり現在に至って

いる。3つの主流となる方法は、ティック規則（tick rule）、リバースティック（reverse tick）、そして気配値規則（quote rule）である。

ティック規則：前の約定価格よりも高く（安く）約定したらそれは買い手（売り手）主導とする。

リバースティック：次の取引が今の価格より上昇（下落）しているか、または次の価格が動かなくても、その先で最も近い価格が上昇（下落）すれば今の取引は売り手（買い手）主導とする。

気配値規則：約定価格が中値よりも高ければ（低ければ）買い手（売り手）主導とする。

　例えばティック規則では、価格が上昇してそのまま価格が動かないで多くの取引が成立する場合、その価格の動かない取引はすべて買い手主導とする。そして、価格が下落して価格が動かない場合はその逆である。価格が売指値をヒットして上昇して、そのまま価格が動かないで約定する場合は売指値の枚数がまだ残っているのでそれを消化している可能性が高い。その場合には明らかに買い手主導と判断できる。しかし、売指値のすべてを消化してしまって、最良売指値が1ティック上昇し、また、最良買指値も上昇してそれでもまだ同じ価格で取引される場合はよくある。その際には売り手により買指値がヒットされて約定していると考えられる。そうすると同じ価格で取引されていてもあるときから買い手主導で始まった取引がいつのまにか売り手主導に切り替わっている可能性がある。また、売買スレッドが開いてしまい中値で取引される形になり売り手、買い手主導の判断ができなくなる場合もある。

292

気配値規則では、常に両側に売り買いの気配値があるとは限らない
ので、中値が計算できなかったりする。取引の枚数が大きい場合にも
特異な動きをすることがあるので、これらの規則が必ずしも正しく機
能するとは限らない。

最近では電子取引の発達により、板の情報も約定価格と同じように
手に入るので、気配値突合せ規則（at the quote rule）、または気配
値突合せ規則とティック規則を組み合わせたEMOアルゴリズムが用
いられることもある。日経225先物の場合、緊急性をともなわない取
引であれば取引数の99.5％程度が気配値突合せ規則で判別可能である。
しかし、それを取引枚数で見てみると７％程度の取引が気配値突合せ
ではうまく行かずに、何らかの判断をしなければならなくなる。
EMOアルゴリズムはその際にティック規則を適用している。

このように状況に応じて売り手買い手主導の判断をするアルゴリズ
ムを使い分ける必要があることが分かる。

14.2.2　緊急性取引の売り手、買い手主導の判定

ここでは緊急性取引は直前の取引とは違う価格で取引されていなけ
ればならない。次に前の前の値動きをともなう取引の価格と同じであ
ってもならない。これは直前の取引の前の取引が価格の動きをともな
わない取引であれば、価格の動きのある取引までさかのぼって今の価
格とその時の価格が同じであってはならないことを意味する。これは
ビッド・アスク・バウンスの取引を排除するためである。従って、緊
急性取引の売り手、買い手主導を判断するアルゴリズムはティック規
則を用いる。

293

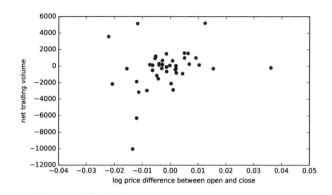

図はx軸が引け値から寄付を引いた値であり、価格には対数が取ってある。y軸は緊急性のある取引を売り手主導、買い手主導に分け、その取引高の累積和を求めて、その差を取った数値（net trading volume）である。プラスであれば買い手主導である。グラフからは有意な関係は見られない。

14.2.3 非緊急性取引の売り手、買い手主導の判定

非緊急性取引ではすでに説明したように、ティック規則では問題が生じる可能性がある。そこでEMOアルゴリズムを用いて売り手主導、買い手主導の判断をした。

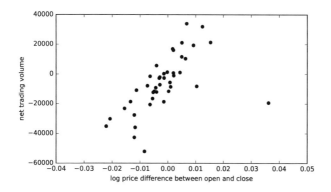

図は右肩上がりの傾向を示していて、取引枚数と価格の動きに相関がありそうである。これは価格の方向性を決めるのは非緊急性取引の需給の関係である可能性を示している。

また、動きのともなわない取引の中で売指値をヒットした取引と買い指値をヒットした取引の割合を見てみよう。日経225miniの9月限の8月の取引では価格が上昇した後に値動きをともなわずに約定した取引のうち、売気配で取引された割合は65％であり、買気配で取引された割合は35％である。下落したあとの値動きをともなわない取引では買気配での取引が66％、売気配が33％である。

14.2.4　緊急性取引の数と実現ボラティリティ

つぎの図は緊急性の取引の数と実現ボラティリティをプロットした結果である。

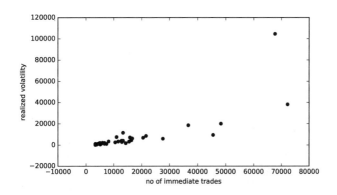

　8月24日の中国ショック後の夜間立会を除くとおおむね緊急性の取引の数と時間当たりの実現ボラティティは比例関係にある。

14.2.5　緊急性取引の数と各立会中の値動きの大きさ

　緊急性の取引の数と実現ボラティリティの間には明確な関係があり、理論的にも実証されている。さらに強い関係を理論は示しているので、その関係を紹介しよう。2項オプションモデルをご存知の読者も多いことであろう。価格の動きがある一定の割合の上昇と下落の2つの動きからなることを前提にオプション価格の評価を行うモデルである。このモデルではボラティリティは取引の数に比例する。また、満期時の価格の水準は上昇した価格の期間（数）と下落した価格の期間（数）で決まる。例えばその一定の割合をここでは1円としよう。そうすると価格は1期間で1円上昇するか1円下落するかのどちらかである。3期から成る価格の動きを考えよう。3期目の価格の水準は3円、1円、-1円と-3円の4つの可能性がある。3期目の価格が3円であるためには1円の上昇が3回、1円であるためには1円の上昇が2回、1円の下落が1回、-1円であるためには1円の下落が2回に1円の

上昇が１回、−３円であるためには１円の下落が３回必要である。価格の上下動の回数で３期目の価格の水準は決まってしまう。この関係は理屈では理解しやすいが、それが実際に当てはまるかどうかは理解しがたいので、実際に調べてみよう。

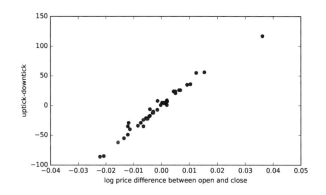

完全に直線にならない理由は約定時の価格差が常に１ティックとは限らないからである。しかし、その数はすでに見たように非常に少ないので、影響は軽微である。

　本章では遮断市場と開放市場を導入した。また、緊急性取引と非緊急性取引を紹介した。ここでこの２つの概念を結び付けてみよう。遮断市場では資金量の限られた市場参加者の行動からもたらされる価格の動きをモデル化している。資金量の限られた個人投資家であるとか、プロの投資家といっても資金量の限られた比較的短期の市場参加者がこの市場で取引をしている。ノイズトレーダーとよばれる投資家も遮断市場で行動している。このような投資家の行動がもたらす価格の動きはランダムウォークとしてモデル化される。それは緊急性取引に他ならない。

また、開放市場では資金の出し入れ、市場参加者の参入退出が自由であるために、さまざまな市場参加者の行動が対象となるが、主に機関投資家、ヘッジファンドのような大口の投資家による価格の動きを対象としている。このような投資家の特徴は市場で取引をする際の取引費用の最適化であり、また、彼らの行動が市場で広まるのを防ぐために、秘密裏に行動する傾向があるということである。従って、このような投資家の行動が非緊急性の取引となる。そして、価格が動くことなく連続して取引が成立する。これらの市場参加者の売買の仲介役をしているのがマーケットメイカーである。マーケットメイカーは開放市場で最良買気配と最良売気配の間の取引を繰り返すことで市場に流動性を供給し利益を上げることを理想としている。最近では同じ役割を高頻度取引業者が行なっている。しかし、開放市場では需給のギャップが蓄積し、マーケットメイカーは情報不足からこの需給のギャップの受け手となり逆選択リスクを抱え込むことになる。その際には、そのリスク解消のために緊急性の取引を行う必要がある。マーケットメイカーは、このような形で開放市場と遮断市場を結びつけている。

　非緊急性の取引の需給ギャップが各立会の寄付きから引けまでの間の価格の動きと関係があることを見て来た。また、それは緊急性取引の需給ギャップとは関係が薄いことが分かっている。これをどのように解釈したらよいのだろうか？　これは次のように解釈できる。非緊急性取引の需給のギャップは、逆選択のポジションに陥った投資家を増やしたり、または需給のギャップの向きを的確につかんだ投資家にポジションを取らせたりする。これらの取引は実は皆同じ方向を向いている。従って、このような取引は緊急性の取引の数を増やす。そして、その１つ１つの取引高は多いとは限らない。もし緊急性取引から生まれる価格の動きがランダムウォーク、非定常確率過程であると１つ１つの価格の動きのショックは永久に保存され、価格がもとの水準

第14章　歩み値から学べ

に自動的に戻ることはない。小さな金額の取引であっても大口の取引
と同様な影響を市場に与えることができるのである。

付録14　プログラムコード

　ここではCQGのデータを用いるので注意してほしい。特にCQGの
データではアメリカ時間であるのに対して、パンローリングのデータ
は日本時間である。

```
#付録14.A csv ファイルの読み込み
%matplotlib inline
import matplotlib.pyplot as plt
from datetime import datetime, date
import pandas as pd
import csv
import numpy as np

def readcsv(file_name):
    trades=[]
    with open(file_name,'r') as f:
        series=csv.reader(f)
        n=0
        for line in series:
            trades.append([])
            for elements in line:
                trades[n].append(elements)
            n=n+1
    f.close()
    return trades
```

```
#付録14.B　立会ごとのデータの抽出
def sessiondata(trades, n_max, i, yymmdd, hm):
    j=0
    if hm==1900:#米国時間、日本時間朝9:00
        jmax=0
        p99=float(trades[i][2])
        for j in range(n_max-i-1):
            yymmdd9=int(trades[i+j+1][0])
            hm9=int(trades[i+j+1][1])
            p9=float(trades[i+j+1][2])
            if yymmdd9>yymmdd:#実際の引けは日本時間午後3:15。
                if hm9<=110:
                    jmax=j
                if hm9>115:#実際の引けは日本時間午後3:15。
                    break
        price=trades[i:i+jmax+1] #選別データの抽出
```

299

```python
    if hm==230:#日本時間午後4：30
        jmax=0
        p99=float(trades[i][2])
        for j in range(n_max-i-1):
            p9=float(trades[i+j+1][2])
            hm9=int(trades[i+j+1][1])
            if hm9<=1255:#日本時間朝2時55分
                jmax=j
            if hm9>1300:#日本時間朝3時
                break
        price=trades[i:i+jmax+1] #選別データの抽出
    return price,j
```

```python
#付録14.C 緊急性取引 vs 非緊急性取引 取引数
def analysis(trades):
    n_max=len(trades)
    forward=0
    yymmdd0=int(trades[0][0])
    results=[]
    ratio=[]
    t=0
    for i in range(n_max-2):
        yymmdd=int(trades[i][0])
        hm=int(trades[i][1])
        if i>=forward:
            price,j=sessiondata(trades,n_max,i,yymmdd,hm)
            if hm==1900 or hm==230:#データの分析──────────────
                trade0=price[0][2]
                dp0=0
                price2=[] #動きのある価格を保存
                length=len(price)
                for ii in range(1,length):
                    trade=float(price[ii][2])
                    if trade!=trade0:#価格の動きのない取引を除外
                        price2.append(trade)
                    trade0=trade
                price3=[] #動きのある価格の内マーケットメーカ等のトレードを除外
                for ii in range(2,len(price2)):
                    trade00=float(price2[ii-2])
                    trade0=float(price2[ii-1])
                    trade=float(price2[ii])
                    if abs(trade0-trade)==5:
                        if trade==trade00:
                            pass
                        else:
                            price3.append(trade)
                    else:
                        price3.append(trade)
                results.append([])
                results[t].append(length)
                results[t].append(len(price3))
                ratio.append(1-float(len(price3))/float(length))
                #緊急性取引・非緊急性取引の比率
                t=1
            forward=i+j+1

    r=pd.DataFrame(ratio,columns=['ratio'])
```

第14章　歩み値から学べ

```python
    plt.figure(figsize=(7,4))
    r[:-1].plot(color='darkgray')
    plt.xlabel('no of sessions')
    plt.ylabel('ratio')

    results=pd.DataFrame(results,columns=['all','immediacy trade'])
    plt.figure(figsize=(7,4))
    results[:-1].plot(style=['-','—'],color=['darkgray','darkblue'])
    plt.xlabel('no of sessions')
    plt.ylabel('no of trades per session')

buf_path0="C:¥¥users¥¥moriya¥¥documents¥¥Database¥¥n225¥¥tick¥¥"
if __name__ == "__main__":
    filenames=["n225m201508Sep.csv"]
    filename=filenames[0]
    file_name=buf_path0+filename
    trades=readcsv(file_name)
    yymmdd=trades[0][0]
    print(yymmdd,len(trades))
    analysis(trades)
```

#14.D 緊急性取引 vs 非緊急性取引 取引枚数
```python
def analysis(trades):
    n_max=len(trades)
    forward=0
    yymmdd0=int(trades[0][0])
    results=[]
    ratio=[]
    t=0
    for i in range(n_max-2):
        yymmdd=int(trades[i][0])
        hm=int(trades[i][1])
        if i>=forward:
            price,j=sessiondata(trades,n_max,i,yymmdd,hm)
            if hm==1900 or hm==230:#データの分析——————————————
                trade0=price[0][2]
                dp0=0
                price2=[] #動きのある価格を保存
                length=len(price)
                volume=0
                volume2=0
                tt=0
                for ii in range(1,length):
                    trade=float(price[ii][2])
                    v=int(price[ii][5])
                    volume+=v
                    if trade!=trade0:#価格の動きのない取引を除外
                        price2.append([])
                        price2[tt].append(trade)
                        price2[tt].append(v)
                        tt+=1
                    trade0=trade
                price3=[] #動きのある価格の内マーケットメーカ等のトレードを除外
                for ii in range(2,len(price2)):
                    trade00=float(price2[ii-2][0])
                    trade0=float(price2[ii-1][0])
```

```python
                    trade=float(price2[ii][0])
                    v=float(price2[ii][1])
                    if abs(trade0-trade)==5:
                        if trade==trade00:
                            pass
                        else:
                            price3.append(trade)
                            volume2+=v
                    else:
                        price3.append(trade)
                        volume2+=v
                results.append([])
                #results[t].append(length)
                #results[t].append(len(price3))
                results[t].append(volume)
                results[t].append(volume2)
                ratio.append(1-float(volume2)/float(volume))
                t+=1
            forward=i+j+1
    r=pd.DataFrame(ratio,columns=['ratio'])
    plt.figure(figsize=(7,4))
    r[:-1].plot(color='darkgray')
    plt.xlabel('no of sessions')
    plt.ylabel('ratio')
    plt.savefig('1402.jpeg',dpi=1200)
    plt.savefig('1402.eps',dpi=1200)

    #results=pd.DataFrame(results,columns=['all','immediacy
trade','volume','volume2'])
    results=pd.DataFrame(results,columns=['all','immediacy trade'])
    plt.figure(figsize=(7,4))
    results[:-1].plot(style=['-','—'],color=['darkgray','darkblue'])
    #results.volume2[:-1].plot()
    plt.xlabel('no of sessions')
    plt.ylabel('trading volume')
    plt.savefig('1403.jpeg',dpi=1200)
    plt.savefig('1403.eps',dpi=1200)

buf_path0="C:¥¥users¥¥moriya¥¥documents¥¥Database¥¥n225¥¥tick¥¥"
if __name__ == "__main__":
    filenames=["n225m201508Sep.csv"]
    filename=filenames[0]
    file_name=buf_path0+filename
    trades=readcsv(file_name)
    yymmdd=trades[0][0]
    print(yymmdd,len(trades))
    analysis(trades)
```

```python
#14.E 緊急性取引 売り手主導・買い手主導
def analysis(trades):
    n_max=len(trades)
    forward=0
    yymmdd0=int(trades[0][0])
    results=[]
    ratio=[]
```

第14章　歩み値から学べ

```python
t=0
tmp=0
tmp2=0
for i in range(n_max-2):
    yymmdd=int(trades[i][0])
    hm=int(trades[i][1])
    if i>=forward:
        price, j=sessiondata(trades, n_max, i, yymmdd, hm)
        if hm==1900 or hm==230:#データの分析────────────────
            trade0=float(price[0][2])
            p_open=trade0
            price2=[] #動きのある価格を保存
            length=len(price)
            volume2p=0
            volume2m=0
            uptick=0
            dwntick=0
            tt=0
            for ii in range(1, length):
                trade=float(price[ii][2])
                bid=float(price[ii][3])    #買気配値
                offer=float(price[ii][4]) #売気配値
                v=int(price[ii][5])         #約定枚数
                if trade!=trade0:          #価格の動きのない取引を除外
                    price2.append([])
                    price2[tt].append(trade)
                    price2[tt].append(bid)
                    price2[tt].append(offer)
                    price2[tt].append(v)
                    tt+=1
                trade0=trade
            temp=0
            length=len(price2)
            for ii in range(2, length):
                trade00=float(price2[ii-2][0])
                trade0=float(price2[ii-1][0])
                trade=float(price2[ii][0])
                B=float(price2[ii][1])#買気配値
                O=float(price2[ii][2])#売気配値
                v=float(price2[ii][3])#約定枚数
                tmp2+=v
                if trade>trade0 and trade!=trade00:#買い手主導
                    volume2p+=v
                    uptick+=1
                if trade<trade0 and trade!=trade00:#売り手主導
                    volume2m+=v
                    dwntick+=1
            results.append([])
            results[t].append(np.log(trade)-np.log(p_open))
            results[t].append((volume2p-volume2m))
            results[t].append((uptick-dwntick))
            t+=1
        forward=i+j+1
results=pd.DataFrame(results, columns=['pgap', 'vgap', 'tgap'])
plt.figure(figsize=(7,4))
plt.scatter(results.pgap, results.vgap, color='darkgray')
plt.xlabel('log price difference between open and close')
plt.ylabel('net trading volume')
```

303

```python
buf_path0="C:¥¥users¥¥moriya¥¥documents¥¥Database¥¥n225¥¥tick¥¥"
if __name__ == "__main__":
    filenames=["n225m201508Sep.csv"]
    filename=filenames[0]
    file_name=buf_path0+filename
    trades=readcsv(file_name)
    yymmdd=trades[0][0]
    print(yymmdd,len(trades))
    analysis(trades)
```

#14.F 非緊急性取引 EMOアルゴリズム

```python
def analysis(trades):
    n_max=len(trades)
    forward=0
    yymmdd0=int(trades[0][0])
    results=[]
    ratio=[]
    t=0
    tmp=0
    for i in range(n_max-2):
        yymmdd=int(trades[i][0])
        hm=int(trades[i][1])
        if i>=forward:
            price,j=sessiondata(trades,n_max,i,yymmdd,hm)
            if hm==1900 or hm==230:#データの分析—————————
                trade0=float(price[0][2])
                p_open=trade0
                length=len(price)
                volume2p=0
                volume2m=0
                tt=0
                dp0=5
                for ii in range(1,length):
                    trade=float(price[ii][2])
                    bid=float(price[ii][3])
                    offer=float(price[ii][4])
                    v=int(price[ii][5])
                    if trade==trade0:#価格の動きのある取引を除外
                        if trade==offer:
                            volume2p+=v
                        else:
                            if trade==bid:
                                volume2m+=v
                            else:
                                tmp+=1
                                if dp0>0:
                                    volume2p+=v
                                if dp0<0:
                                    volume2m+=v
                    else:
                        dp0=trade-trade0
                    trade0=trade
                results.append([])
                results[t].append(np.log(trade)-np.log(p_open))
                results[t].append((volume2p-volume2m))
                t+=1
```

第14章　歩み値から学べ

```
        forward=i+j+1
    print(float(tmp)/float(n_max))
    results=pd.DataFrame(results,columns=['p_gap','gap'])
    plt.figure(figsize=(7,4))
    plt.scatter(results.p_gap,results.gap,color='darkblue')
    plt.xlabel('log price difference between open and close')
    plt.ylabel('net trading volume')
     plt.figure(figsize=(7,4))

buf_path0="C:¥¥users¥¥moriya¥¥documents¥¥Database¥¥n225¥¥tick¥¥"
if __name__ == "__main__":
    filenames=["n225m201508Sep.csv"]
    filename=filenames[0]
    file_name=buf_path0+filename
    trades=readcsv(file_name)
    yymmdd=trades[0][0]
    print(yymmdd,len(trades))
    analysis(trades)
```

#14.G　実現ボラティリティと緊急性取引の取引回数

```
def analysis(trades):
    n_max=len(trades)
    forward=0
    yymmdd0=int(trades[0][0])
    results=[]
    I=[]
    zN=[]
    t=0
    for i in range(n_max-2):
        yymmdd=int(trades[i][0])
        hm=int(trades[i][1])
        if i>=forward:
            price,j=sessiondata(trades,n_max,i,yymmdd,hm)
            if hm==1900 or hm==230:#データの分析―――――――――――
                length=len(price)
                trade0=float(price[0][2])
                trade00=trade0
                hh0=int(int(price[0][1])/100)
                rv=0.0
                nrv=0
                l=0
                for ii in range(1,length):
                    trade=float(price[ii][2])
                    hh=int(int(price[ii][1])/100)
                    if hh!=hh0:
                        rv+=(trade-trade0)**2
                        #rv+=(np.log(trade)-np.log(trade0))**2
                        trade0=trade
                        nrv+=1
                    hh0=hh
                    if trade!=trade00:
                        l+=1
                    trade00=trade
                rv=rv/nrv
                I.append([])
                I[t].append(rv)
                I[t].append(l)
```

305

```
            t+=1
          forward=i+j+1
          #print t, yymmdd, rv
    I=pd.DataFrame(I,columns=['rv','speed'])
    plt.figure(figsize=(7,4))
    plt.scatter(I.speed,I.rv,c='darkred')
    plt.xlabel('no of immediate trades')
    plt.ylabel('realized volatility')
    plt.savefig('1406.jpeg',dpi=1200)
    plt.savefig('1406.eps',dpi=1200)
buf_path0="C:¥¥users¥¥moriya¥¥documents¥¥Database¥¥n225¥¥tick¥¥"
if __name__ == "__main__":
    filenames=["n225m201508Sep.csv"]
    filename=filenames[0]
    file_name=buf_path0+filename
    trades=readcsv(file_name)
    yymmdd=trades[0][0]
    print(yymmdd,len(trades))
    analysis(trades)
```

```
#14.H 緊急性取引 売り手主導・買い手主導
def analysis(trades):
    n_max=len(trades)
    forward=0
    yymmdd0=int(trades[0][0])
    results=[]
    ratio=[]
    t=0
    tmp=0
    tmp2=0
    for i in range(n_max-2):
        yymmdd=int(trades[i][0])
        hm=int(trades[i][1])
        if i>=forward:
            price,j=sessiondata(trades,n_max,i,yymmdd,hm)
            if hm==1900 or hm==230:#データの分析————————————
                trade0=float(price[0][2])
                p_open=trade0
                price2=[] #動きのある価格を保存
                length=len(price)
                uptick=0
                dwntick=0
                tt=0
                for ii in range(1,length):
                    trade=float(price[ii][2])
                    if trade!=trade0:        #価格の動きのない取引を除外
                        price2.append([])
                        price2[tt].append(trade)
                        tt+=1
                    trade0=trade
                temp=0
                length=len(price2)
                for ii in range(2,length):
                    trade00=float(price2[ii-2][0])
                    trade0=float(price2[ii-1][0])
```

第14章　歩み値から学べ

```python
                    trade=float(price2[ii][0])
                    if trade>trade0 and trade!=trade00:#買い手主導
                        uptick+=1
                    if trade<trade0 and trade!=trade00:#売り手主導
                        dwntick+=1
                results.append([])
                results[t].append(np.log(trade)-np.log(p_open))
                results[t].append((uptick-dwntick))
                t+=1
            forward=i+j+1
    results=pd.DataFrame(results,columns=['pgap','tgap'])
    plt.figure(figsize=(7,4))
    plt.scatter(results.pgap,results.tgap,c='indianred')
    plt.xlabel('log price difference between open and close')
    plt.ylabel('uptick-downtick')
    plt.savefig('1407.jpeg',dpi=1200)
    plt.savefig('1407.eps',dpi=1200)

buf_path0="C:\\users\\moriya\\documents\\Database\\n225\\tick\\"
if __name__ == "__main__":
    filenames=["n225m201508Sep.csv"]
    filename=filenames[0]
    file_name=buf_path0+filename
    trades=readcsv(file_name)
    yymmdd=trades[0][0]
    print(yymmdd,len(trades))
    analysis(trades)
```

307

第15章　歩み値にありて飛べ

　株式と現金を保有する投資家を考えてみよう。そして、その投資家が売買を繰り返す戦略を用いてその資金を運用するとしよう。この投資家は、さまざまある戦略をどのように評価し、そしてどのように選択したらよいのだろうか？　目的も、投資期間も、投資金額も、そして投資に対する知識も千差万別な人たちが満足できる一定の方式などあるのだろうか？　まず破たんしてしまう投資戦略なんて誰も興味をもたないだろう！　従ってそれは排除すればよい。それを逆手にとれば、何時までも継続可能な戦略が必要なはずだ。つまり最初の評価軸は取引の継続性だ！　しかし、これだけでは不十分だ。では次の評価軸は何だろう？　それは大して難しくはない。なぜなら多くの人たちは投資をする際に、将来の市場がどうなるか、経済などがどう動くかというような考えをいろいろとめぐらしているからだ。つまり2番目の評価軸、必要な要素は

シナリオだ！

しかし、シナリオは戦略を選ぶ際の評価軸になり得るのだろうか？

　では順番に、説明して行こう。取引の継続性はどのように判断した

らよいのだろうか？　外部からの資金の調達や担保を必要とせずに、自己資金だけで運用を行い、手もち資金の範囲内で株式の売買を行えばそれを自己資金調達性という。自己資金だけで運用を行えば破たんの可能性はないといえるのだろうか？　もちろんノーである。資産を保有する際には、確かにその資産の価値がゼロになっても破たんの可能性はない。しかし、空売りをして価格が大きく上昇してしまえば、破たんするだろう。空売りをして価格が上昇しているときには、どこかで必ず手仕舞わなければならない。つまり、破たんしないためには、株式と現金からなるポートフォリオの価値が常にプラスに維持できていなければならないのだ。あたりまえだと思うだろう。これを非負の原則という。そして、この2つの条件、すなわち自己資金調達性と非負の原則が満たされている戦略を、継続可能であるという。

15.1　ダイナミック戦略と取引の継続性

　株式（危険資産）と現金（非危険資産）の比率をあらかじめ定めた規則に従い機械的に変更する戦略をダイナミック戦略とよぶことにしよう。ここではストップロス、損失限定、リバランス戦略の3つの基本的な戦略を考えてみる。

15.1.1　ストップロス戦略

　最初はストップロス戦略である。これは最もなじみの深い戦略なのではないだろうか？　この戦略は株式などの株式の買い建玉を保有しているときに、価格があらかじめ定められた水準に下落したときに建玉を閉じる戦略である。損失限定戦略の1つであり、また元本確保型の戦略の1つでもある。しかし、長期的な下落相場でストップロス戦略を何度も何度も繰り返すと損失が累積され最終的には破たんに追い

込まれてしまう。従って、ストップロスは継続可能な戦略であるとはいえない。

15.1.2　損失限定戦略（ペイオフ複製戦略）

　株式（危険資産）の買い建玉のリスクを管理する戦略は、損失限定型戦略に分類される。代表的な例は価格が上昇すれば買い建玉を増やし、価格が下落すれば買い建玉を減らす戦略である。そうすると、コールオプションの買い建玉を保有しているときと同じような損益曲線を作ることができる。これはストップ注文の売りと買いを連続して行う戦略と同等だ。この損失限定型戦略には保険のように費用がかかるために、下落相場が続くなかで何度も何度もこの戦略を繰り返すと、最終的には破たんの可能性がある。従って、ストップロス戦略と同様に継続性のあるダイナミック戦略には分類されない。

15.1.3　リバランス戦略

　株式の買い建玉と現金から成るポートフォリオを考えよう。この株式のポートフォリオ全体に占める割合は株式の価格が上昇すると、増え、下落すると下がるという性質をもっている。従ってこの比率を一定に保つためには株式の価格の変化に応じて常に建玉を調整する必要がある。この調整をポートフォリオのリバランスとよぶ。この戦略で自己資金調達性が確保されていれば、破たんの危険性はない。従って、リバランス戦略は継続可能なダイナミック戦略に分類される。しかし、この戦略においても長期的な下落相場では破たんはしないもののストップロス戦略、そして損失限定戦略と結果は大して変わらない。また、ショート（空売り）のリバランス戦略では破たんの可能性がある。

15.2　シナリオとダイナミック戦略

　ストップロス戦略、損失限定戦略、そしてリバランス戦略の取引の継続性について理解した。そして継続性が確保できる戦略は多くはなく、また、この３つの戦略はどのような値動きに対しても万能であるわけではないことが分かった。それではどうしたらよいのだろうか？その答えは簡単だ。シナリオを創ればよいのだ！　しかし、シナリオといっても色々ある。将来に市場がバブルになるというシナリオもあれば、バブル崩壊後の日本のようにデフレが継続し、それが今後も続くだろうというシナリオもある。また、明日のドル円の為替レートの予測もシナリオだ。第４章から第12章までの議論を思い出してほしい。これらすべての知識は基本的なシナリオを把握するための要素なのだ。確定的トレンド、確率的トレンド、そしてAR（１）時系列はシナリオ作成のための基本的な道具である。

15.2.1　シナリオによるダイナミック戦略の評価

　シナリオについてもう少し考えてみよう。もしも投資家が市場のもつシナリオと同じシナリオを描いていたらどうであろうか？　オプションの市場を考えてみればよい。市場全体で価格が上がるという予想を立てていたとする。インプライド・ボラティリティが上がり、コールオプションの価格は上昇するだろう。そして市場で売買されている価格でコールオプションを購入して、価格が市場のシナリオにしたがって動けば、そのときのリターンは結局ゼロになる。そうでなければオプションの売り手は必ず損をしてしまう。つまりシナリオに関するゴールデンルールは市場と同じシナリオをもっているのであれば、金融資産を売買することで収益は得られないということだ。誰かに耳元でささやかれたアドバイスで投資をすることで利益が得られないのは

このためである。また、それに加えて、取引には費用と売買スプレッドがかかる。当然、この分を考慮に入れなければならない。つまり、買い建てるには市場のシナリオよりもかなり強い上昇相場を自分のシナリオとしてもっていなければならないのだ。

次に独自の分析をして市場と異なる有利なシナリオを発掘したとしよう。ここで必要となるのが投資の戦略とリスク管理だ。なぜなら独自のシナリオが間違いで市場のもつシナリオが実現するかもしれないし、また、市場のもつシナリオも間違っているかもしれないからだ。もう一度、3つの戦略を見直してみよう。

ストップロス戦略

株式の価格の動きが確定的トレンドにしたがうときに有効である。特に外生的ショックにより期待シナリオが崩れた場合に備えておくためにストップポイントを決めて置くことには意義がある。従って、ストップロスにより建玉を閉じたときには、新しいシナリオが構築されるまで建玉を取り直してはならない。

損失限定戦略（ペイオフ複製戦略）

株式の価格の動きが確率的トレンドにしたがう場合に有効である。例えば、確率的トレンドにより下押しされるときに、株式の買いポジションをプットオプションでヘッジするような損失限定戦略には意味がある。

もちろん確定的上昇トレンドを期待していて、それが下落トレンドになったとしても、この戦略は機能する。しかしその際に、ヘッジポ

313

ジションで利益が出ている適当なときに、例えばそのポジションを解消して、利益の上乗せを図りたいという場当たり的な欲張りは得策ではない。

　複雑なシナリオに対処するために複数のオプションペイオフを組み合わせる戦略も可能である。

リバランス

　リバランス戦略は確定的上昇トレンドが発生する場合に有効である。その際に、この戦略では、価格は直線的に上昇するわけではなく、期待値からの乖離があるので、確定的トレンドからのその乖離を有効利用して、収益に変えようとしていると考えればよい。もちろん市場が確率的トレンドにしたがうときも、同じように機能する。ある意味で欲張らなければ万能な戦略である。

15.2.2　分析の精度と情報

　シナリオを描く際に、少し注意してほしい点がある。それは統計的手法を用いる際には結構多くのデータが必要であるということだ。これは日足のデータの場合には、そのデータポイントが沢山あればよいということを意味しない。価格は呼び値の刻みの累積和であることを思い出してほしい。データの数が多いほうが価格自体の信頼性が増すので、流動性が低い銘柄よりも流動性が高い銘柄の方が好ましい。流動性の低い銘柄のデータでは、流動性の高い銘柄に比べて、多くの日足のデータが必要になる。これはザラ場での約定の数が十分でないことに起因しているのであるが、ここでは触れない。また、流動性の高いデータであっても、分析の精度を2倍に上げたいと思えば、4倍の

データが必要になる。これを情報のnの平方根則という。nは標本の数である。

15.2.3 戦略の多様性とシナリオ

ここまでの説明から、取引の継続性が確保された戦略はロングのリバランス戦略だけである。ストップロス戦略とペイオフ複製戦略も取引の継続性は確保されていない。また、ロングのリバランス戦略では継続性は確保されているが、収益の安定性は確保されていない。したがって、取引の継続性と収益の安定性を確保したければ、シナリオにもとづいて適切に取引戦略を選択し、そしてそのタイミングを図る必要が生じるのだ。これが売買戦略の選択にシナリオが評価軸として不可欠な理由である。

12章を思い出してほしい。日中立会と夜間立会の間の価格の動きの特性を統計的にとらえて、ポジションを建てる戦略もシナリオにもとづいた戦略である。価格変動性の安定と安定した上昇トレンドが統計的に確認された段階で買い建て、そして仕切りの時期を固定させてリクスを管理している。また、ブレイクアウト戦略ではやはり、価格変動性の安定と、上昇トレンドを確認し、そして日中立会中にブレイクポイントを価格が突き抜けた時点で買い建てる戦略である。リスク管理は時間ストップを用いているといえる。

市場が適切に成り立つための戦略の多様性についてはすでに説明しているように柔軟に発想を展開し、統計的な方法をシナリオの作成と確認に使うことで、多くの取引戦略を有効活用できるようになるのである。また、戦略の多様性には、安定した収益の確保という限られた目的だけでは、いくらシナリオに磨きをかけて戦略を選択してもまだ

まだ不十分だということだ。そこで、つぎに、収益の機会ではなく、難しいと知りながら敢えて流動性を市場に供給する戦略を考えてみよう。

15.3 マーケットメイカーのトイモデル

今までの知識を総動員して、マーケットメイクのモデルを考えてみよう。まずはマーケットメイクの過程を説明しておこう。次の板情報を見てほしい。市場では呼び値の刻みは5円とする。

	売気配		買気配	
		成行		
最良気配外指値注文	5	10010		
最良気配指値注文	10	10005		即時約定指値注文
即時約定指値注文		10000	11	最良気配指値注文
		9995	5	最良気配外指値注文
		9990		最良気配外指値注文

最良買気配指値が10000円、最良売気配指値が10005円である。今10005円の指値の売り注文を入れるとしよう。しかし、すでに板には10枚の注文があるので、順番は11番目である。成行か即時約定指値の買い注文が1枚入る度に売気配の枚数は1枚分だけ減っていく。

次に11番目の売指値が約定される場合を考えてみよう。運が良く、指値の売り注文を出した後にさらに売り注文が増え合計で110枚になり、その後最良買気配指値の11枚の内10枚が成行注文に変更され約定したとしよう。指値の板は次のようになる。

	売気配		買気配	
		成行		
最良気配指値注文	100	10005		即時約定指値注文
即時約定指値注文		10000	1	最良気配指値注文

第15章 歩み値にありて飛べ

つまり、次に成行の買い注文が来ると、先ほど出した指値の売り注文は約定される。自らの売り注文の後に99枚あるので、10010円に価格が上昇するよりも、買いの成行注文が入る可能性が高いと期待できる。そしてそのまま即座に10000円の指値の買い注文を入れると、板の状態は次のようになる。

	売気配		買気配	
		成行		
最良気配指値注文	99	10005		即時約定指値注文
即時約定指値注文		10000	2	最良気配指値注文

最良気配指値注文は2枚であるの、約定の可能性は非常に高い。そしてそれが約定すると5円の利益が得られる。

次にもう少し悲観的な状態を考えてみよう。大口の買い注文が入り板の状態が約定の瞬間に次のように変化してしまったとしよう。価格が10000、10005、10010円と動いてしまったのである。

	売気配		買気配	
		成行		
最良気配指値注文	10	10010		即時約定指値注文
即時約定指値注文		10005	100	最良気配指値注文
		10000	5	最良気配外指値注文

しかし、利益を確定するためにはこの瞬間に10000円の指値の買い注文を入れなければならない。そして、10005円で100枚約定し、価格が10000円になっても5枚の約定が成立しなければ順番は回ってこない。確実に約定するのは9995円で取引が成立した時である。

317

15.3.1 保守的なシミュレーション

　以上のシナリオをもとに、価格の動きを変数として戦略を組む場合の高頻度取引の方法を考えてみよう。10005円の指値を売り注文として入れる。そうするとその注文は10005円の指値の売気配の列の最後尾に加わる。その売り注文が確実に約定するのは価格が10010円に上昇した時である。そしてその瞬間に買指値を10000円に置く。そうすると最良買気配指値は10000円であるから、その指値の既存の列の最後尾に加わることになる。確実に約定するのは9995の時である。9995円での買い注文が約定すると5円の利益を得ることができる。マーケットメイカーの目的は市場への流動性の供給であるから、その時の最良売気配指値の1ティック上に指値の売り注文を置くことにする。売り買いがうまく行っている限りにおいてはこの戦略を繰り返すこととする。ここで損切注文は用いずに、もし逆選択に陥れば、それは立会の引けの時にその建玉を閉じることとする。この戦略を用いて損益の出方を把握してみよう。データは2015年8月の9月限日経225miniである。その各立会の終値を再度確認しよう。

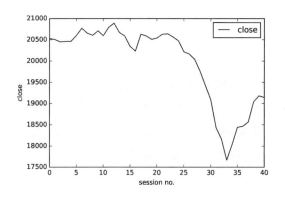

　8月は2つの外生的ショックに見舞われた。立会11−14番は8月10日

からの人民元切り下げのショックを反映している。立会31－32番は中国ショックの時を反映している。この期間のデータを用いて上述の戦略を実行すると結果は次の図となる。

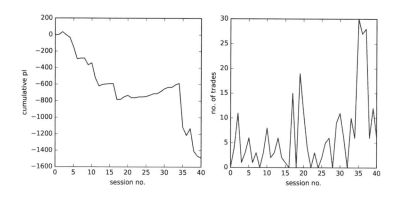

まず右の図を見てほしい。取引の数が高頻度取引戦略としては期待したほど多くはないことに注目してほしい。何度となく取引は成立するが、結局逆選択の状態に陥ってしまうからだ。次に左の図は累積の損益を示している。なだらかな下落である。これは多くの立会で逆選択の売り建玉を引けまで維持していることから来る損失によるものである。マーケットメイカーにとって逆選択のリスクが如何に大きいかが分かる。

15.3.2 損切戦略の利用（継続型）

保守的な戦略の収益状況を改善するために損切の注文を出すことにしよう。10005円に売り注文を置いた場合にその1ティック上の10010円にストップ注文を入れると売り注文の約定と同時にストップ注文が出され、すぐに約定してしまう。そこで10020円にストップ価格を設定し成行注文を出すとしよう。そうするとたぶん確実に約定するのは

10025円に動いた時である。保守的なシミュレーションと同様にマーケットメイカーの役割は市場への流動性の供給であるから、ストップ注文が約定してもその時の最良売気配指値の1ティック上に指値の売り注文を出すことにする。その結果は次の図である。

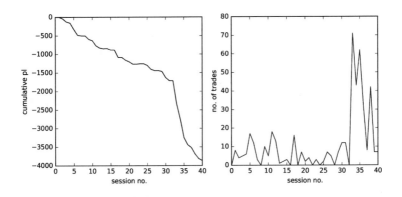

左の図を見てほしい。累積の損失はさらに大きく膨らんでいる。損切注文がリスクの削減に貢献しているのではなく、さらなる損失をもたらしている。これはどういうことなのだろうか？ 右の図では取引の数が増えている。実はこれは単純なメカニズムから来るのである。

売り注文が約定してからストップ注文が約定するまで15円上昇する。一方利食いの買い注文が約定するまで15円価格が下落しなければならない。従ってどちらの確率も同じだとすると、損切の損失の期待値は（20+2）円・50％=11円、一方利益の期待値は（5−2）円・50％=1.5円であるから合計の期待値は-9.5円である。ここで2円は取引費用である。これをシミュレーションの結果と比べてみよう。累積の損失は3864円、一方取引数の累計は457であるから、期待損益は−8.5円である。大体あっている。これは何を意味しているのであろうか？これはストップ注文の使い方が間違っていることを意味しているので

ある。このようなストップ注文が約定した後に機械的に取引を繰り返すような戦略にはストップ注文は使うべきではないのである。

このトイモデルの問題は何であろうか？　緊急性を要する取引から生まれる価格の動きはランダムウォークであるから、その価格の動きから売買スプレッドと取引費用を払ってしまうと市場へ流動性を供給することは難しいということだ。

15.4　マーケットメイカーの順番待ちモデル

緊急性を要する取引が引き起こす値動きに頼る戦略では継続可能な流動性供給戦略を構築することはできない。そこで指値の売り注文を出すタイミングとそれが約定されるタイミングをより慎重に選ぶという戦略に切り替えてみよう。指値の発注時にはなるべく早く約定されるように待ち行列が短いタイミングを選ぶ。その注文が約定される順番が近くなってくる、その後にどれくらい長い待ち行列があるかを確認する。また、売り注文の約定と同時に買い注文を出すのであるが、その注文がどれくらい速やかに約定しそうかを待ち行列の長さで判断する。板の状態が不利だと思えば、売り注文をキャンセルするのである。そうすることで価格が1ティック上昇または下落することを待たずに取引を完結させようとしているのである。

では実際のデータを使ったシミュレーションの結果を見てみよう。

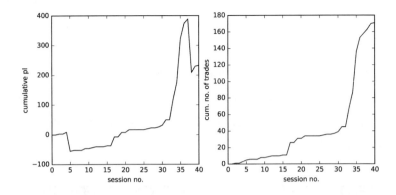

　左の図は累積の損益、右の図は累積の取引の数である。モデルでは最良買気配と最良売気配の枚数、そして指値の注文を出した時点でその前の注文が何枚あり、それがどのように減って行き、そして時間の経過と共に最良買気配と売気配の枚数が何枚になっているのかを観察し、自分の位置の有利、不利を見極め、不利だと思えば注文を取り消し、新たな売り注文を1ティック上に置いている。このシミュレーションは後知恵で最適化してあるので注意してほしい。また、板情報を使って取引戦略を組んであるが、最良買気配と最良売気配しか使っていない。これは最良気配外の指値情報を使ったとしても、大きな影響はないだろうと考えるからである。板情報自体は、すでに説明したように、スプーフィング等の手法により、必ずしも信頼できるとは考えていないからである。また、実際には取引のスピードに応じてモデルの変数を変更するべきところを単純化してある。そのために取引のスピードが急激に上がる中国ショック以降に取引高が増えている。実際にはそれ以前の状態でモデルの変数を変更し、取引高を増やすべきである。マーケットメイカーの目的は流動性の供給にあるからだ。

　実際に収益に影響を与える要素は何であろうか？

・売指値の水準

・売指値の取り消しのタイミング

の2つである。売指値を頻繁に発注すると売気配値の待ち行列の後ろに常に位置し、行列の前に行くことなく注文の約定は価格水準の上昇によって引き起こされてしまう。今ある水準よりも離れたところに売指値を置くと、約定までには時間が掛かるが、時間の経過と注文の取り消しが徐々に起こり自分の注文の位置が徐々に前に移動していく。より良い待ち行列の位置に着けることができるのである。しかし、どのような努力をしても自分の指値の位置がどこであるかは知ることができないので注意が必要である。

　自分よりも前の売指値の注文が約定し、自分の順番が近づいてきても、同じ水準の売指値の注文が多く残っていないと、価格は1ティック上に上昇してしまうかもしれない。そうすると建玉を解消する買指値が約定する確率は下がってしまう。従って、自分の売指値が約定しそうなときであっても自分の位置が不利であったなら、約定の前に注文を取り消す必要がある。これが究極のストップロス注文である。取引は状況が整うまで実行してはならないのだ。

　自分が有利な位置（立場）にいなければ取引は諦めろ。

付録15　プログラムコード

　本章のプログラムコードを動かすには14章で導入したreadcsvとsessiondataが必要である。これらの関数については14.Aと14.Bで説明した。

#15. A 保守的なマーケットメイキングのモデル

```python
def analysis(trades):#sell first and buy back
    n_max=len(trades)
    forward=0
    yymmdd0=int(trades[0][0])
    results=[]
    I=[]
    zN=[]
    t=0
    iii=0
    pr=0 #プラスの価格差の数
    for i in range(n_max-2):
        yymmdd=int(trades[i][0])
        hm=int(trades[i][1])
        if i>=forward:
            price,j=sessiondata(trades,n_max,i,yymmdd,hm)
            if hm==1900 or hm==230:#データの分析───────────
                length=len(price)
                trade0=float(price[0][2])
                trade00=trade0+5          #売指値
                tradeS=0                  #ポジションの価格　0：ポジションの価格無
                tradeStp=0                #利食いの買指値 0: 利食いの買指値無し。
                pl=0
                sss=0                     #取引の数
                for ii in range(1,length):
                    trade=float(price[ii][2])
                    bid=float(price[ii][3])
                    offer=float(price[ii][4])
                    if trade>=trade00+5 and tradeS==0:#建玉
                        tradeS=trade00
                        tradeStp=trade00-5
                        sss+=1
                    if tradeS!=0 and trade<=tradeStp-5:#利食い
                        pl+=5-2
                        tradeS=0
                        tradeStp=0
                        trade00=offer+5
                    trade0=trade
                if tradeS!=0: #逆選択ポジションの処理
                    pl+=tradeS-offer-2
                I.append([])
                I[t].append(pl)
                I[t].append(sss)
                t+=1
            forward=i+j+1
    print(pr,n_max-2,iii)
    I=pd.DataFrame(I,columns=['pl','sss'])
    plt.figure(figsize=(9,4))
    plt.subplot(1,2,1)
    plt.plot(I.pl[:-1].cumsum(),color='darkblue')
    plt.ylabel('cumulative pl')
    plt.xlabel('session no.')
    plt.subplot(1,2,2)
    plt.plot(I.sss[:-1],color='darkgreen')
    plt.ylabel('no. of trades')
    plt.xlabel('session no.')
```

第15章　歩み値にありて飛べ

```
buf_path0="C:\\users\\xxxxx\\documents\\Database\\n225\\tick\\"
t1=datetime.now()
if __name__ == "__main__":
    filenames=["n225m201508Sep.csv"]
    filename=filenames[0]
    file_name=buf_path0+filename
    trades=readcsv(file_name)
    yymmdd=trades[0][0]
    print(yymmdd,len(trades))
    analysis(trades)
```

#15.B 保守的なマーケットメイキングのモデル+損切戦略

```
def analysis(trades):#sell first and buy back ――stop loss――
    n_max=len(trades)
    forward=0
    yymmdd0=int(trades[0][0])
    results=[]
    I=[]
    zN=[]
    t=0
    for i in range(n_max-2):
        yymmdd=int(trades[i][0])
        hm=int(trades[i][1])
        if i>=forward:
            price,j=sessiondata(trades,n_max,i,yymmdd,hm)
            if hm==1900 or hm==230:#データの分析――――――――――――
                length=len(price)
                trade0=float(price[0][2])
                trade00=trade0+5#売指値
                tradeS=0#売りポジションの価格
                tradeStp=0#利食いの買い指値
                pl=0.0
                sss=0#取引の数
                for ii in range(1,length):
                    trade=float(price[ii][2])
                    bid=float(price[ii][3])
                    offer=float(price[ii][4])
                    if trade>=trade00+5 and tradeS==0:
                        tradeS=trade00
                        tradeStp=trade00-5
                        tradeSsl=trade00+20#ストップロスの買指値
                        sss+=1
                    if tradeS!=0 and trade<=tradeStp-5:#利食い
                        pl+=5-2
                        tradeS=0
                        tradeStp=0
                        trade00=offer+5
                    if tradeS!=0 and trade>=tradeSsl:#ストップロス
                        pl+=tradeS-offer-2
                        tradeS=0
                        tradeStp=0
                        trade00=offer+5
                if tradeS!=0:
                    pl+=tradeS-offer-2
                I.append([])
```

325

```python
                I[t].append(pl)
                I[t].append(sss)
                t+=1
            forward=i+j+1
    I=pd.DataFrame(I,columns=['pl','sss'])
    print(I.pl.sum()/I.sss.sum(),I.pl.sum(),I.sss.sum())
    plt.figure(figsize=(9,4))
    plt.subplot(1,2,1)
    plt.plot(I.pl[:-1].cumsum(),color='darkblue')
    plt.ylabel('cumulative pl')
    plt.xlabel('session no.')
    plt.subplot(1,2,2)
    plt.plot(I.sss[:-1],color='darkgray')
    plt.ylabel('no. of trades')
    plt.xlabel('session no.')

buf_path0="C:¥¥users¥¥xxxxx¥¥documents¥¥Database¥¥n225¥¥tick¥¥"
t1=datetime.now()
if __name__ == "__main__":
    filenames=["n225m201508Sep.csv"]
    filename=filenames[0]
    file_name=buf_path0+filename
    trades=readcsv(file_name)
    yymmdd=trades[0][0]
    print(yymmdd,len(trades))
    analysis(trades)
```

#15.C 保守的なマーケットメイキングのモデル：タイミングモデル

```python
def analysis(trades):#sell first and buy back ——stop loss——
    n_max=len(trades)
    forward=0
    yymmdd0=int(trades[0][0])
    results=[]
    I=[]
    zN=[]
    t=0
    for i in range(n_max-2):
        yymmdd=int(trades[i][0])
        hm=int(trades[i][1])
        if i>=forward:
            price,j=sessiondata(trades,n_max,i,yymmdd,hm)
            if hm==1900 or hm==230:#データの分析————————————————
                length=len(price)
                ii=0
                trade0=float(price[ii][2])
                bid=float(price[ii][3])      #買気配
                offer=float(price[ii][4])    #売気配
                v=float(price[ii][5])        #約定枚数
                ib=float(price[ii][6])       #買気配数
                io=float(price[ii][7])       #売気配数
                qo=io                        #順番待ち行列
                trade00=offer+50             #売指値の初期水準：キーファクター or 100
                tradeS=0
                tradeStp=0
```

第15章 歩み値にありて飛べ

```python
pl=0
iii=0
sss=0
sss0=0
for ii in range(1,length):
    trade=float(price[ii][2])
    bid=float(price[ii][3])
    offer=float(price[ii][4])
    v=float(price[ii][5])
    ib=float(price[ii][6])
    io=float(price[ii][7])
    if trade00==offer and qo>15 and (io<200 or ib>400):#注文
                                                        #キャンセル
        trade00=offer+5
        qo=ib
    if trade==trade00 and tradeS==0 and qo>0:#売り注文待ち
                                             #行列の減少
        qo-=v
    if trade==trade00 and tradeS==0 and qo<=0:#注文約定
        tradeS=trade00
        tradeStp=trade00-5 #買い注文の発注
        qb=ib
        sss+=1
    if trade>=trade00+5 and tradeS==0:#価格上昇による注文約定
        tradeS=trade00
        tradeStp=trade00-5
        qb=ib
        sss+=1
        iii=0
    if trade==tradeStp and tradeS!=0 and qb>0:
        qb-=v
    if trade==tradeStp and tradeS!=0 and qb<=0: #価格下落による
                                                #利食い
        pl+=5-2
        tradeS=0
        tradeStp=0
        qo=io
        trade00=offer+5
        #sss0+=1
    if tradeS!=0 and trade<=tradeStp-5:#価格下落による利食い
        pl+=5-2
        tradeS=0
        tradeStp=0
        trade00=offer+5
        qo=io
        #sss0+=1
    iii+=1
if tradeS!=0:
    pl0=tradeS-offer-2
    pl+=pl0
    print(pl0,yymmdd,hm)
else:
    pl0=0
I.append([])
I[t].append(pl)
I[t].append(sss)
I[t].append(sss0)
I[t].append(pl0)
t+=1
```

327

```python
        forward=i+j+1
    I=pd.DataFrame(I,columns=['pl','sss','sss0','sl'])
    plt.figure(figsize=(9,4))
    plt.subplot(1,2,1)
    plt.plot(I.pl[:-1].cumsum(),color='darkred')
    plt.ylabel('cumulative pl')
    plt.xlabel('session no.')
    plt.subplot(1,2,2)
    plt.plot(I.sss[:-1].cumsum(),color='indianred')
    plt.ylabel('cum. no. of trades')
    plt.xlabel('session no.')

buf_path0="C:¥¥users¥¥xxxxx¥¥documents¥¥Database¥¥n225¥¥tick¥¥"
t1=datetime.now()
if __name__ == "__main__":
    filenames=["n225m201508Sep.csv"]
    filename=filenames[0]
    file_name=buf_path0+filename
    trades=readcsv(file_name)
    yymmdd=trades[0][0]
    print(yymmdd,len(trades))
    analysis(trades)
```

第16章　ランダムウォークを制覇する

　ランダムウォークにしたがう価格を考えてみよう。その将来の価格
は予測可能であろうか？　価格はランダムウォークにしたがっている
のであるから、その１つ１つの価格の動きはランダムだ。価格の動き
をコイン投げの表と裏に連動するとしよう。コインを投げて表が出れ
ば５円上昇、裏が出れば５円下落とする。それぞれの確率は50％であ
る。１回コインを投げればその結果は５円上昇か５円下落であり、そ
れぞれの確率は50％である。その期待値は（5・0.5－5・0.5）円＝０
円である。次に、２回コインを投げてみよう。表表が出れば価格は10円、
表裏では０円、裏表でも０円、裏裏では‐10円である。それぞれの確
率は0.5・0.5＝0.25・100％＝25％であるから、10円と－10円になる確率
は25％、０円になる確率は50％である。そしてこの価格の動きの期待
値は（10・0.25＋0・0.5－10・0.25）円＝０円である。期待値は共に０
円であるが、結果の確率は異なる。コイン投げの回数を増やせばその
結果の数も増える。そしてそれぞれの結果の確率は小さく成って行く。
つまり将来の結果はこれだという確定的な値は得られないのである。

期待値は予測値か？

329

16.1　期待値が意味をもつとき

　さらに今の実験を続けてみよう。コインを3回投げれば、その結果は15円、5円、−5円、−15円のどれかであり、それぞれの確率は12.5％、37.5％、37.5％、12.5％である。コイン投げの回数が増えれば、または1回のコイン投げを投資の1期間とすれば投資の期間が長くなればなるほど結果の幅は広がり、それぞれの結果が生起する確率は徐々に小さく成って行く。この現象についてはすでに学習した。9章の3次元サーフェイスを思い出してほしい。次の図だ！

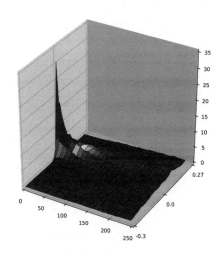

　本書の中で最も注目すべき図の1つである。0−250までの数値で表示されているX軸は経過日数、0.27から−0.3のY軸は変化率（リターン）、0−35のZ軸は％表示の確率密度である。最初は山の高い釣鐘状の確率密度分布を作っている変化率であるが、時間の経過と共にそれぞれの変化率の確率密度はどんどん均一に向かっていく。つまり1年後の結果がどのようになるかは運次第ということである。では期待値はどのような時に意味をもつのだろうか？　それはこの250日間の投資を

何万回と繰り返したときである。しかし、それでも期待値は期待値で、予測値ではない。

16.1.1 期待値が予測値になるとき

期待値が意味をもつときは他にあるのだろうか？ 実はそれもすでに学習している。それは価格が確定的トレンドを形成しているときと、定常確率過程に従っているときである。6章の次の図を思い出してほしい。

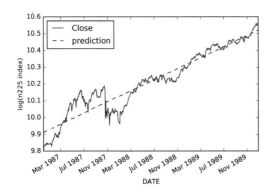

バブル崩壊前の日経平均株価の推移とそれを線形回帰で当てはめたときの図である。このように確定的トレンドの存在が期待されれば、期待値は意味を成し、それを基に将来の予測値を算出できる。なぜならば価格は期待値に中心回帰するからである。

定常時系列もすでに学習した。AR（1）をイメージすることは結構難しいのではないだろうか？ 実はランダムウォークの理解も結構難しいのだ。なぜなら価格はランダムウォークだが、その価格差、変化率、リターンとよばれる時系列は定常確率過程に従うからである。

AR（1）は価格自体が定常確率過程に従うのである。次の図を思い出してほしい。

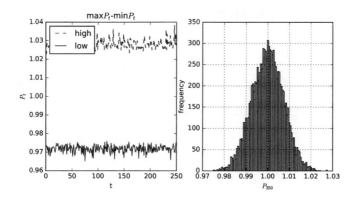

上図は第10章でAR（1）を$\beta=0.5$としてモンテカルロシミュレーションで生成した時の結果である。価格の動きが狭いレンジに収まっている。このようなときにも将来の期待値は予測値になり得る。

16.1.2 定常時系列と非定常時系列の確認

ランダムウォークを再度確認しておこう。次の図を見てほしい。

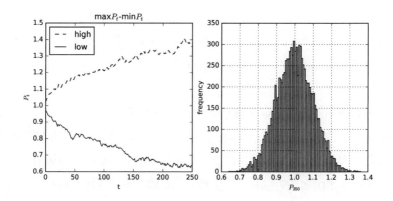

これは第10章でランダムウォークをモンテカルロシミュレーションで作った図である。左の図で徐々に上昇している線は経過時間に対する価格の最大値を示している。徐々に下降している線は経過時間に対する価格の最小値を示している。価格の推移はこの間にある。これは3次元サーフェイスの価格の動きの上限と下限を補足して示してくれていると考えればよい。時間の経過と共に価格がある一定の幅に収まっていればその価格は定常時系列に従う。そして、その価格が上図のように時間の経過と共に広がって行けば非定常時系列、またはランダムウォークである。今まで見た3つの図からランダムウォークと定常時系列の違いは明確である。ではこの判別がなんで長い間の論争にならなければならないのであろうか？ 次の図を見てほしい。その理由を理解していただけると思う。

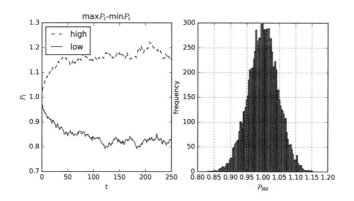

これも第10章ですでに説明した図である。これは$\beta=0.99$のときのAR（1）のモンテカルロシミュレーションである。$\beta=1$のときがランダムウォーク、そして$\beta=0.5$が前の前の図である。さてこの左の図に何か問題があるのだろうか？ そうなのだ。問題があるのだ。この左図は前の左図とその前の前の左図の折衷なのである。つまりある時間が経過するまではランダムウォークの性質をもち、十分に時間が経過

すると定常時系列になっているのだ。

また、$\beta<1$の自己回帰モデルにしたがう価格は上限と下限の間を行き来するので、価格の動きには周期があるのではないという誤解を与える。多くの価格のパターンはこの見せかけの周期を見誤っている可能性があるのである。

16.1.3　ランダムウォークから定常時系列を生成する

価格は非定常時系列であるが、その差分を取ると定常時系列になる事例は多くある。その際に与えらえた時系列データで、終値からその1日前の終値を差し引いて得られる価格差の時系列データは定常時系列になる。これと同じ効果は同一の資産でなくても得られるときがある。例えば、似たような動きをする株式の一方を買い、もう一方を売ることで同じような効果が得られる場合がある。それを2つの銘柄は共和分の関係にあるという。この性質を利用した投資手法、売買方法はスプレッドトレーディング、またはサヤ取りとしてかなりの長い歴史をもっている。1980年代中期には統計的手法を用いたペアトレーディングが出現し、現在の統計的裁定の基礎が出来上がった。

16.1.4　相関の拙速な利用は危険

統計的裁定、そしてサヤ取りの成果はそれに用いる銘柄の選択に掛かっている。それに関わる理論は和分、共和分として知られ長い間の論争の歴史がある。2つの銘柄が構造をもって同じような価格の動きをしているかどうかの判断は非常に難しい。例えば2つの銘柄を選択する際に相関が強ければ良いという分けではないので十分な注意をしてほしい。ここでは4章の相関の注意点を繰り返しておこう。

相関についての注意点

1. 相関は‐1から1までの値を取る。
2. 相関は対称性をもつ。
3. 相関は基の尺度とは独立である。
4. XとYが統計的に独立であれば、これらの間の相関はゼロである。
5. しかし、これらの間の相関がゼロであってもこれらの2つの変数が独立である分けではない。
6. 相関は線形の関係のみを説明しているのであり、非線形性の関係については何も語っていない。
7. 相関が線形の関係の測度であるとしても、原因と結果については何も語っていない。

（Gujarati,Basi Econometricsから抜粋）

特に注意点7を忘れないでほしい。ランダムウォークは確率的トレンドのように見せかけのトレンドを作り、2つの見せかけのトレンドの間に相関があるように見せかけるのが得意なのである。

16.2 サヤ取りに挑戦する

先物取引は、主に裁定取引、現物ポートフォリオのヘッジ、そして投機に利用される。裁定取引では、本来は同じ価格であるべき資産のうち、割高な方を売り、割安な方を買う取引により、無リスクでの差益の確保を目指している。この裁定取引をサヤ取りという。サヤ（鞘）とは価格差を指す用語である。このサヤ取りには

1. 現物と先物
2. 先物と先物

３．異なる市場に上場された先物

４．先物とオプション

５．現物とオプション

などがある。

　先物取引ではあらかじめ期限が定められた先物のみが取引可能である限月制を用いている。日経平均先物では13限月取引制を採用している。６、12月の各限月の取引期間は５年、３、９月の各限月の取引期間は１年半である。日経225miniでは、この特定限月に加えて、直近３限月取引の16限月制を用いている。１、４、７、10月の各限月では５ヵ月、２、５、８、11月の各限月では４ヵ月の取引期間がある。各限月の取引最終日は第二金曜日の前日である。最も早く取引最終日が来る限月を当限、それよりも先に最終日が来る先物を期先とよぶ。それよりも手前に期限が来る取引を期近とよぶ。

　満期の異なる先物を両建てした際に生じるスプレッドを限月間スプレッド、またはカレンダースプレッドとよぶ。本章ではこの限月間スプレッド取引のみを考える。限月間スプレッドに影響を与える要因としては、金利、予想配当利回り、需給バランスなどがある。一般に、先物は現物に比べて価格が高い。これは調達コストなどの金利相当分が含まれるためである。先物の価格が期先に行くほど上昇するときそれを順ザヤという。逆に先物の価格が期先に行くほど下がるときそれを逆ザヤという。逆ザヤになる理由としては日経225銘柄の配当による影響がある。現物指数にはこの予想配当が含まれているのに対して、先物には含まれていない場合があるからである。

　３月時点の取引を考えてみよう。日経225銘柄の予想配当が計算さ

れ、それが現物指数には織り込まれている。しかし6月限の先物には
その取引最終日にはほとんどの配当が払われてしまっているので価格
には含まれていない。一般に配当落ち日から予想配当が落ちるので注
意が必要である。従って現物指数には予想配当が含まれているが、先
物には含まれていないために価格は下がり、逆ザヤになるのである。
また、3月限の先物には予想配当が含まれているので、3月限に比べ
ると6月限の価格はやはり低い。

　順ザヤ、逆ザヤを考慮すると4つのシナリオが考えられる。

1．順ザヤの期間にサヤが縮小する。
2．順ザヤの期間にサヤが拡大する。
3．逆ザヤの期間にサヤが縮小する。
4．逆ザヤの期間にサヤが拡大する。

　順ザヤの期間中にサヤの縮小を予測するのであれば、サヤを縮小す
る値動きは期先の価格が下がるか、期近の価格が上がるかのどちらか
である。どちらにしても期近の先物を買い、期先の先物を売る取引を
行う。そしてサヤが縮小した時点で仕切る。シナリオ2ではこの逆の
取引を行う。つぎに逆ザヤ期にサヤが縮小するシナリオ3ではどうで
あろうか？　ここでは期近買い、また期先売りの取引を行う。一方こ
の逆を行うこともできる。

　一般に2つの異なる限月の先物の取引で、期先の価格から当限の価
格を差し引いて得た価格をスプレッドとよぶ。当限を売り、期先を買
う戦略をスプレッドの買い、当限の買い、期先の売りをスプレッドの
売りとよぶ。まとめておこう。

337

シナリオ1：期近買い、期先売り：スプレッドの売り

シナリオ2：期近売り、期先買い：スプレッドの買い

シナリオ3：期近売り、期先買い：スプレッドの買い

シナリオ4：期近買い、期先売り：スプレッドの売り

16.2.1　単純な戦略

非常に単純な戦略を考えてみよう。単純にするためにスプレッドの幅は事前に与えられているとする。この幅は実際にはカルマンフィルター等の統計的な分析を用いて算出するべきであるが、今回は事前に与えられていると仮定する

次に日経225miniの刻みは5円であるから、すべての取引を最良買指値、売指値をヒットしに行くと往復で費用が20円掛かってしまう。そこで12月限の仕掛けでは順番待ち戦略を用いることにする。従って、

1．12月限の買指値の発注
2．12月限の買指値が約定すると同時に9月限の最良買気配を目指して即時執行売指値注文を出す。状況が有利でなければ買指値注文を取消す。
3．スプレッドの推移の把握
4．12月限の最良買気配を目指して即時執行売指値注文を出す。指値が約定すると同時に9月限の最良売気配目指して即時執行買指値注文を出す。状況が有利でなければ注文を取り消す。

16.2.2　データの準備

最初にパンローリングのデータベースからティックのデータを取得

しよう。このデータにはCQGにはない秒単位での取引時刻が記録されている。そのために異なる限月の取引を実際に近いようにシミュレーションするためには秒単位のデータがあると便利である。次の図は2015年9月限の日経225miniの7月31日16:30から8月31日15:15までのデータを用いて描いた。

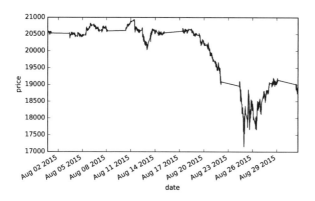

上図で値動きの無い直線の部分は週末または祝日である。

16.2.3 限月間スプレッドの特徴

次に同じ期間の2015年12月限のデータを取得してみよう。7月31日午後4時半の寄付きは9月限が20595円であるのに対して12限は20500円である。期先の価格が安く、期近の価格が高いのでこれは逆ザヤの状態にある。スプレッドを取得してみよう。

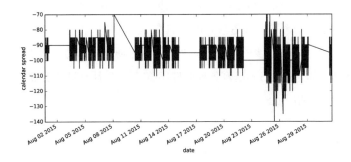

図のマイナスのスプレッドは逆ザヤを示している。多くの限月間スプレッドは-85円から-105円の間にあり、最小値は-140円で最大値は-70円である。これを頻度で見てみよう。

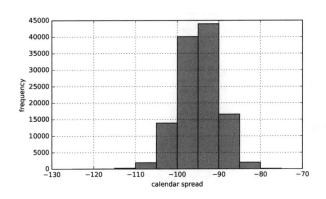

頻度図ではスプレッドの分布が-90円から-105円の間にある。スプレッドはほぼ左右対称の釣鐘状の分布をしていて、直感的には定常性を示している。

さらに寄付き、引け、平均のスプレッドの特徴を見ておこう。

日中立会の寄付きのスプレッド	99.01
日中立会の平均のスプレッド	97.93
日中立会の引けのスプレッド	89.39
夜間立会の寄付きのスプレッド	98.92
夜間立会の平均のスプレッド	98.32
夜間立会の引けのスプレッド	91.14

　この期間では、スプレッドは基本的には寄付きの幅を立会で維持して、引けに縮小する傾向がある。

16.2.4　気配値とスプレッド

　スプレッドは定常確率分布に従うが、確定的トレンドは無さそうである。時間の経過にともない収益が得られる状態にはないので、スプレッドの中心からの乖離と中心への回帰の動きから利益を得なければならない。例えば、31日午後4時半の寄付きは9月限が20595円で12月限が20500円、スプレッドは−95円である。このスプレッドの幅がさらに狭まると思えば、まず、9月限の売り、12月限の買いの両建ての玉を作る。これは逆ザヤ期のサヤの縮小を期待しているシナリオである。従ってスプレッドの買い戦略を取る。実際には即時執行買指値注文と売注文を出してスプレッドを買うので10円の売買スプレッドが掛かる。次に9月限の価格はそのままに12月限の価格が下落して20520円になったとしよう。そうすると12月限を買い、9月限を売り払うことで20円の利益が得られる。しかしこの際にも即時執行買指値注文と売注文を出してスプレッドを売ると10円の売買スプレッドが掛かってしまう。しかし、本当に10円の費用で十分なのだろうか？　この質問に答えるためには気配値の情報が必要になる。最良買気配、売気配の情報が必要になるのである。

しかし、パンローリングのティックデータには気配値が含まれていない。一方、CQGのティックデータには気配値は含まれている。しかし、約定時刻の情報は分単位でしかない。よって、完全なデータは存在しない。そこでこの２つのデータを結合することにする。

16.2.5 売買スプレッドの特徴

気配値を含む秒単位の約定時間をもったデータベースを利用して売買スプレッドの推移を確認してみよう。

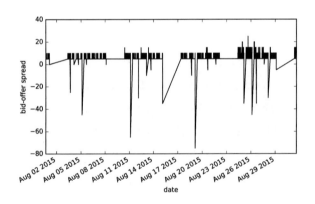

上図は９月限の売買スプレッドの推移である。時として売買のスプレッドが大きく乖離するので注意が必要である。これは売り手不在の状況と考えればよく、相場が急激に動いているとき、寄付きのときに起こりやすい。この状態を頻度図で確認しておこう。

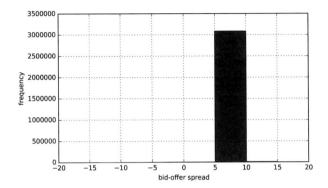

多くの場合に期近の売買スプレッドは1ティックであることが確認できる。次に12月限を見てみよう。

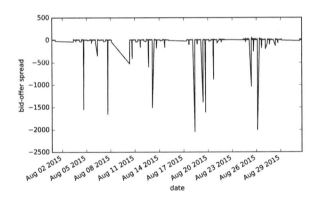

マイナスの大きな売買スプレッドはそのときに実質的に売気配がないことを示している。期先の取引では約定の次の瞬間に売気配がないことに注意が必要である。同じように頻度図で確認をしておこう。

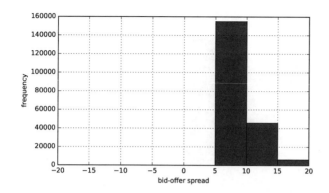

売買スプレッドは最小単位の１ティックとは限らずに２ティック、３ティックの頻度も高いので注意が必要である。また、気配値は数自体が少ないので、シミュレーションの際、実際の取引の際には何らかの対処が必要である。

16.2.6　異なる限月のデータを１つにまとめる

では次の段階に進もう。パンローリングのティックデータとCQGのティックデータを結合したデータベースの９月限と12月限を結合して１つのデータベースに収めておこう。その方がシミュレーションのプログラムを構築しやすくなる。また、期先の取引の数は期近の取引の数に比べて非常に少ない。そこで期近の取引をインデックスとしてデータベースを作ると期先では取引の数が十分ではないので多くが空欄（NaN）になってしまう。

第16章 ランダムウォークを制覇する

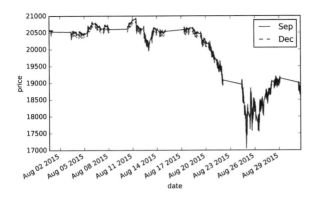

上図は出来上がったデータベースの確認のためにプロットしてみた。中国ショックの直前まで限月間スプレッドはある一定値を維持している。中国ショックによりその幅が大きく揺れているのが分かる。そして、ここで注目すべき点は、この2つの価格の時系列は大きく離れず、近寄ら過ぎず、背後に明確な共和分（統計的検定が必要）になるべき構造の存在を示している。それは、先物は原資産の将来の期日の価格を取引していて、取引終了時には先物の価格は原資産の価格に収束するからである。限月間スプレッドは定常確率過程に従う。

16.2.7 期先物の売買スプレッド

便利なデータベースを構築したのであるから、事前情報を少し増やそう。まず、この戦略の成功の秘訣は期先の売買スプレッドにある。そこで限月間スプレッドが−80円と−115円、−85円と−110円、−90円と−105円について調べてみよう。この分析により、スプレッドが大きいときと小さいときの癖をつかもうとしているのである。最初は限月間スプレッドが−80円と−115円のときである。次の図を見てほしい。

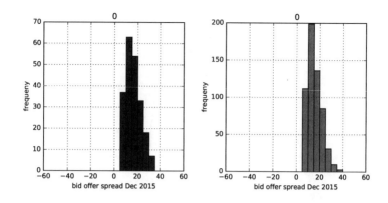

左の図が限月間スプレッドが−80円のときで、右が−110円のときである。売買スプレッドが1ティックよりも2ティック、3ティックの値幅の方が多い。これはスプレッドが平均値よりも上下に乖離の幅が大きいときの例である。この場合には両スプレッド間の幅は広いがその有利さは売買スプレッドの大きさで相殺されてしまうだろう。

つぎにスプレッドが−85円と−105円のときに12月限がどの程度の売買スプレッドの幅をもっているかを調べてみよう。

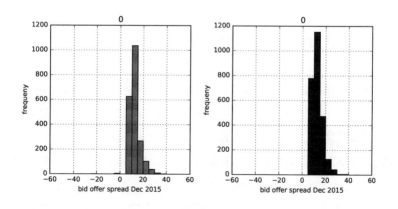

左が限月間スプレッドが−85円、右が−105円のときである。売買ス

プレッドが1ティック、2ティックに集中してきた。つまり限月間スプレッドと売買スプレッドにはトレードオフの関係がある。次に、−90円、−100円 のペアを見てみよう。

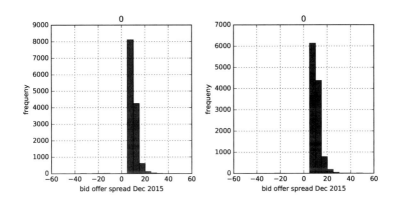

左が−90円、右が−100円の図である。どちらも売買スプレッドは1ティックが最も多い。これらの分析には問題もある。通常のときと中国ショックのときと2つの異なる市場環境が混じってしまっているからだ。それでも限月間スプレッドと売買スプレッドのトレードオフの関係は明確だ。

16.2.8　気配値を用いた限月間スプレッド

次に気配値を用いてスプレッドを計算し、その性質を見てみよう。仕掛けるときは逆ザヤであり、サヤの縮小を期待しているのであるから期近を売り、期先を買うスプレッドの買いである。また、期先は買指値の約定を待つのでスプレッドの計算には約定価格を用いる。一方期近の売りは即時執行売指値を用いるので買気配の売却となる。次の図を見てほしい。

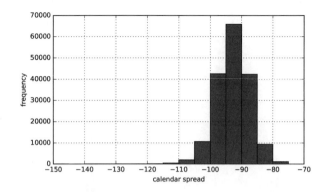

上図のスプレッドは期近、期先に約定価格を用いたときよりも右に移動している。次に手仕舞いのときのスプレッドについて見てみよう。この場合は、スプレッドの売りであり、両建玉の仕切りを即時執行指値注文を用いて行うので、期先の買気配の売りと期近の売気配の買いになる。結果は次の図である。

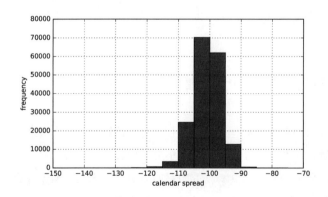

上図のスプレッドは期近、期先に約定価格を用いたときよりも左に移動している。

16.2.9　まとめ

　今までの分析の結果をここでまとめよう。まずはシミュレーション
の基礎と成るデータベースの構築である。

1．パンローリングのティックデータを呼び込む。秒単位の約定時刻
　　が強み。データベース名：pan
2．CQGのティックデータを呼び込む。気配値、板情報が含まれて
　　いる。データベース名：cqg
3．気配値を含む、秒単位の約定時刻を含むデータベースを構築。
　　panとcqgを結合する。データベース名:ts
4．サヤ取りには２つの限月の先物が必要なので、この２つのデータ
　　を結合する。データベース名:tsts
プログラムコードは付録を見てほしい。

　戦略に関しては

1．2015年８月の９月限と12月限は逆ザヤにある。
2．寄り、引けでは引けの方がスプレッドは小さい。
3．スプレッドが平均よりも大きいときにスプレッドを買い、平均よ
　　りもスプレッドが小さいときにスプレッドを売れば、万が一立会
　　中に仕切れなくてもダメージを最小にできる。
4．12月限は９月限に比べて流動性が低く、気配値の数も少ない。一
　　方、９月限は流動性が高く、気配値の数も多く、売買スプレッド
　　も小さく安定している。従って仕掛けは12月限を先に行う。
5．仕掛けのときのスプレッドは12月限約定価格－９月限売り気配で
　　算出する。
6．スプレッドが条件を満たせば12月限を最良売気配で発注する。
7．スプレッドが条件を満たさなくなれば注文を取消す。
8．約定は価格が動かずに気配値が消化され順番が来るか、価格が１

349

ティック上昇した時である。売指値が約定したら、即座に９月限の即時執行買注文を最良売気配で発注する。
9．スプレッドの計算方法を12月限買気配−９月限売気配に変更し、スプレッドの縮小を待つ。
10．両建玉の仕切りは即時執行注文を用いる。その際に売り玉、買い玉の両方の仕切りを最良気配ではできないので、１ティック分の費用を見込む。

シミュレーションの結果はつぎの通りである。

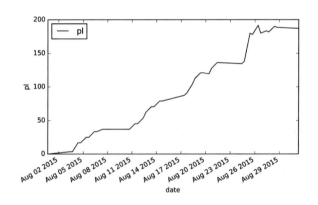

この結果の解釈には十分な注意が必要である。スプレッドの幅が事前に与えられている。高速な売買が可能である。指値の注文が約定する前に注文の取消しを行えば、必ず取消しは実行される。即時執行注文が必ず約定する。これらが条件となっていることに注意してほしい。これらの条件のハードルは高いが、決して不可能ではない。

16.3　本書のむすびとして

本書の全体をとおしてランダムウォーク、定常時系列、確定的トレ

ンドの特徴、そして歩み値について、Pythonの助けを借りながらみてきた。特にJupyter Notebookはその点で並外れた能力を発揮した。

　本書では3つの要素を強調した。価格の時系列のタイプの把握、持続可能な戦略、そしてシナリオの構築である。価格の時系列のタイプの把握には4章から11章までを割いた。これらの章ではStatsmodelを用いて線形回帰を行った。ここで少しサマリー・リポートの内容の見方を2点ほど追加しておこう。オムニバス（Omnibus）検定はカイ二乗検定であり、その帰無仮説は残差の正規性である。レポートはその確率を与えている。ダービンワトソン（Durbin-Watson）検定は残差の自己相関を与える。0であれば正の自己相関、2であれば無相関、4であれば負の自己相関である。すべてのレポートを見直してほしい。

　戦略については12章から16章で扱った。ここでは破たんしない永続可能な戦略をとることを考えた。そのためにはストップロスの多用は危険である。また、そのような戦略は値動きのボラティリティと関係がある。本書では取り扱わなかったが、Statsmodelでは分散の不均一性の検定として、ブルーシュ－ペーガン（Breush - Pagan）の検定、ホワイトの検定、そしてゴールドフェルド・クオント（Goldfeld - Quandt）の検定を用意している。

　シナリオの構築はリスク、資金管理と戦略構築の基本である。シナリオについては15章と16章で説明した。特にマーケットのもつシナリオと自らのシナリオとを比較することは、投資、トレーディングの出発点だ。シナリオの構築はリスク管理と将来の収益機会の発掘につながるだろう。そして、本書では触れなかったが、その際にベイズ統計が役に立つはずだ。なぜならばベイズ統計では事前確率を定め、それを時間の経過とともに更新していくからだ。この過程で新たなシナリ

オが生まれたり、以前のシナリオの修正が余儀なくされたりするだろう。そして、多くのシナリオが構築されれば、独自の投資、トレーディングの方法には多様性が生まれるだろう。

　また、13章以降では1つ1つの取引の経緯、そして歩み値にまで踏み込んだ。高頻度な取引では統計的な分析を一切使わなかった。それはパラメトリックな分析手法が歩み値では使えないからだ。表現を変えると、この世界では一般の中心極限定理は成り立たない。この理解には多重性という概念が役に立つ。多重性とはある事象が起こるのにどれくらいの原因がありえるかを示す指標である。そしてこの多重性が十分でないと中心極限定理は成り立たない。つまり、1つの事象が継続して成り立つためには、それを起こすさまざまな要因が必要なのだ。特に13章以降で扱った戦略の分類と多様性はそのまま多重性と関係がある。さらに不確実な世界がここにある。

　本書ですでに繰り返し述べてきたように相関関係は必ずしも因果関係を説明しない。しかし、ランダムウォーク、定常時系列、確定的トレンドのような価格の動きの特徴が現在の価格と過去の価格の間の相関関係で決まることから、そこに何らかの要因を求めたくなる。そして実際に、さまざまな価格の動きにはさまざまな物語がある。それは経済成長であったり、金融政策であったり、または国際情勢の変化であったりする。しかし、このような要因はめまぐるしく変化し、複雑に入り組んでいることから、そうたやすく、ここでいう相関関係を統計学的に説明することはできないだろう。実は多重性は簡単に因果関係を特定できないことを示しているともいえるのだ。

　このような不可実性に対処するために、投資、またはトレーディングにはリスク管理、資金管理が欠かせない。すなわち、永続的な投資、

第16章 ランダムウォークを制覇する

トレーディングを実現するためには、将来のシナリオの構築が、そしてそれにもとづくリスク管理、資金管理が不可欠だ。

　値動きの特徴、取引戦略とリスク管理の影響、そしてシナリオの役割を直感的に、論理的につかむためにJupyter notebookを用いた。分析に負荷を掛けない、かつ最低限のプログラムの知識で使いこなせるプログラムは稀有である。これらの組み合わせで論理的思考を鍛えてほしいし、直感に磨きを掛けてほしい。ここでいう直感は東洋的な思い付きではなく、西洋的な直感だ。それは論理で説明できない部分を直感で埋めるという考え方だ。

　本書が読者の方々の投資判断、リスク管理、資金獲得に少しでも役に立つと同時に、未来の技術革新、開発途上の国々のインフラ整備、飢饉に苦しむ人びととの明日の食料生産、そして明日に大志を抱く若き人びとにわずかな資金でも流れていくことを切に願いたい。

付録16　プログラムコード

```
#付録16.A: パンローリングのティックデータの呼び込み
%matplotlib inline
import matplotlib.pyplot as plt
import pandas as pd
import csv
from datetime import datetime, date, timedelta
from datetime import time
import os

def readtickpan(path, yy, mm, dd):
    with open(path, 'r', encoding='UTF-8') as f:
        series=csv.reader(f)
        da=[]
        price=[]
        i=0
        for line in series:
            for elements in line:
                #print(elements)
                a=elements.split('¥t')#
                hhmmss=a[0]
```

353

```python
            hms=hhmmss.split(':') #hms[0]:hour;hms[1]:minute;hms[2]:second
            da00=datetime(yy,mm,dd)
            if da00.weekday()==0: #月曜=0
                da00=datetime(yy,mm,dd)+timedelta(days=-3)
            else:
                da00=datetime(yy,mm,dd)+timedelta(days=-1)
            if int(hms[0])>=16 and int(hms[0])<=23: #16:30 - 23:59:99
                dd0=da00.day
                mm0=da00.month
            if int(hms[0])>=0 and int(hms[0])<=3: #00:00 - 3:00
                da00=da00+timedelta(days=1)
                dd0=da00.day
                mm0=da00.month
            if int(hms[0])>=9 and int(hms[0])<=15: #09:00 - 15:00
                da00=datetime(yy,mm,dd)
                dd0=da00.day
                mm0=da00.month
            da0=datetime(yy,mm0,dd0,int(hms[0]),int(hms[1]),int(hms[2]))
            da.append(da0)
            price.append([])
            price[i].append(int(a[1]))
            price[i].append(int(a[2]))
            i+=1
    ts=pd.DataFrame(price,index=da,columns=["price","volume"])
    ts.index.name='date'
    return ts

def yymmddsplit(yymmdd): #日時インデックスから年、月、日に分類する関数
    yy=int(yymmdd[:2])+2000
    mm=int(yymmdd[2:4])
    dd=int(yymmdd[4:6])
    return yy,mm,dd

def dirfileget(path,date1,date0): #指定されたフォルダーにあるファイル名を取得
    list=os.listdir(path)
    lists=[]
    for i in range(len(list)):
        fname=list[i]
        date=fname[:6]
        if int(date)>=date0 and int(date)<=date1:
            lists.append(fname)
    return lists

def fileconcatpan(path,date1,date0): #date1、date2で指定された日時の間のデータを
    #data2からdeta1まで垂直に結合する。
    dates=dirfileget(path,date1,date0)
    for i in range(len(dates)):
        date=dates[i]
        fname=path+date
        date0=date[:6]
        yy,mm,dd=yymmddsplit(date0) #ファイルの年、月、日を取得
        if i==0:
            ts=readtickpan(fname,yy,mm,dd)
        else:
            ts0=readtickpan(fname,yy,mm,dd)
            ts=pd.concat([ts,ts0])
    return ts
```

第16章　ランダムウォークを制覇する

```python
if __name__ == "__main__":
    path = "c:\\users\\moriya\\documents\\database\\pan\\n225\\TICK\\1001\\1509\\"
    entry=150803
    exit=150831
    pan=fileconcatpan(path,exit,entry)
    plt.figure(figsize=(7,4))
    pan.price.plot(color='indianred')
    plt.ylabel('price')
    plt.xlabel('date')
    plt.savefig('1601.jpeg',dpi=1200) #グラフを jpeg ファイルとして保存
    plt.savefig('1601.eps',dpi=1200) #グラフを eps ファイルとして保存
    print(len(pan))
```

```python
#付録 16.A_1: パンローリングのティックデータの呼び込み：12 月限でーたの取得
if __name__ == "__main__":
    path = "c:\\users\\...\\documents\\database\\pan\\n225\\TICK\\1001\\1512\\"
    pan1=fileconcatpan(path,exit,entry)
t2=datetime.now()
print(t2-t1)
```

```python
#付録 16.B: 限月間スプレッドの特徴
if __name__ == "__main__":
    tss=pan.resample('S',how='ohlc')
    tss1=pan1.resample('S',how='ohlc')
    spread=(tss1-tss).dropna()
    plt.figure(figsize=(10,4))
    spread.price.close.plot(color='forestgreen')
    plt.ylabel('calendar spread')
    plt.xlabel('date')
```

```python
#付録 16.B_1: 限月間スプレッドの特徴
plt.figure(figsize=(7,4))
spread.price.close.hist(bins=[x*5 for x in range(-25,-14)],color='mistyrose')
plt.ylabel('frequency')
plt.xlabel('calendar spread')
```

```python
#付録 16.B_2: 限月間スプレッドの特徴
spread=pan-pan1
print("日中立会の寄付きのスプレッド %2.2f"%\
    spread.between_time(time(9,0,0),time(9,0,2)).price.mean())
print("日中立会の平均のスプレッド    %2.2f"%\
    spread.between_time(time(9,0,0),time(15,15,2)).price.mean())
print("日中立会の引けのスプレッド    %2.2f"%\
    spread.between_time(time(15,15,0),time(15,15,2)).price.mean())
print("夜間立会の寄付きのスプレッド %2.2f"%\
    spread.between_time(time(16,30,0),time(16,30,2)).price.mean())
print("夜間立会の平均のスプレッド    %2.2f"%\
    spread.between_time(time(16,30,0),time(3,0,2)).price.mean())
print("夜間立会の引けのスプレッド    %2.2f"%\
    spread.between_time(time(3,0,0),time(3,0,2)).price.mean())
```

```python
#付録 16.C: CQG のティックデータの呼び込み：9 月限
import pytz
import time
```

355

```python
def readcsv2(file_name):
    trades=[]
    da=[]
    with open(file_name,'r') as f:
        series=csv.reader(f)
        n=0
        for line in series:
            trades.append([])
            i=0
            for elements in line:
                if i==0:
                    yymmdd=elements
                    yy=int(yymmdd[0:4])
                    mm=int(yymmdd[4:6])
                    dd=int(yymmdd[6:8])
                if i==1:
                    hhmm=elements
                    h=int(hhmm[:2])
                    m=int(hhmm[2:4])
                    da0=datetime(yy,mm,dd,h,m,0)
                    da0=da0+timedelta(hours=-10)+timedelta(days=1)
                    da.append(da0)
                if i>1:
                    trades[n].append(int(elements))
                i+=1
            n+=1
    f.close()
    ts=pd.DataFrame(trades,index=da,columns=¥
        ["price","bid","offer","volume","ibid","ioffer"])
    ts.index.name='date'
    return ts

if __name__ == "__main__":
    buf_path0="C:¥¥users¥¥moriya¥¥documents¥¥Database¥¥n225¥¥tick¥¥"
    filename="n225m201508Sep.csv"
    file_name=buf_path0+filename
    cqg=readcsv2(file_name)
    cqg.price.plot()
```

#付録 16. C_1: CQG のティックデータの呼び込み：12 月限

```python
if __name__ == "__main__":
    buf_path0="C:¥¥users¥¥moriya¥¥documents¥¥Database¥¥n225¥¥tick¥¥"
    filename="n225m201508Dec.csv"
    file_name=buf_path0+filename
    cqg1=readcsv2(file_name)
```

#付録 16. C_2: パンローリングのティックデータと CQG のティックデータの結合：9 月限

```python
def yymmddhms_split(data,i):
    timeindex=data.index[i]
    yy=int(timeindex.year)
    mm=int(timeindex.month)
    dd=int(timeindex.day)
    h=int(timeindex.hour)
    m=int(timeindex.minute)
    ss=int(timeindex.second)
    da=datetime(yy,mm,dd,h,m,ss)
    da0=datetime(yy,mm,dd,h,m,0)
```

356

第16章　ランダムウォークを制覇する

```python
        da1=da0+timedelta(minutes=1)
    return da, da0, da1


def fileconcat_pan_cqg(pan, cqg):
    j0=0
    daaa=[]
    data=[]
    update=False
    n=0
    ii=0
    print(len(pan))
    for i in range(len(pan)):
        da, da0, da1=yymmddhms_split(pan, i)
        p=pan.price.iloc[i]
        v=pan.volume.iloc[i]
        j=j0
        while not update:
            daa, daa0, daa1=yymmddhms_split(cqg, j)
            pp=cqg.price.iloc[i]
            vv=cqg.volume.iloc[i]
            b=cqg.bid.iloc[i]
            o=cqg.offer.iloc[i]
            io=cqg.ibid.iloc[i]
            ib=cqg.ioffer.iloc[i]
            if da0==daa0 and pp==p and vv==v and not update:#データの照合
                j0=j
                update=True
                break
            if daa>=da1:#
                j0=j
                break
            j+=1
        if update:#データの更新
            daaa.append(da)
            data.append([])
            data[n].append(pp)
            data[n].append(b)
            data[n].append(o)
            data[n].append(vv)
            data[n].append(ib)
            data[n].append(io)
            update=False
            n+=1
        ii+=1
    ts=pd.DataFrame(data, index=daaa, columns=¥
            ['price','bid','offer','volume','ibid','ioffer'])
    ts.index.name='date'
    return ts


if __name__ == "__main__":
    ts=fileconcat_pan_cqg(pan, cqg)
```

#付録 16. C_3: パンローリングのティックデータと CQG のティックデータの結合：12 月限
```python
if __name__ == "__main__":
    ts1=fileconcat_pan_cqg(pan1, cqg1)
```

```
#付録16.D: 9月限の売買スプレッド
if __name__ == "__main__":
    indicativespread=(ts.offer-ts.bid).dropna()
    plt.figure(figsize=(7,4))

    indicativespread.plot(color='darkblue')

    plt.ylabel('bid-offer spread')
    plt.xlabel('date')
```

```
#付録16.D_1: 9月限の売買スプレッド-頻度図
if __name__ == "__main__":
    indicativespread=(ts.offer-ts.bid).dropna()
    plt.figure(figsize=(7,4))
    indicativespread.hist(bins=[-20,-15,-10,-5,0,5,10,15,20],color='lightblue')
    plt.xlabel('bid-offer spread')
    plt.ylabel('frequency')
```

```
#付録16.D_2: 12月限の売買スプレッド
if __name__ == "__main__":
        indicativespread=(ts1.offer-ts1.bid).dropna()
    plt.figure(figsize=(7,4))
    indicativespread.plot(color='darkgreen')
    plt.ylabel('bid-offer spread')
    plt.xlabel('date')
```

```
#付録16.D_3: 12月限の売買スプレッド-頻度図
if __name__ == "__main__":
    indicativespread=(ts1.offer-ts1.bid).dropna()
    plt.figure(figsize=(7,4))
    indicativespread.hist(bins=[-20,-15,-10,-5,0,5,10,15,20],color='lightgreen')
    plt.ylabel('frequency')
    plt.xlabel('bid-offer spread')
```

```
#付録16.E 2つの限月の先物のデータを結合
def yymmddhms_split(data,i):
    timeindex=data.index[i]
    yy=int(timeindex.year)
    mm=int(timeindex.month)
    dd=int(timeindex.day)
    h=int(timeindex.hour)
    m=int(timeindex.minute)
    ss=int(timeindex.second)
    da=datetime(yy,mm,dd,h,m,ss)
    da0=datetime(yy,mm,dd,h,m,0)
    da1=da0+timedelta(minutes=1)
    return da,da0,da1

def fileconcat_pan1_pan2(ts,ts1):
    j0=0
    d=[]
    data=[]
    n=0
    print "期近のデータ数",len(ts),"期先のデータ数",len(ts1)
    lents1=len(ts1)
    ii=0
```

358

第16章 ランダムウォークを制覇する

```python
    for i in range(len(ts)): #期近のデータの取得
        da, da0, da1=yymmddhms_split(ts, i)
        trade=[None]*12
        update=False
        trade[0]=ts.price.iloc[i]
        trade[1]=ts.bid.iloc[i]
        trade[2]=ts.offer.iloc[i]
        trade[3]=ts.volume.iloc[i]
        trade[4]=ts.ibid.iloc[i]
        trade[5]=ts.ioffer.iloc[i]
        j=j0
        while not update: #期先のデータの取得
            daa, daa0, daa1=yymmddhms_split(ts1, j)
            if daa==da:
                trade[6]=ts1.price.iloc[j]
                trade[7]=ts1.bid.iloc[j]
                trade[8]=ts1.offer.iloc[j]
                trade[9]=ts1.volume.iloc[j]
                trade[10]=ts1.ibid.iloc[j]
                trade[11]=ts1.ioffer.iloc[j]
                j0=j+1
                if j0>lents1-1:
                    j0=lents1-1
                update=True
                break
            if daa>da:
                j0=j
                break
            j+=1
        if not update:
            d.append(da)
            data.append([])
            for j in range(6):
                data[n].append(trade[j])
            for j in range(6, 12):
                data[n].append(None)
            n+=1
        else:
            if da==daa:
                d.append(da)
                data.append([])
                for j in range(12):
                    data[n].append(trade[j])
                update=False
            n+=1
        ii+=1
    ts2=pd.DataFrame(data, index=d)
    #期近のデータには列の名前の最後に番号が無し、
    #期先のデータには列の名前の最後に1がある。
    ts2.columns=['price','bid','offer','volume','ibid','ioffer'\
            ,'price1','bid1','offer1','volume1','ibid1','ioffer1']
    ts2.index.name='date'
    return ts2

if __name__ == "__main__":
    tsts=fileconcat_pan1_pan2(ts, ts1)
```

359

```python
#付録 16. E 2 つの限月の先物のデータを結合―グラフ表示
if __name__ == "__main__":
    plt.figure(figsize=(7, 4))
    tsts.price.plot(label="Sep", color='indianred')
    tsts.price1.plot(linestyle="dashed", label="Dec", color='steelblue')
    plt.ylabel('price')
    plt.xlabel('date')
    plt.legend()
```

```python
#付録 16. F 2 つの限月を含むデータベースの立会データの取得
def sessiondata2(tsts, i, yymmdd, hh, mm):
    j=0
    test=False
    tstsnew={}
    forward=i
    if hh==9:
        while not test:
            yymmdd0=tsts.index[i+j]
            hh=yymmdd0.hour
            mm=yymmdd0.minute
            if hh>=15 and mm>=10:
                forward=i+j
                test=True
                tstsnew=tsts.iloc[i:i+j]
                break
            j+=1
    if hh==16 and mm==30:
        while not test:
            yymmdd0=tsts.index[i+j]
            hh=yymmdd0.hour
            mm=yymmdd0.minute
            if yymmdd0>yymmdd and hh>=2 and mm>=55:
                forward=i+j
                test=True
                tstsnew=tsts.iloc[i:i+j]
                break
            j+=1
    return tstsnew, forward
```

```python
#付録 16. G スプレッドを条件として期先の売買スプレッドの傾向
def liquidity_provider(tsts):
    imax=len(tsts)
    yymmdd0=tsts.index[0]
    forward=0
    print(yymmdd0)
    sp1=[]
    sp2=[]
    for i in range(imax):
        yymmdd=tsts.index[i]
        hh=yymmdd.hour
        mm=yymmdd.minute
        if i>forward:
            tstsnew, forward=sessiondata2(tsts, i, yymmdd, hh, mm)
            if hh==9 or (hh==16 and mm==30):
                jmax=len(tstsnew)
```

第16章　ランダムウォークを制覇する

```python
                    for j in range(jmax):
                        yymmdd0=tstsnew.index[j]
                        hh0=yymmdd0.hour
                        mm0=yymmdd.minute
                        trade=tstsnew.price.iloc[j]
                        trade1=tstsnew.price1.iloc[j]
                        offer1=tstsnew.offer1.iloc[j]
                        bid1=tstsnew.bid1.iloc[j]
                        spread=trade-trade1 #限月間スプレッド
                        bos=offer1-bid1 #売買スプレッド
                        if spread==80:
                            sp1.append(bos)
                        if spread==115:
                            sp2.append(bos)
                    forward=forward
    sp1=pd.DataFrame(sp1)
    sp2=pd.DataFrame(sp2)
    return sp1, sp2
if __name__ == "__main__":
    sp1,sp2=liquidity_provider(tsts)
    plt.figure(figsize=(9,4))
    ax=plt.subplot(121)
    sp1.hist(bins=[x*5 for x in range(-10,11)],ax=ax,color='lightblue')
    plt.xlabel('bid offer spread Dec 2015')
    plt.ylabel('frequeny')
    ax=plt.subplot(122)
    sp2.hist(bins=[x*5 for x in range(-10,11)],ax=ax,color='mistyrose')
    plt.xlabel('bid offer spread Dec 2015')
    plt.ylabel('frequeny')
```

```python
#付録 16.G_1 スプレッドを条件として期先の売買スプレッドの傾向
def liquidity_provider(tsts):
    imax=len(tsts)
    yymmdd0=tsts.index[0]
    forward=0
    print(yymmdd0)
    sp1=[]
    sp2=[]
    for i in range(imax):
        yymmdd=tsts.index[i]
        hh=yymmdd.hour
        mm=yymmdd.minute
        if i>forward:
            tstsnew,forward=sessiondata2(tsts,i,yymmdd,hh,mm)
            if hh==9 or (hh==16 and mm==30):
                jmax=len(tstsnew)
                for j in range(jmax):
                    yymmdd0=tstsnew.index[j]
                    hh0=yymmdd0.hour
                    mm0=yymmdd.minute
                    trade=tstsnew.price.iloc[j]
                    trade1=tstsnew.price1.iloc[j]
                    offer1=tstsnew.offer1.iloc[j]
                    bid1=tstsnew.bid1.iloc[j]
                    spread=trade-trade1 #限月間スプレッド
                    bos=offer1-bid1 #売買スプレッド
                    if spread==85:
```

361

```python
                        sp1. append(bos)
                    if spread==110:
                        sp2. append(bos)
                forward=forward
    sp1=pd. DataFrame(sp1)
    sp2=pd. DataFrame(sp2)
    return sp1, sp2

if __name__ == "__main__":
    sp1, sp2=liquidity_provider(tsts)
    plt. figure(figsize=(9, 4))
    ax=plt. subplot(121)
    sp1. hist(bins=[x*5 for x in range(-10, 11)], ax=ax, color=' mistyrose')
    plt. xlabel(' bid offer spread Dec 2015')
    plt. ylabel(' frequeny')
    ax=plt. subplot(122)
    sp2. hist(bins=[x*5 for x in range(-10, 11)], ax=ax, color=' indianred')
    plt. xlabel(' bid offer spread Dec 2015')
    plt. ylabel(' frequeny')
```

```python
#付録 16. G_2 スプレッドを条件として期先の売買スプレッドの傾向
def liquidity_provider(tsts):
    imax=len(tsts)
    yymmdd0=tsts. index[0]
    forward=0
    print(yymmdd0)
    sp1=[]
    sp2=[]
    for i in range(imax):
        yymmdd=tsts. index[i]
        hh=yymmdd. hour
        mm=yymmdd. minute
        if i>forward:
            tstsnew, forward=sessiondata2(tsts, i, yymmdd, hh, mm)
            if hh==9 or (hh==16 and mm==30):
                jmax=len(tstsnew)
                for j in range(jmax):
                    yymmdd0=tstsnew. index[j]
                    hh0=yymmdd0. hour
                    mm0=yymmdd. minute
                    trade=tstsnew. price. iloc[j]
                    trade1=tstsnew. price1. iloc[j]
                    offer1=tstsnew. offer1. iloc[j]
                    bid1=tstsnew. bid1. iloc[j]
                    spread=trade-trade1  #限月間スプレッド
                    bos=offer1-bid1  #売買スプレッド
                    if spread==90:
                        sp1. append(bos)
                    if spread==105:
                        sp2. append(bos)
                forward=forward
    sp1=pd. DataFrame(sp1)
    sp2=pd. DataFrame(sp2)
    return sp1, sp2

if __name__ == "__main__":
    sp1, sp2=liquidity_provider(tsts)
    plt. figure(figsize=(9, 4))
```

362

第16章　ランダムウォークを制覇する

```python
        ax=plt.subplot(121)
        sp1.hist(bins=[x*5 for x in range(-10,11)],ax=ax,color='lightgreen')
        plt.xlabel('bid offer spread Dec 2015')
        plt.ylabel('frequeny')
        ax=plt.subplot(122)
        sp2.hist(bins=[x*5 for x in range(-10,11)],ax=ax,color='lightblue')
        plt.xlabel('bid offer spread Dec 2015')
        plt.ylabel('frequeny')
```

#付録16.H: 気配値を用いた限月間スプレッドの性質:スプレッドの買い-頻度図
```python
if __name__ == "__main__":
    indicativespread=(tsts.price1-tsts.bid)
    plt.figure(figsize=(7,4))
    indicativespread.hist(bins=[x*5 for x in range(-30,-14)],color='lightgreen')
    plt.ylabel('frequency')
    plt.xlabel('calendar spread')
```

#付録16.I: 気配値を用いた限月間スプレッドの性質:スプレッドの売り-頻度図
```python
if __name__ == "__main__":
    t1=datetime.now()
    indicativespread=(tsts.bid1-tsts.offer)
    plt.figure(figsize=(7,4))
    indicativespread.hist(bins=[x*5 for x in range(-30,-14)],color='lightblue')
    plt.ylabel('frequency')
    plt.xlabel('calendar spread')
```

#付録16.J 限月間スプレッド:スプレッドの売り戦略
```python
def liquidity_provider1(tsts):
    imax=len(tsts)
    yymmdd0=tsts.index[0]
    forward=0
    print(yymmdd0)
    da=[]
    data=[]
    cnt=[]
    comm=0.8
    gp1=0
    for i in range(imax):
        yymmdd=tsts.index[i]
        hh=yymmdd.hour
        mm=yymmdd.minute
        if i>forward:
            tstsnew,forward=sessiondata2(tsts,i,yymmdd,hh,mm)
            #bid00=0
            bid10=0
            tradeS=0
            tradeB=0
            #qb=0
            qb1=0
            p1=0
            count=0
            if hh==9 or (hh==16 and mm==30):
                jmax=len(tstsnew)
                for j in range(jmax):
                    yymmdd0=tstsnew.index[j]
```

363

```python
            hh0=yymmdd0.hour
            mm0=yymmdd.minute
            trade=tstsnew.price.iloc[j]
            bid=tstsnew.bid.iloc[j]
            offer=tstsnew.offer.iloc[j]
            volume=tstsnew.volume.iloc[j]
            ibid=tstsnew.ibid.iloc[j]
            ioffer=tstsnew.ioffer.iloc[j]

            trade1=tstsnew.price1.iloc[j]
            bid1=tstsnew.bid1.iloc[j]
            offer1=tstsnew.offer1.iloc[j]
            volume1=tstsnew.volume1.iloc[j]
            ibid1=tstsnew.ibid1.iloc[j]
            spread=trade1-bid #限月間スプレッド
            #————————スプレッドの買い、仕掛け
            SP=-100
            if spread==SP and bid10==0 and tradeB==0 and ¥
            tradeS==0 and bid1>0:#期先買指値の発注
                bid10=bid1
                qb1=ibid1
            if bid10!=0 and (spread>SP) :#注文取消し
                bid10=0
            if trade1==bid10 and tradeB==0 and tradeS==0 and ¥
            qb1>0:#待ち行列の減少
                qb1-=volume1
            if trade1==bid10 and qb1<=0 and tradeB==0 and tradeS==0 ¥
            and bid>0:#注文約定：順番到来
                tradeB=bid10#期先先物、売指値注文の約定
                tradeS=bid#期近先物、最良買気配への即時執行買指値注文の
                #約定
                qb1=0
                count+=1
            if trade1>bid10>0 and tradeB==0 and tradeS==0 and bid>0:
                #価格の動きによる注文の約定
                tradeB=bid10#期先先物、売指値注文の約定
                tradeS=bid#期近先物、最良買気配への即時執行買指値注文の
                #約定
                qb1=0
                count+=1
            #————————スプレッドの売り、仕切り
            if bid1-offer==-80 and tradeS!=0 and tradeB!=0:#利食い
                pl1=(tradeS-offer)-comm#期近先物：買玉の仕切り
                pl2=(bid1-tradeB)-comm-5#期先先物：売玉の仕切り
                pl+=pl1+pl2
                tradeS=0
                tradeB=0
                bid10=0
                offer00=0
            if trade1>0:
                trade111=trade1
        #————————引けで仕切る
        if tradeS!=0 and tradeB!=0:#手仕舞い
            pl+=(trade111-tradeB)-comm#期先先物：売玉の仕切り
            pl+=(tradeS-trade)-comm#期近先物：買玉の仕切り
            tradeS=0
            tradeB=0
        gpl+=pl
        forward=forward
```

第16章　ランダムウォークを制覇する

```python
                da. append(yymmdd)
                data. append(pl)
                cnt. append(count)
    ts=pd. DataFrame(data, index=da, columns=['pl'])
    ts2=pd. DataFrame(cnt, index=da, columns=['c'])
    print(count)
    return ts, ts2
if __name__ == "__main__":
    t1=datetime. now()
    ts, ts2=liquidity_provider1(tsts)
    plt. figure(figsize=(7, 4))
    ts. cumsum(). pl. plot(color='darkblue')
    plt. ylabel('pl')
    plt. xlabel('date')
    plt. legend(loc='upper left')
    plt. figure(figsize=(7, 4))
    ts2. c. cumsum(). plot(color='darkgreen')
    plt. ylabel('cumcount')
    plt. xlabel('date')
    plt. legend(loc='upper left')
```

購入者限定ダウンロード

　本書で取り上げているサンプルコード、一部のデータについては以下のURLからダウンロード可能です。

http://www.panrolling.com/books/gr/gr137.html

365

参考文献

D.N.Gujarati, and D.CPorter（2009）Basic Econometrics, International edition, fifth edition, McGraw Hill

Wes Mckinney（2013）Pythonによるデータ分析入門、オライリージャパン

Nate Silver（2012）The signal and the Noise – why so many predictions fail – but some don`t, Pengin Press

ネイト・シルバー（2013）シグナル＆ノイズ、日経ＢＰ

Stephen M. Stigler（2016）The Seven Pillars of Statistical Wisdom,Harvard

大和田勇人、金盛克俊（2015）　Pythonで始めるプログラミング入門、コロナ社

箕谷千凰彦（2003）統計分布ハンドブック、朝倉書店

武藤眞介（1995）統計解析ハンドブック、朝倉書店

森谷博之（2016）「金融市場の安定、多重度の生成、そして取引戦略の役割」、企業研究第29号

日本取引所グループホームページ

■著者紹介
森谷博之（もりや・ひろゆき）

Quasars22 Private Limited（Singapore）, Director,MBA,MBA,MSc,
中央大学商学研究科兼任講師、中央大学企業研究所客員研究員。
主な論文に「金融市場の安定、多重性の増加、取引戦略の役割」企業研究第30号（2016年3月）、「シンガポールの金融ビジネスの可能性とそれを支えるシステム」企業研究第29号（2015年8月）がある。
主な訳書に「シュワッガーのテクニカル分析」（1999、パンローリング）、「物理学者ウォール街を往く」（2005、東洋経済新報社）。

＊本文中で登場する会社名、製品名、サービス名は各社の登録商標、または商標です。

＊本書の内容は原著執筆時点のものです。本書で紹介した製品・サービスなどの名前や内容は変更される可能性があります。

＊本文中では®、ＴＭ、©マークは明記しておりません。

2016年12月3日　初版第1刷発行

Python3ではじめるシステムトレード
──環境構築と売買戦略

著　者	森谷博之
発行者	後藤康徳
発行所	パンローリング株式会社
	〒160-0023　東京都新宿区西新宿7-9-18-6F
	TEL 03-5386-7391　FAX 03-5386-7393
	http://www.panrolling.com/
	E-mail　info@panrolling.com
装　丁	パンローリング装丁室
組　版	パンローリング制作室
印刷・製本	株式会社シナノ

ISBN978-4-7759-9147-3

落丁・乱丁本はお取り替えします。

また、本書の全部、または一部を複写・複製・転訳載、および磁気・光記録媒体に入力することなどは、著作権法上の例外を除き禁じられています。

© Hiroyuki Moriya　2016 Printed in Japan

関連書

ウィザードブックシリーズ231
Rとトレード
確率と統計のガイドブック

定価 本体7,800円+税　ISBN:9784775972007

クオンツトレード分野の最高の基本書!

金融データ分析を行ったり、モデル駆動のトレード戦略を構築するクオンツやトレーダーたちは、毎日どういったことをやっているのだろうか。本書では、クオンツ、講演家、高頻度トレーダーとしての著者の経験に基づき、プロのクオンツやトレーダーたちが日々遭遇するさまざまな問題を明らかにし、それを解決するための分かりやすいRコードを紹介する。プログラミング、数学、金融概念を使って簡単なトレード戦略の構築と分析を行うことに興味のある学生、研究者、実践家たちにとって、本書は素晴らしい入門書になるはずだ。分かりやすく包括的に書かれた本書は、データの調査や戦略の開発を行うにあたり、人気のR言語を使えるようにすることを主眼としたものだ。

ウィザードブックシリーズ223
出来高・価格分析の完全ガイド
100年以上不変の「市場の内側」をトレードに生かす

アナ・クーリング【著】

定価 本体3,800円+税　ISBN:9784775971918

FXトレーダーとしての成功への第一歩は出来高だった!

本書には、あなたのトレードにVPA Volume Price Analysis(出来高・価格分析)を適用するために知らなければならないことがすべて書かれている。それぞれの章は前の章を踏まえて成り立つものだ。価格と出来高の原理に始まり、そのあと簡単な例を使って2つを1つにまとめる。本書を読み込んでいくと、突然、VPAがあなたに伝えようとする本質を理解できるようになる。それは市場や時間枠を超えた普遍的なものだ。

システムトレードの達人たちに学ぶ
プログラミング編

ロバート・パルド（Robert Pardo）

使えるシステムの判断法

トレーディング戦略の設計・検証のエキスパートして知られ、プロのマネーマネジャーとしても長い経歴を持つ。マネーマネジメント会社であるパルド・キャピタル・リミテッド（PCL）をはじめ、コンサルティング会社のパルド・グループ、独自の市場分析サービスを提供するパルド・アナリティックス・リミテッドの創始者兼社長でもある。ダン・キャピタルとの共同運用でも知られているパル殿提唱したウォークフォワードテスト（WFT）はシステムの検証に革命をもたらした。トレーディングの世界最大手であるゴールドマンサックス、トランスワールド・オイル、大和証券でコンサルタントを勤めた経験もある。

ウィザードブックシリーズ 167
アルゴリズムトレーディング入門

定価 本体7,800円+税　ISBN:9784775971345

トレーディングアイデアを、検証、適正な資金配分を経て、利益の出る自動化トレーディング戦略に育て上げるまでの設計図。

アート・コリンズ（Art Collins）

シュワッガーに負けないインタビュアー

ロバート・パルドとも親しいアート・コリンズは、1986年から数多くのメカニカルトレーディングシステムの開発を手掛け、またプロトレーダーとしても大きな成功を収めている。1975年にノースウエスタン大学を卒業し、1989年からシカゴ商品取引所（CBOT）の会員、また講演者・著述家でもある。著書には『マーケットの魔術師【大損失編】』などがある。

ウィザードブックシリーズ 137
株価指数先物必勝システム

定価 本体5,800円+税
ISBN:9784775971048

ウィザードブックシリーズ 90
マーケットの魔術師 システムトレーダー編

定価 本体2,800円+税
ISBN:9784775970522

システムトレードの達人たちに学ぶ

ジョン・R・ヒル (John R. Hill)

トレーディングシステムのテストと評価を行う業界最有力ニュースレター『フューチャーズ・トゥルース（Futures Truth）』の発行会社の創業者社長。株式専門テレビ CNBC のゲストとしてたびたび出演するほか、さまざまな投資セミナーの人気講師でもある。オハイオ州立大学で化学工学の修士号を修得。おもな著書・DVD に『勝利の売買システム』『DVD ジョン・ヒルのトレーディングシステム検証のススメ』がある。
息子のランディ・R・ヒルも売買システム開発者である。

システム検証人

ウィザードブックシリーズ 54
究極のトレーディングガイド

フューチャーズ・トゥルースで
検証を重ねた結果
もっとも広範囲に使われ
成功率が高い手法は次のものである

❶ ドンチャン・ブレイクアウト
❷ 移動平均のクロスオーバー
❸ 短期のボラティリティに基づく
　オープニング・レンジ・ブレイクアウト
❹ S&Pや株価指数先物などの
　デイトレード
❺ パターン認識

定価 本体4,800円+税　ISBN:9784775970157

トレーディングシステムの Best 10　上記5つの条件を満たす市販のシステムで使えるのはこれだ！

システム名	価格(ドル)	ヒストリカルデータの必要日数	パラメーター数	イントラデイ・データの必要性の有無	トレード市場
アベレイション	1,495	80	3	いいえ	すべて
ベンチマーク	995	100	5	いいえ	すべて
ビッグ・ブルー	1,000	5	10	いいえ	S&P500
DSC-II	695	56	4	いいえ	すべて
ダラー・トレーダー	750	20	10	いいえ	米ドル指数
ダイナミック・ブレイクアウト	300	60	4	いいえ	すべて
ゴールデンSX	1,495	30	5	いいえ	すべて
ミステリー・システム	95	50	2	いいえ	すべて
R-ブレーカー	2,500	5	9	はい	S&P500
STC-Vベースド	1,875	10	9	はい	S&P500

システムトレードの達人たちに学ぶ
ラリーの仲間たち

ラリー・R・ウィリアムズ (Larry R. Williams)

50年のトレード経験を持ち、世界で最も高い評価を受ける短期トレーダー。1987年のロビンスワールドカップでは資金を1年間で113.76倍にするという偉業を成し遂げた。
「ウィリアムズ%R」「VBS」「GSV」「ウルティメイトオシレーター」「TDW」「TDM」など、世界で多く使われている指標を開発してきた。テクニカル分析だけでなくファンダメンタルズ分析も併せた複合的なアプローチでトレード界のトップを走り続けている。

1000%の男

マネーマネジメント手法 オプティマルfを伝授

ウィザードブックシリーズ196
ラリー・ウィリアムズの短期売買法【第2版】
投資で生き残るための普遍の真理

定価 本体4,800円+税
ISBN:9784775971611

短期システムトレーディングのバイブル！読者からの要望の多かった改訂「第2版」が10数年の時を経て、全面新訳。直近10年のマーケットの変化をすべて織り込んだ増補版。日本のトレーディング業界に革命をもたらし、多くの日本人ウィザードを生み出した 教科書！

ラルフ・ビンス (Ralph Vince)

オプティマルfの生みの親

トレーディング業界へは歩合制外務員として入り、のちには大口の先物トレーダーやファンドマネジャーのコンサルタント兼プログラマーを務める。著書には本書のほかに、『投資家のためのマネーマネジメント』（パンローリング）、『The Mathematics of Money Management』『The New Money Management』などや DVD に『資産を最大限に増やすラルフ・ビンスのマネーマネジメントセミナー』『世界最高峰のマネーマネジメント』（いずれもパンローリング）などがある。ケリーの公式を相場用に改良したオプティマルfによって黄金の扉が開かれた。真剣に資産の増大を望むトレーダーには彼の著作は必読である。

ウィザードブックシリーズ151
ラルフ・ビンスの資金管理大全

マネーマネジメントのバイブル！
リスクとリターンの絶妙なさじ加減
トントンの手法を
儲かる戦略に変身させる!!

定価 本体12,800円+税
ISBN:9784775971185

システムトレードの達人たちに学ぶ

ジェイク・バーンスタイン
(Jake Bernstein)

成功を志す個人投資家の見本

ラリー・ウィリアムズの古くからの友人で、国際的に有名なトレーダー、作家、研究家。MBHウイークリー・コモディティ・レターの発行者で、トレードや先物取引に関する約30もの書籍や研究を発表している。

邦訳には『バーンスタインのデイトレード実践』『バーンスタインのトレーダー入門』(パンローリング)、『投資の行動心理学』(東洋経済新報社)がある。トレーディングセミナーを収録したDVDには『バーンスタインのパターントレード入門――相場の転換点を探せ』(パンローリング)がある。ウォールストリート・ウイーク、そして世界中の数々のラジオやテレビ番組に出演、セミナーでも講演している。トレードとタイミングに関するあくなき追及は、トレーダーに新たなツールを提供している。

バーンスタインのデイトレード入門・実践

定価 本体7,800円+税　ISBN:9784775970126
定価 本体7,800円+税　ISBN:9784775970133

あなたも「完全無欠のデイトレーダー」になれる！ デイトレーディングの奥義と優位性がここにある！ トレーディングシステム、戦略、タイミング指標、そして分析手法を徹底解明。

トーマス・R・デマーク
(Thomas R. DeMark)

テクニカルサイエンティスト

ラリーと親交の深いトーマス・R・デマークはジャック・シュワッガーに魔術師の中の魔術師と賞された現代最高のテクニカル・サイエンティストであり業界の権威である。

デマークはマーケットの魔術師であるポール・チューダー・ジョーンズのために、基幹ファンドであるチューダー・インベストメント、チューダー・システムズの上級副社長を務めた。デマークが役員、顧問やパートナーを勤めた相手先としては、ジョージ・ソロス、マイケル・スタインハルト、スティーブ・コーエン、レオン・クーパーマン、バン・ホシングトン、チャーリー・ディフランセスカらが有名である。

デマークのチャート分析テクニック

定価 本体4,800円+税　ISBN:9784775970027

いつ仕掛け、いつ手仕舞うのか。トレンドの転換点が分かれば、勝機が見える！チャート分析における世界の第一人者として広く知られているトム・デマークは、世界中の最も成功した多くの取引に対して、テクニカルなシステムや指標を開発した。